미래를 여는 기억

인천여성의전화에서 한국여성인권플러스까지,

여성폭력 추방 운동 30년

한국여성인권플러스 기획 · 박인혜 글

미래를 여는 기억

인천여성의전화에서 한국여성인권플러스까지,
여성폭력 추방 운동 30년

한국여성인권플러스 기획
박인혜 글

형성사

목차

발간사 9

추천사 12

여는 글 • 무엇을 꿈꾸는가? 21

제1장 인천여성의전화 창립과 가정폭력·성폭력 추방 운동 1993~2002

1 민주화와 인천여성의전화의 창립 33
민주 시민사회 공간이 열리다 · 인천에서 싹 튼 여성폭력 추방 운동 · 한국여성의전화 첫 번째 지부 · 성폭력, 가정폭력 상담소를 열다 · 패티김 콘서트로 마련한 여성공간 · 우리의 이름은 여성입니다

2 가정폭력·성폭력 추방 운동 54
가정폭력방지법 제정 운동 · 한국 최초의 온라인 여성 인권 운동 · 여성주의 가족이라는 비전 · 양성평등 성교육 강사를 훈련하다 · 학교에 양성평등 성교육을

3 여성주의상담 운동 75
여성주의로 무장한 상담원 양성 · 자원봉사 상담원에서 상담회원으로 · 여성주의상담의 지식발전소 · 여성주의상담에서 여성 인권 상담으로

4 지역 여성 조직화 운동 91
여성주의를 실천하는 삶 · 여성주의가 살아있는 지역 사회 · 여성정책의 주류화

제2장

인천여성의전화의 확장과 성매매·이주여성 인권 운동 2003~2017

1 제도화의 위기와 인천여성의전화의 확장 ········· 119
여성단체의 위기 · 제도화의 파고에 맞서 · 상담소를 폐소하다 · 새로운 의제를 향해, 성매매 여성과 이주여성 · 개인적인 것이 정치적인 것이다

2 성매매 여성 인권 운동 ········· 141
성매매 근절 운동의 방향을 찾다 · '옐로우 하우스'로 들어가다 · 성매매 피해 여성을 지원하다 · 탈성매매 여성지원 원스톱 시스템 · 탈성매매 당사자 운동의 시작 · 성매매 수요 차단 운동 · 성매매 근절 거버넌스 · 인권희망 강강술래의 탄생

3 이주여성 공동체 운동 ········· 175
한국에 살러온 결혼 이주여성을 만나다 · 15년간 지속된 한국어교실 · 아이다마을, 아시아 이주여성 다문화 공동체 · 지역 사회 주체로 성장한 이주여성들 · 한국 사회와 문화로 소통하다 · 씨스터푸드, 실패에서 배우다 · 아이다마을, 비영리 단체가 되다

4 성평등한 지역 사회를 만들기 위한 문화 운동 ········· 203
회원 조직의 약화 · 성교육 활동가로 살기 · 평화를 위하여 안아주세요 · 미스 인천 대회를 폭파하라

제3장

한국여성인권플러스로 도약과 반성착취·이주여성 인권 운동 2018~2023

1 넷페미와의 만남과 한국여성인권플러스로 도약 221

온라인 공간에 확산된 여성혐오 · 메갈리아와 워마드, 래디컬 페미니즘 운동의 신호탄 · 신고불이, 신상과 고물상의 만남 · 옛 리더십과 회원들이 돌아오다 · 래디컬 페미니스트들이 말할 수 있는 공간을 열기 위해 싸우다 · 한국여성의전화 연대를 해소하고 한국여성인권플러스로 개명하다 · 자매애의 힘으로 세상을 바꾼다

2 여성혐오 근절, 반성착취 운동 249

페미니즘 교재, 카드뉴스 물꼬 · 잃어버린 여성 서사를 찾아서, 여성역사발굴단 · 결과보다 빛나는 과정, 탈코캠프 · 교내 성폭력 퇴치 운동, 스쿨미투 · 안전하고 뜨거운 여성 공간, 래디컬 페미니스트 파티 · 국경 없는 여성착취, 국경 없는 여성연대

3 이주여성 성장 공동체 운동 280

이주여성 인권 지원 원스톱 시스템 · 모국어 상담 서비스, 소스콜 · 이주여성 공동체와의 연대 · 이주여성의 역량 강화 · 자매애로 성장하고 변화하다 · 여성주의적 사회복지 실험

4 성평등한 지역 만들기 거버넌스 운동 300

성평등정책연구소 · 통계로 보는 여성인권, 통계로 바꾸는 지역 사회

맺는 글 • 미래를 여는 질문 313

참고자료 324

발간사

세상을 바꾸는 여성의 힘!

한국여성인권플러스 여성폭력 추방 운동의 역사를 여러분과 함께 나눌 수 있게 되어 기쁩니다. 30년사를 쓴다고 하니 "그걸 누가 읽겠느냐?"라는 반응도 있었습니다. 그러나 한국여성인권플러스의 30년은 우리 여성들의 이야기이자 여러분의 이야기이기도 합니다.

처음 30년 운동사를 기록해 보자고 했을 때는 막연하기도 하고 오래된 단체의 루틴에 빠지는 것이 아닐지 걱정되기도 했습니다. 그러나 자료를 정리하고 활동가와 회원들을 인터뷰하면서 이 책을 꼭 내야 한다는 사명감이 생겼습니다. 단순히 우리가 무얼 했다는 사실을 나열하는 것이 아니라, 시대마다 다른 정책과 현실 상황 속에서 치열하게 고민하고 갈등한 흔적들과 불확실성 속에서 떨리는 마음으로 한 걸음 한 걸음 내디뎠던 길을 보게 된 것입니다. 그렇게 해서 이룬 성과와 실패가 모두 소중한 여성 역사이며, 우리 여성들의 공동 유산이라고 생각하게 되었습니다. 우리의 행동을 설명하고, 의미를 부여하고, 재해석하다 보니 어느덧 용기가 생기고, 희망이 보이고, 한국여성인권플러스가 멋져 보였습니다. 그리고 이 설렘과 뿌듯함을 자매들과 나누고 싶어졌습니다.

　이 책에 일일이 소개하지는 못했지만, 많은 여성이 한국여성인권플러스 안에서 힘을 얻고 성장했습니다. 저도 그 중 한 사람입니다. 가부장제 결혼제도의 질곡에 빠져 허우적거리고 있던 1993년에 동네 '아는 언니'였던 박인혜를 따라 인천여성의전화 창립을 위한 간담회에 참석하게 된 것이 저의 시작이었습니다. 그날 간담회에서 "여자가 여자를 돕는다. 여자들이 모이면 억압받는 여성을 해방시키고 세상을 뒤집어 놓을 수 있다."라는 말을 들었는데, 이 말이 지금까지 저를 밀어준 원동력이 되었습니다.

　또다시 낭떠러지 앞에 서 있습니다. 정부는 우리 여성들이 힘들게 싸워 얻은 여성가족부를 일방적으로 폐지하려 밀어붙이고, 곳곳에서 여성 관련 예산이 깎여 나가고 있습니다. 그러나 우리는 크게 좌절하지 않습니다. 돌아보면 지난 30년간 힘들지 않을 때는 거의 없었습니다. 그때마다 우리는 힘을 합치고 연대하면서 어제보다 나은 오늘을 만들어냈습니다. 그 이야기가 고스란히 이 책에 녹아 있습니다. 어려운 상황이지만 결국에는 우리 여성들이 여성들에게 좋은 길을 찾아낼 것이라 믿습니다.

　여전히 세상은 여성으로서 살아가기에 녹록지 않습니다. 그러나 30년 전보다는 훨씬 나아진 것도 사실입니다. 그것은 우리 여성들의 힘으로 만들어낸 보물입니다. 한국여성인권플러스도 한 역할을 했다고 자부합니다. 한국여성인권플러스는 앞으로도 힘들고 고

단한 여성들에게 희망이 되고자 합니다.

　30년 역사를 돌아보며 감사 인사를 드릴 분이 너무도 많아 이 자리에서 일일이 호명하지 못함을 죄송하게 생각합니다. 한국여성인권플러스의 뼈와 살을 만든 수많은 회원과 활동가 여러분의 헌신과 노고에 감사드립니다. 그리고 30년의 기록을 훑어 숨겨진 주인공들을 찾고, 그 이야기를 하나하나 씨줄 날줄로 엮어 아름다운 옷을 지어 주신 박인혜 이사님의 노고에 마음 모아 감사드립니다.

2024년 2월 22일
한국여성인권플러스 대표
김성미경

추천사

작은 물꼬에서 큰 강물로

인천여성의전화 창립 회장으로서 책을 읽으며 한국여성인권플러스가 큰 강이 되었다는 걸 느꼈다. 창립 후 소식지 이름을 '물꼬'라고 지었는데, 한번 튼 물꼬가 그 사이 냇물을 거쳐 지금은 굽이굽이 흐르는 역사의 한 줄기가 된 것 같다.

강물이 이 마을 저 마을을 지나며 흐르듯이 한국여성인권플러스가 그동안 관심을 가지고 연대한 사람과 집단이 참으로 많다. 가정폭력 피해 여성, 성폭력 피해 여성, 성매매 여성, 이주여성과 젊은 페미니스트들에 이르기까지 다양하기도 하다. 그러는 동안에 법도 만들고, 조직도 만들고, 시설도 만들고 수많은 의제도 다루었다.

강물이 끊임없이 흐르듯이 한국여성인권플러스도 계속 흐른다. 때로는 물길이 갈라지며 새 강을 만들기도 했다. 내 경험을 예로 들자면, 인천여성의전화 초기 단계에서 했던 상담원 교육을 발전시켜 여성주의상담자를 양성하는 김민예숙여성주의상담연구실을 만들었다. 그 다음에는 이 연구실에 모인 사람들과 힘을 모아 한국여성심리학회 산하 여성주의상담연구회도 창립했다. 한국여성인권플러스는 한국 사회에서 여성주의상담이라는 강이 흐르게 한 첫 물꼬인 것이다.

한국여성인권플러스라는 강은 때로 바위 같은 어려움을 만나 돌아가기도 했고, 때로 어떤 방향으로는 가지 않는 것이 낫기에 흐르기를 포기할 때도 있었다. 강물이 사라져 버릴 듯이 줄어든 때도 있었다. 그러나 중요한 것은 계속 흘렀다는 것이다. 30년을 쉬지 않고 흘렀다.

앞으로 이 강물이 어디로 흘러갈지는 모르겠다. 맺음말에서 세 가지 질문을 했으니, 그 질문에 대한 답을 찾으며 계속 흘러갈 것만은 확실하다. 다음 30년을 함께할 여성은 누구인가? 페미니즘으로 소통할 수 있을까? 여성운동은 어떤 역할을 해야 할까?

나는 여성주의상담과 여성운동이 "공격하지도 방어하지도 않는, 상처를 힘으로 결핍을 목표로 전환시키는 정치"가 되어야 한다고 말해왔다. 이와 같이 한국여성인권플러스도 무엇을 만나든 바람직한 쪽으로 방향을 전환하며 꿋꿋이 흘러가리라 믿는다. 강이 바다로 흐르듯이, 모두가 평등하게 만나는 세상을 향해 흘러가리라 믿는다.

30주년 시점에서 새 물꼬를 트는 『미래를 여는 기억』은 한국여성인권플러스가 큰 강으로 자라난 역사를 한눈에 보여준다. 그냥 돌아보게 하는 것이 아니라, 어디로 흘러갈지를 알기 위해 과거를 소환하는 것이다. 미래를 여는 참으로 충실한 기억이다.

2024년 1월 29일
김민예숙여성주의상담실 대표
김민예숙

추천사

질문으로 가득 찬 운동사

나는 1988년 9월 한국 여성운동에 대한 호기심을 갖고 한국에 유학했다. 1998년 2월에 한국을 떠나기까지 약 10년 동안 가족법 개정과 호주제 폐지 운동, 일본군 '위안부' 문제 해결 운동, 성폭력 추방 운동 등등 여러 여성운동을 현장에서 또는 간접적으로 목격하고 경험할 수 있었다. 그 당시 열기는 실로 대단했으며 이렇게 활력 넘치는 운동을 이어가는 활동가들이 존경스러웠다. 일본에 돌아온 후에 한국여성의전화연합편『한국여성인권운동사』한울,1999를 일본어로 번역한 것도 그런 이유에서였다. 이 책에는 80년대 이후 한국에서 벌어진 여러 여성운동의 치열한 역사가 기록되어 있어서 일본 여성들에게도 꼭 알리고 싶었다.

번역 허가를 받기 위해 사전 약속도 없이 여성의전화 사무실을 찾아갔을 때 반갑게 맞아준 분이 당시 한국여성의전화연합 상임대표였던 박인혜 선생님이다. 번역이 완성될 즈음인 2004년 6월에는 전국의 여성의전화 지부 멤버 19명을 거느리고 일본에 오셨다. 도쿄와 오사카에서 가정폭력과 성매매를 주제로 두 차례 심포지움을 열고 한국의 여성운동을 일본에 소개하고 자이니찌를 비롯한 일본 여성들과 교류했다. 추진력이 대단했다. 길 안내를 잘 못하는 나에게 "죽을래?"하고 놀리면서 신나게 웃는 활기찬 여성들이 좋았다.

그로부터 20년이 지나고 한국 사회도 여성운동도 많이 변한 것 같았다. 여성(가족)부가 생기고 호주제가 폐지되어 90년대 운동의 성과가 이루어지기 시작했다. 그러더니 제도화에 의한 부작용을 호소하는 목소리도 조금씩 들려왔다. 신자유주의 경제 구조가 고착화되면서 여성들 간의 격차도 심해졌다. 일부 사회 영역에 '여풍'이 불기 시작하더니 여성혐오와 페미니즘에 대한 백래시도 휘몰아쳤다. 2010년대 후반에는 젊은 여성들의 새로운 운동이 생겨나고 페미니즘도 제각기 다른 내용을 주장하는 것 같았다. 각계각층에서 미투 운동이 터졌고, 조남주의 『82년생 김지영』은 베스트셀러가 되었다.

좀처럼 변하지 않는 일본 사회에서 보면 한국의 페미니즘은 다이내믹하게 비춰졌다. 조남주의 소설을 비롯해 한국 페미니즘 관련 서적의 번역본들이 이례적으로 쏟아져 나왔다. 그런 와중에 2020년 5월과 7월 정의기억연대정대협와 한국여성단체연합에 관련된 사건이 일어났다. 이번에는 오랫동안 한국 여성운동을 상징했던 단체들의 약점이 드러난 것일까? 솔직히 충격을 받았다. 왜 이런 일들이 일어난 것일까? 내가 직접 경험한 90년대 운동과는 어떤 연속성이나 단절이 있는 것일까? 그것이 알고 싶어서 자료들을 찾아서 읽었으나 근래 상황을 파악하는 정도에 그쳤다. 좀더 긴 안목으로 한국여성운동의 흐름을 보아야겠다는 생각을 갖고 자료를 다시 찾기로 했다.

그러던 차에 뜻밖에도 박인혜 선생님으로부터 인천여성의전화의 역사를 썼으니 읽어 보라는 연락을 받았다. 내용을 보니 30년 동안의 활동이 고스란히 담겨 있었고 내가 궁금했던 것들에 대해서도 많이 언급되어 있었다. 인천이라는 한 지역에서 벌어진 여성운동이 중심이긴 하나 한국 여성운동의 큰 줄기와 맥락을 이해하는데 도움이 됐다. 그동안 여성단체들에게 어떤 문제들이 들이닥쳤는지, 그때마다 인천여성의전화는 어떻게 대처하고 극복해 왔는지, 그 과정에서 잘못한 것은 무엇이었는지도 솔직하게 털어놓았다.

이 책은 페미니즘의 실천에 관한 '질문'으로 가득 차 있다. 맺는 말 제목도 "미래를 여는 질문"이다. 인천여성의전화는 중앙과 지방, 단체 간의 위계라는 기존 여성운동의 틀과 한계를 과감하게 깨고 한국여성인권플러스라는 새로운 단체로 탈바꿈하게 되었다. 치열하게 질문을 던져온 결과일 것이다. 특히 3장에서 언급되는 '젠더'와 '자매애'의 정의, '트젠 혐오' 등을 둘러싼 논의는 흥미롭다. 당연히 운동과 이론의 차원에서 이견이 있겠지만 이 책을 계기로 더 많은 토론이 이루어지면 좋겠다. 건설적인 논쟁이야말로 페미니즘의 지평을 넓혀 나갈 토양이 되기 때문이다.

여성운동의 역사를 기록으로 남기는 일은 매우 중요하다. 쉽지도 않다. 그래서 이 책이 소중하다. 많은 분들이 이 책을 읽으면 좋겠다. 특히 다음 30년을 짊어져 나갈 젊은 세대들에게 강추하고 싶다.

2024년 1월 14일
뉴저지 럿거스 대학에서
야마시타 영애

여는 글

무엇을 꿈꾸는가?

     1898년 결성된 우리나라 최초의 여성단체 '찬양회'로부터[01] 2024년까지 한국 여성운동의 역사 126년! 구한말 개화사상을 만나 시작된 한국 여성운동은 일제 강점기에 오히려 굳건히 성장했으며 해방 후 미군정과 한국전쟁이라는 혼란과 억압 속에서도 그 불꽃은 사그라지지 않았다. 전쟁의 폐허 속에서 다시 타오르기 시작한 한국

---

01   1898년 9월 1일, 양성평등기본법 제38조는 찬양회가 1898년 9월 1일 한국 최초의 여권선언문 여권통문을 발표한 것을 기념하여 이 날을 여권통문의 날로 지정하고 있다.

여성운동은 1970년대 권위주의 정부 아래서 여성주의[02]를 만나 새 좌표를 얻게 되었다. 1980년대 여성주의에 입각한 여성운동 단체들이 조직되기 시작하고 1990년대에 만개했다. 이 전성기의 문턱인 1994년 한국여성인권플러스구 인천여성의전화가 탄생했다. [03]

신자유주의 세계질서가 본격화된 2000년대 이후에는 여성운동을 비롯해 사회운동 전반에 위기론이 확산하였다. 여성운동은 많은 성과를 이루었지만, 페미니즘의 리부팅과 백래시는 롤러코스터처럼 반복되고 있다. 일부 운동가들은 변화의 결과를 독점하여 기득권화함으로써 짠 맛을 잃어버린 소금이 되었다. 이념은 있지만 사회운동은 없는 시대, 아니 이념도 운동론도 없는 시대라 할 만하게 되었다. "개인적 관계를 넘어선 사회적 관계의 소통은 최소화하려는"[04] 이 시대, 사회운동은 적합하지 않은 것으로 외면당하고 있다.

그렇다면 이제 새로운 세상을 꿈꿀 필요가 없게 되었는가? 정말 사회운동은 할 필요도 없고 할 수도 없는 것인가? 오히려 지금

---

02   여성주의는 페미니즘을 번역한 것이다. 한국에서 페미니즘이란 말은 2010년대 이후 사용되기 시작했으며 그 전에는 여성주의란 말이 주로 쓰였다. 종종 여성주의와 페미니즘은 혼용되고 있으나 엄밀히 보면 여성주의와 페미니즘은 그 용법이 다르다. 페미니즘은 다양한 갈래의 여러 이론들을 모두 포함하는 용어이나 여성주의는 성불평등한 사회구조와 그 속에서 형성된 여성의 경험에 우선적으로 관심을 가지며 여성의 관점으로 역사와 사회를 재해석하고자 하는 관점을 말한다. 이 책의 1, 2장에서는 여성주의란 말을, 3장에서는 실제 사용을 반영하여 페미니즘, 페미니스트란 말을 사용한다.
03   인천여성의전화는 2022년 한국여성인권플러스로 개명했다. 이 책의 1, 2부에서는 인천여성의전화를 3부에서는 맥락에 따라 두 개의 단체명을 혼용한다.
04   이정동, 2022: 77

더 새 세상을 희망해야 하지 않는가? 우리가 꿈꾸기를 멈추지 않는 한 어떤 형태로든 사회운동은 사라지지 않을 것이다. 필요한 것은 사회운동의 혁신이다. 지금처럼 무엇이 옳은지 그른지가 불분명하여 위기라고 생각되는 이때가 바로 운동의 혁신을 생각할 적기다.05

사회운동을 혁신하고자 한다면 첫째, 최초의 질문이 필요하다. 최초의 질문이란 "기존 분야에서 모범으로 받아들여지고 있는 것과는 다른 규범을 제시하려는 뜻이 담긴 질문"을 말한다.06 새로운 세상은 기존의 규범으로는 만날 수 없기에 보이지 않는 희망과 같은 것이다. 이 보이지 않는 희망을 희망하려면 최초의 질문이라는 프레임 전환이 필요하다. 둘째, 최초의 질문을 하는 사람07, 앙트레프레너 entrepreneur08가 필요하다. 사회운동은 사회를 변화시키기 위한 집단 행동이다. 새로운 사회를 꿈꾸게 하고 사람들의 열망과 실천을 끌어낼 수 있는 리더, 그런 조직이 필요하다. 셋째, 본질을 잃지 않되 그 본질을 시대에 맞게 전달할 콘텐츠가 필요하다. 콘텐츠는 "본질을 표현하려는 몸부림"이요, 보이지 않는 미래를 보이

---

05 이주희, 2023: 222~223
06 이정동, 2022: 55
07 이정동, 2022: 139
08 이정동, 2022: 191, "기업가 정신"이라 번역된 앙트레프레너는 일반적으로 "위험을 감수하고 기존의 것을 창조적으로 파괴하는 혁신을 통해서 새로운 가치를 창조해냄으로서 수익을 실현해내는 사람", 그리고 "그런 태도와 행동, 정신적인 측면"으로 정의된다. (tistory.com)

게 하는 "번역"이다.[09]

　이런 역사와 시대 앞에서 한국여성인권플러스의 의미는 무엇인가? 한국여성인권플러스가 30년이 된 것은 기념할 만한 일이지만 기념으로만 끝나면 안 될 것이다. 무엇을, 왜 했는지, 여성운동을 한다는 의미는 무엇인지, 무엇을 희망하는지 물어야 한다. 이제 지난 30년간 한국여성인권플러스가 해온 활동들을 꿰어 그 답을 찾고자 한다.

　이 책은 지역의 작은 단체인 한국여성인권플러스가 추구했던 '자기만의 이유'를 찾는 여정이다. 30년이라는 짧은 시간, 인천이라는 특정 지역을 배경으로 활동했던 한 단체의 활동을 운동사라는 이름으로 정리하는 것이 적합하지 않을 수도 있다. 운동사란 역사의 거시적인 흐름을 살피는데 더 적당해 보이기 때문이다. 실제로 기존의 사회운동사는 한국 전체 혹은 서울을 중심으로 기술된 것이 대부분이다. 지역 개별 단체들의 활동은 부분적인 것으로 간주되거나 연대기적으로 기록하는 데 그치는 경우가 많았다. 그러나 아무리 작은 단체라도 사회운동을 한다면 당연히 자기만의 운동 철학과 운동론이 있을 것이다.

　이 책은 한국여성인권플러스가 실천한 여성폭력 근절 운동의 동학動學에 대한 기록이다. 즉 한국여성인권플러스가 당면했던 위기

09　박양규, 2023: 21~22

와 여성에 대한 억압과 차별을 어떻게 인식하고 그것에 저항하고 바꾸기 위해 어떤 노력을 했는지를 중심으로 정리했다. 그러다 보니 당시에는 중요하게 여겨졌던 사업이 누락되기도 하고 소소해 보였던 작은 활동이나 성명서가 부각되기도 했다. 이 책에서 거론되지 않았다고 해서 가볍게 여기는 것이 아니라는 점을 강조한다.

이 책은 한국여성인권플러스가 당시의 사건들에 의미를 부여하고 해석하는 주체로서 실천하는 과정을 보여준다. 역사의 도도한 흐름 속 어느 짧은 순간, 인천의 여성들이 자신들을 내리누르는 억압과 차별을 이겨내고 한 걸음씩 내디뎌 만들어낸 발자취를 담아내고자 했다. 거시 운동사 속에서 이런 기록이 없다면 살아 숨 쉬는 여성들은 지워지고 실천도, 주체도 사라져버릴 것이다. 여성들의 이런 특수한 실천이 모여야 보편적인 역사가 만들어지는 것이다.

한국여성인권플러스의 역사는 한국여성인권플러스가 중점적으로 실천했던 과제를 기준으로 크게 세 시기로 나눌 수 있다. 1993년의 준비위원회 시절부터 2002년까지의 창립과 성장의 시기, 2003년부터 2017년까지 위기와 확장의 시기, 2018년부터 2023년까지 도전과 도약의 시기가 그것이다. 세 번째 시기는 현재진행 중인 시간으로 현재를 역사로 볼 수 있을 것인가 하는 문제가 남아있지만, 한국여성인권플러스가 현재 당면한 문제도 다루기 위해 이 시간까지 포함했다.

창립과 성장의 시기였던 1990년대는 우리 사회가 억압과 권위를 벗어던지고 민주화되던 시기다. 시민사회 공간이 활짝 열리고 여성들에게 필요한 법과 제도가 만들어졌으며 여성들의 사회진출과 성장 욕구가 분출하기 시작했다. 1995년 베이징 세계여성회의가 열려서 공적 사회에서의 폭력만이 아니라 사적 세계에서 여성에게 가해지는 모든 폭력이 여성 인권의 문제라는 새로운 시각을 얻게 되었다. 이런 시기에 2, 30대 여성들이 인천에서는 처음으로 여성주의에 입각한 인천여성의전화를 창립하고 가정폭력·성폭력 근절 운동을 시작했다. 가정폭력·성폭력 피해 여성을 위한 상담소를 여는 한편 여성주의상담 지식을 생산했으며 지역 여성 조직사업도 하면서 빠르게 성장했다.

위기와 확장의 시기였던 2000년대는 '시민 운동의 위기' 담론이 압도했던 때다. 제도화된 기관들의 정부 의존도가 높아지고 여성운동의 비판과 견제 능력이 약화되는 등 제도화의 역기능이 그 실체를 드러냈다. 인천여성의전화는 이런 위기를 만나 가정폭력상담소와 성폭력상담소를 접고 새로운 이슈로 떠오른 성매매 여성과 이주여성의 인권 문제를 중점 과제로 삼았다. 성매매 여성 당사자 운동과 이주여성 공동체 운동, 그리고 여성 문화 운동을 추진했다. 그 결과 성매매 근절 운동은 별도의 단체로 독립하고 이주여성들도 자립하여 이주여성 당사자 운동 단체를 만드는 등 인천여성의전화의 영향력은 크게 확장되었다.

그러나 2010년대가 되자 여성운동에 대한 엄청난 백래시가 몰려왔다. 온라인상에서 여성혐오와 성착취가 극심해졌다. 그러자 '넷페미'들이 자생적으로 등장하여 새로운 여성운동 주체로 성장하기 시작했다. 인천여성의전화는 성매매 여성과 이주여성 관련 사업을 독립시킨 후 새로운 과제를 찾지 못한 채 외부 세계의 변화에 대응하지 못하고 내부적인 위기를 맞이했다. 기회는 인천여성의전화 외부에서 찾아왔다.

도전과 도약의 시대는 2010년대 후반, 2030 여성들과의[10] 만남으로 시작되었다. 인천여성의전화는 2030과 함께 여성혐오 근절, 반성착취 운동을 시작했다. 이것은 기존의 운동방식과 아주 다른 낯선 것이었고 기존 운동에 대한 도전이었다. 그 결과 한국여성의전화와의 오랜 연대 관계를 해소하고 한국여성인권플러스로 개명했다. 이후로 한국여성인권플러스의 활동은 크게 두 축으로 진행되게 되었다. 한 축은 30년 역사를 기반으로 제도 속에서, 제도를 견제하는 이주여성 인권 지원 활동과 성평등 거버넌스 활동이며 다른 한 축은 온라인상에서 싹튼 제도 밖의 2030과 함께 하는 여성혐오 근절, 반성착취 운동이다. 그래서 2030과의 만남은 오래된 부대에 새 술을 담은 것과 같다. 역사 속에서 이런 만남은 그 사례가 아주 많다. 이런 만남은 서로가 어떻게 대응하는가에 따라 발전의 방향이 달라진다.

---

10 2030은 이 시기 등장한 2, 30대 여성을 지칭한다. 생물학적인 세대 개념인 2, 30대라 하지 않고 2030이라 한 것은 그 세대의 특수한 사회현상에 초점을 맞추기 위함이다. 무엇보다 이들은 즐겨 스스로를 2030이라 부른다.

이 책은 필자가 개인적으로 집필한 것이 아니라 한국여성인권플러스 회원들이 공동 집필한 자서전이라 할 수 있다. 필자도 그 공동 집필자 중의 한 사람일 뿐이다. 필자는 인천여성의전화 창립준비위원부터 시작하여 현재까지 30년을 직·간접적으로 한국여성인권플러스와 함께 해왔다. 필자는 이 책을 쓰기 위하여 「총회보고서」, 회보 「물꼬」, 각종 자료집, 연구·기록물 등을 꼼꼼히 읽고 연락이 닿는 대로 전·현직 회장과 활동가, 회원들을 만나 이야기를 들었다. 옛 회원들을 만나는 일은 이해와 재해석 그리고 화해의 과정이었다. 소중한 기억을 나눠 주신 분들에게 이 자리를 빌려 감사드린다.

　　최대한 자료에 근거하여 객관적이고 사실적으로 쓰고자 했지만, 필자의 경험과 입장이 반영될 수밖에 없고 부족한 기록과 기억의 틈새는 필자의 상상과 기억으로 메꿀 수밖에 없었음을 인정한다. 그런데도 집필 과정은 순례의 길이었다. 역사의 길목마다 당시의 회원과 활동가들이 남겨둔 미래를 위한 메시지가 곳곳에서 기다리고 있었다. 그때마다 필자는 쓰던 글을 멈추고 숨을 골라야 했다.

　　이제 한국여성인권플러스는 새로운 모험을 선택했다. 30년을 맞이한 지금은 도약을 위한 '최초의 질문'을 던져야 할 때이다.

2023월 12월 31일
박인혜

제1장

인천여성의전화 창립과 가정폭력·성폭력 추방 운동 1993~2002

1 민주화와 인천여성의전화의 창립

민주 시민사회 공간이 열리다[01]

1980년대 초반 한국에서 아내 폭력 문제가 사회 문제로 부각되기 시작했다. 이때는 5.18 민주화운동을 무력으로 진압한 신군부가 새로운 군부 독재 체제를 공고히 하던 시기였다. 모든 사회운동이나 활동은 숨을 죽여야 했다. 그 엄혹함 속에서 기독교 지식인 그룹 크리스챤 아카데미가 실시하는 여성 문제 의식화 교육을 받은 여성들과 대학에서 여성학 교육을 받았거나 민주화운동에 참여하고 있던 여성들을 중심으로 여성주의에 입각한 독자적인 진보 여성 운

---

01   이하 부분 박인혜(2017: 254~257)를 토대로 작성했다.

동이 형성되고 있었다.

이들 가운데 아내 폭력을 심각한 성 불평등 문제로 포착한 여성들이 있었다. 이들이 1983년 봄에 실시한 한국 최초의 아내 구타 설문조사를 보면 기혼 여성의 절반 가까이가 결혼 생활 중 남편으로부터 한 번이라도 구타당한 적이 있었다. "이들은 아내 폭력은 부부 사이에 발생하는 사적인 일이 아니라 여성에 대한 폭력이며, 가정의 민주화와 사회의 민주화는 상호 불가분의 관계이므로 민족·민주 운동 과제가 긴급한 것 못지 않게 아내 구타 문제를 해결하는 것도 중요하다고 판단하였다." 이들은 1983년 여성의전화를 창립하고[02] 아내 폭력 피해자 지원 활동을 시작했다.

상담 전화가 개통되자마자 전국에서 피해 여성의 전화가 걸려왔다. 상담을 통해 사적·공적 사회에서 여성들이 겪는 차별과 억압, 폭력이 구체적으로 드러나기 시작했다. 아내 폭력은 가부장제 결혼 제도의 불평등한 권력 관계에서 발생하는 것이라는 점이 분명해졌다. 여성의전화는 이것이 오랜 독재 정부에서 형성된 폭력적인 사회 체제가 사적 세계인 가정에까지 영향을 미친 것이라 해석했다.

여성의전화는 상담을 통해 피해자의 경험과 고통을 대면하고

---

02 창립 당시 단체명은 여성의전화였다. 그 후 조직의 변화를 겪으며 여러 번 단체명이 바뀌었다. 이 책에서는 전국의 조직들을 통칭할 때는 여성의전화, 전국 여성의전화의 본부격인 서울에 있는 여성의전화를 지칭할 때는 한국여성의전화 혹은 한국여성의전화연합이라고 한다.

이를 사회운동으로 연결했다. 상담은 거시적이고 정치적인 이슈 파이팅을 하는 기존의 노동운동이나 민주화운동과는 달리 대중 여성과 접할 수 있는 새로운 운동 방식이었고 여성폭력도 사회운동의 쟁점이 될 수 있다는 것을 보여 주었다.[03] 전화 상담을 시작한 지 4년 만인 1987년에는 한국 최초로 폭력 피해 여성들을 위한 일시 피난처인 '쉼터'도 만들었다.

이렇게 한국의 "가정폭력 추방 운동은 1980년대 초 권위주의 국가의 폭력적인 환경에서 발원하여 가정폭력을 가시화하고 여성주의상담과 쉼터라는 피해 여성을 보호·지원할 수 있는 체계를 만들었다."

1980년대 말 동유럽 사회주의권이 몰락하고 오랜 냉전이 끝났다. '시민사회'라는 공간이 활짝 열렸다. 1995년 세계 국가들은 베이징에서 세계여성회의이하 세계여성회의를 열고 공적 사회에서의 폭력만이 아니라 사적 세계에서 여성에게 가해지는 모든 폭력이 여성 인권 문제라고 합의했다. 한국에서도 1990년대 초 오랜 저항 운동이 결실을 보아 문민정부가 들어서면서 억압적이고 권위적이던 사회가 민주화되기 시작했다. 민주화운동과는 결이 다른 시민 운동이 활발해지기 시작했고 지방자치가 재개되었다.

여성운동은 민주화운동의 부문 운동에서 고유의 과제를 가진

---

03 정춘숙, 2005: 48

독자적인 영역으로 분리되었다. 이제 여성폭력은 성폭력을 가능하게 하는 남성 중심의 섹슈얼리티 문제, 일상적인 여성 억압의 문제, 성적 자기결정권에 대한 억압이라고 재정의되었다.

이런 시대적 변화를 배경으로 가부장제 사회를 변화시키고자 하는 여성들의 욕구가 분출되기 시작했다. 전국에서 여성단체들이 결성되었다. 그리고 가정폭력방지법[04]과 성폭력특별법[05]을 비롯 여성 권익 향상에 필요한 각종 법을 제정하거나 개정하는 운동이 추진되었다. 이러한 토양 위에 여성폭력 추방 운동의 씨앗 한 알이 인천에 떨어졌다.

인천에서 싹 튼
여성폭력 추방 운동

1993년 6월 28일, 「여성의전화 개설을 위한 간담회」가 인천민

---

04   이 법은 가정폭력방지 및 피해자보호 등에 관한 법률과 가정폭력범죄의 처벌 등에 관한 특례법으로 구성되어 있다(1997.12.31. 제정).
05   이 법의 정식 명칭은 성폭력범죄의 처벌 및 피해자보호 등에 관한 법률(1994.1.5. 제정)이다. 2010.4.15. 성폭력범죄의 처벌 등에 관한 특례법과 성폭력방지 및 피해자보호 등에 관한 법률이 제정됨으로써 이 법은 폐지되었다.

중연합[06] 회의실에서 열렸다. 간담회에는 인천에 여성의전화를 만들어보자는 편지를 돌리고 이에 응답한 10여 명의 여성이 긴장한 모습으로 자리하고 있었다. 여성운동이 척박했던 인천에 여성폭력 추방 운동의 작은 씨앗이 땅에 떨어지는 순간이었다.

·사발통문을 돌린 이들은 1990년 인천민중연합이 개최한 여성교실 수강생들이 수료 후 만든 여성학 소모임 회원으로 2~30대 초반의 젊은 여성들이었다. 이들은 2~3년간 여성학 책을 읽고 토론하면서 여성운동에 대한 열망을 키워오다가 소모임만 할 것이 아니라 여성단체를 만들어보자고 결의했다.

인천YWCA와 인천여성노동자회는 물론 서울에 있는 한국여성의전화, 한국여성민우회와 같은 큰 여성단체들에 대해서 조사했어요. 인천여성노동자회는 노동운동이 중심이고 한국여성민우회는 정치적인 성향이 강해서 일반 여성 대중을 상대로 하기에는 적합해 보이지 않았어요. 그런데 아내 구타나 성폭력 상담을 하는 여성의전화 활동은 여성들 자신의 문제를 다루고 전화라는 매개체가 분명

06　인천민중연합은 기존 야당이 아닌 독자적 정치세력화를 도모하던 민주화운동 세력이 모여 1988년 12월 18일 창립한 인천민주시민공동회가 그 전신이며 1990년 1월 인천민중연합으로 개칭하였다. 2000년 12월 전국 노동자의 힘 인천지부로 전환하며 해산했다. 1989년 2월부터 민중학교를 개설하고 민중문예교실, 민중역사교실, 노동교실, 여성교실 등의 강좌를 열어 일반시민과 여성의 의식화를 도모하였다(인천민주화운동사편찬위원회, 2019: 536~537).

해 여성에게 접근하기에 수월해 보였어요.[07]

이들은 여성의전화를 만들기로 했다. 먼저 회원 중 두 명이 한국여성의전화에 가서 상담원 교육을 받았다. 그러나 이것만으로는 소모임 회원 수도 적고 상담 전문성도 부족해서 여성의전화를 만들 수 없었다. 지역 사회에 공론화하여 인천 여성들의 힘을 모으기로 하였다. 십정동에서 공부방을 운영하며 빈민운동을 하고 있던 홍미영[08]을 찾아가 의논하고 알음알음 선배들을 소개받았다.[09]

인천여성노동자회[10]도 이들에게 큰 힘이 되어 주었다. 김지선 회장[11]을 비롯한 인천여성노동자회 지도부는 민주화되고 있는 사회 분위기를 반영한 새로운 여성단체가 필요하다는 공감대를 형성하고 있었다. 인천에 여성운동 단체라곤 인천여성노동자회가 유일해서 모든 여성 이슈에 대한 부담을 오롯이 지고 있는 것이 힘겹기도

---

07   김연령 인터뷰
08   십정동 공부방은 한국여성민우회의 지역사업이었고 홍미영은 한국여성민우회 회원이었다.
09   김연령 인터뷰
10   1983년부터 경인 지역 민주노조 출신 여성노동자들과 여성문제에 관심을 가지고 있는 여성들은 여성들의 지속적인 활동방안을 모색하기 시작했다. 그 결과 1988년 인천 지역 여성노동자를 위한 공간인 '일하는 여성의 나눔의 집'을 개원했고 이어서 1989년 인천 지역의 여성노동자들의 조직화와 여성노동운동의 대중화를 목적으로 인천여성노동자회를 창립하였다.(www.womenworker.or.k)
11   김지선은 인천여성노동자회 회장이라는 현직을 가지고 창립준비위원회에도 참여했고 인천여성노동자회 임기를 마친 후에는 부회장, 지도위원으로 활동했다. 1998년 강서양천여성의전화를 창립하였다.

했다. 김지선 회장은 소모임에서 강의를 해주는 등 새로운 여성단체를 만들 수 있는 기운을 불어넣어 주었다.12

두 차례의 숙의 끝에 8월 17일 인천여성의전화 창립준비위원회가 결성되었다. 여성학 소모임 회원인 김연령, 이영신, 박명순, 임종숙 등과 인천여성노동자회 회장 김지선, 한국여성민우회 회원이었던 빈민운동가 홍미영, 학생운동 출신 지역 운동가 박인혜, 여성학자 김민예숙 등 다양한 여성들이 준비위원으로 참여했다. 준비위원장으로는 여성의전화 이미지에 맞는 새로운 인물로 보이는 김민예숙이 추천되었고 사무국장으로는 박인혜13가 자원하였다.

김민예숙은 여성의전화 제1기 상담원 교육을 수료하고 여성학 고전인 『성의 변증법』, 『여성의 예속』 등을 번역하여 한국에 소개한 여성학자로, 인천에 연고는 없었으나 홍미영이 운영하는 십정동 공부방에 와서 자원 활동을 하던 중이었다. 사회운동 경험이 적었던 김민예숙은 자신이 준비위원장이 될 자격이 있는지 선배 지은희에게 상의했는데 "옛날 같으면 안 되지만 지금이라서 되고, 여성의전화라서 된다."라는 답을 듣고 준비위원장직을 수락했다고 한다. 이렇게 학생운동, 지역 운동, 노동운동, 빈민운동, 민주화운동 등 다양한 사회운동을 통해 배출된 여성들과 여성주의가 결합한 준비위원

---

12 김지선 인터뷰
13 학생운동 출신으로 여성의전화 「베틀」 편집위원으로 활동한 적이 있는 박인혜는 남동구에서 유정란 판매와 여성문화센터를 운영하며 지역 여성 조직활동을 하고 있었다.

회가 탄생하게 되었다.

　　준비위원회는 사무실과 6개월간의 운영비를 준비하여 창립한다는 원칙을 세우고 준비위원 10명이 10만 원씩 내서 100만 원의 준비금을 만들었다.[14] 홍미영이 소개한 윤정하 후원회원이 부평삼거리 부근에 있는 자신의 오래된 5층 건물 옥탑방을 무료로 빌려주어 사무실을 마련하였다.[15] 화장실도 없이 책상 서너 개가 겨우 들어갈 만한 좁은 공간이었다. 옥상으로 올라가는 길은 건물 외벽에 붙은 야외 비상계단뿐이었다.

　　1층 계단 입구에 있는 공동 화장실에 가려면 이 계단을 오르내려야 했다. 게다가 화장실은 낡을 대로 낡아서 더럽고 냄새가 심하게 났다. 활동가들은 볼 일을 참고 참다가 하루 한두 번 해결하거나 6차선 대로를 건너 새로 지은 대형 빌딩 화장실로 갔다. 그러나 이 화장실도 만만치 않았다. 현관에는 경비가 지키고 있어서 활동가들은 눈치를 보면서 들어가야 했다. 그것마저 여의치 않고 급할 때는 옥상 구석에 가서 몰래 '실례'를 하기도 했다. 여름에는 옥상임에도 불구하고 물난리가 난 적도 있었다. 옥상의 배수구가 막혀 장맛비가 사무실로 역류해 들어온 것이었다. 그래도 이런 사무실이라도 있어서 일사천리로 창립 준비를 할 수 있었다.

14　박인혜, 1997: 204
15　인천여성의전화, 「후원회원 편지」, 1993. 12. 30. 이 건물은 지금도 건재하다.

준비위원회 사무실에는 사무국장 박인혜와 활동가 이영신이 상근하면서 회원을 모집하고 정관을 만들고 운영비를 마련하는 등 조직을 갖추어 나가기 시작했다. 가장 긴급한 것은 창립 후 6개월간의 운영비를 마련하는 것이었다. 이천까지 가서 다기를 구매하여 판매해 보았으나 어림도 없었다. 궁리 끝에 대중 공연을 유치하기로 했다. 재정 마련을 위한 문화공연은 지금은 흔한 방법이 되었지만, 당시로선 드문 일이었고 무엇보다 당시의 사회운동과는 어울리지 않는 모금 방법이었다. 더구나 인천에서는 문화공연은 무료로 진행하는 것이 관례여서 유료 공연을 한다는 것은 무모한 일로 치부되었다. 대부분 실패를 예견하고 만류했다. 인천여성의전화는 인천 여성을 위한 일이니 인천 시민으로부터 후원과 지지를 얻어야 하며 문화적으로 척박한 인천에 고급 문화공연을 제공하고 그에 상응한 대가를 받는다는 명분을 만들었다.

그렇게 기획된 것이 1993년 11월 21일 인천시민회관에서 열린 「김덕수패 사물놀이와 김수철」 공연이었다. 실패하리라는 예상과는 달리 2,000석을 유료 관객으로 꽉 채워 대성공을 거두고 500만 원의 운영비를 마련했다. "인천시 사상 처음으로 성공한 유료 공연이었고 공연의 완성도가 높아 관객들은 열광하였다."[16] 2,000장의 티켓을 파느라 발로 뛰어 인천여성의전화 창립을 홍보할 수 있었던 것

---

16 박인혜, 1997: 205

은 덤이었다. 준비위원들은 자신감을 얻었고 인천여성의전화는 인천 시민의 신뢰를 얻었으며 무엇보다 창립을 앞당길 수 있었다. 8개월간의 준비를 마치고 마침내 1994년 1월 22일 정회원 21명과 후원회원 70명을 모태로 한 인천여성의전화 창립총회초대회장 김민예숙가 부평 현강문화원에서 열렸다.

**한국여성의전화
첫 번째 지부**

1993년 12월, 성폭력특별법 제정을 앞두고 법 시행에 따라 "변화될 운동 상황에 공동 대응을 하기 위해" 한국여성의전화를 중심으로 상담 단체 연대모임이 개최되었다. 이 모임에는 대구애린회대구여성의전화 전신, 1987년 창립, 광주여성의전화1990년 창립, 부산기독쉼터부산여성의전화 전신, 1990년 창립, 전북여성의전화전주여성의전화 전신, 1991년 창립와 같은 상담 단체와 인천여성의전화 창립준비위원회가 참석했다.

이 모임에서 인천여성의전화는 한국여성의전화가 본부, 지역의 상담 단체들이 지부가 되는 강력한 연대 관계를 맺어 공동의 목표와 사업을 수행해야 한다고 주장했다. 여성의전화라는 이름만 빌려서 활동한다면 올바른 운동이 되기 어렵고 아류가 될 수 있음을 우려한 동시에 서울 중심의 운동에서 벗어나 지역을 토대로 한 아래로부터의 연대의 중요성을 인식했기 때문이다.17 마침 사단법인 등록을 추진하고 있던 한국여성의전화는 이런 상황에 당황했다. 전국 조직을 만들 계획은 없었기 때문이었다. 그러나 인천여성의전화를 비롯 지역 상담단체들의 강력한 요청에 전국 조직화를 결정했다. 인천여성의전화는 창립총회를 마치자마자 바로 사단법인 한국여성의전화의 첫 번째 지부로 등록했다.18

성폭력·가정폭력 상담소를 열다

막상 성폭력특별법이 제정되고 나니 여성의전화는 지금까지 일상활동으로 해왔던 상담 활동을 법률에 따른 설치 기준에 맞춘 상담소로 정비하여 정부에 등록해야 했다. 그렇지 않으면 상담소라는 간판을 달 수 없었고 정부 지원도 받을 수 없었다. 그러나 여성단체들은 정부에 등록해야 한다는 사실에 상당한 심리적 저항감을 느꼈다. 그때까지 여성단체에게 정부는 비판과 투쟁의 대상이었고 따라

---

17 박인혜, 2011: 341
18 여성의전화, 1994

서 정부와 여성단체들은 갈등 관계에 있었기 때문이었다.

상담소 등록을 주저하며 머뭇거리는 여성단체들이 많았으나 인천여성의전화는 신속히 성폭력상담소를 등록하기로 했다. 공인된 성폭력상담소가 더 대중의 신뢰를 얻을 수 있을 것으로 판단했고 무엇보다 등록하지 않으면 피해자 상담을 할 수 없었기 때문이었다. 법률에 의한 자격을 갖춘 상담원을 확보하는 것이 급선무였다. 시행령에 의하면 상담학, 교육학, 사회복지학 등 관련분야를 전공한 대졸자로서 법정 교육을 이수 받은 사람만이 상담원이 될 수 있었다.

1995년 3월, 3명의 회원이 보건복지부 지정 성폭력상담원 교육을 수료했다. 인천여성의전화는 부평구청에 성폭력상담소를 등록하고 홍미영을 초대 소장으로 하여 1995년 8월 개소했다. 가정폭력상담소는 가정폭력방지법이 제정된 후인 1998년 12월에 개소했다초대 소장 김민예숙. 물론 상담소 개소와 상관없이 여성폭력 상담은 창립 직후부터 현재까지 중단된 적이 없는 중요사업이다. 다만 법적인 지위를 갖게 됨으로써 피해자 인권 지원 활동을 안정적으로 할 수 있게 되었을 뿐이다.

인천여성의전화는 두 상담소를 10여 년간 운영하다가 성폭력상담소는 2005년에, 가정폭력상담소는 2009년에 각각 폐소하였다. 제도화를 받아들여 앞장서서 상담소를 등록했으나 제도화의 역설 또한 앞서서 자각하게 되었기 때문이다. 폐소에 관한 이야기는 제2장으로 넘긴다.

패티김 콘서트로
마련한 여성공간

인천여성의전화는 창립한 지 3년 만에 54평짜리 사무실과 상근 활동가 7명이라는 만만치 않은 기반을 만들었다.[19] 여성주의상담에 기반한 가정폭력·성폭력 피해자 인권 지원과 활발한 성교육 활동, 그리고 창의적인 재정사업 덕분이었다. 재정사업 이야기를 해 보자.

창립 초기 어려운 점 중의 하나는 안정적인 재원 확보였다. 회원 수도 적고 활용할 수 있는 사회적 자원도 적은 상황에서 인천여성의전화의 가용자원이라곤 공연으로 얻은 수익금 5백만 원이 전부였다. 사무국장은 무급이었고 한두 명의 활동가에게 월 2~30만 원의 교통비를 주는 것도 벅찬 상황이었다.

1996년 성폭력상담소 운영비를 국가에서 지원받게 되기 전까지 보릿고개를 넘길 수 있게 해 준 곳은 한국기독교사회발전협회(이하 기사협)였다. 1986년에 설립된 기사협은 독일의 개신교해외개발원조처EZE와 협력하여 12년 동안 "70여 개의 민주적이고 인간화된, 공동체적인 사회를 지향하는 사회발전사업단체와 기관을 지원"하

---

19 박인혜, 1997: 186

고 있었다.[20] 인천여성의전화가 그 지원 대상의 하나로 선정된 것이다. 기사협은 1994년부터 3년간 매년 800~1,500만 원을 지원해 주었다. 어디에 어떻게 사용하라는 단서도 없이 1년에 한번 결산보고만 하면 되었다.

운영비는 이렇게 도움을 받았지만 사무실이 문제였다. 언제까지 무상으로 사용할 수도 없거니와 너무 비좁아서 말 그대로 임시 거처일 수밖에 없었기 때문이다. 1994년 무모하게도 패티김 공연을 기획했다. 「김덕수패 사물놀이와 김수철」 공연 성공으로 생긴 자신감 덕분이었다. 박인혜 사무국장은 무작정 패티김에게 후원공연을 해달라는 편지를 보냈다. 어느 날 사무실로 전화 한 통이 걸려왔다. 패티김이었다. 패티김은 몇 마디 물은 뒤 흔쾌히 후원공연을 승낙했다. 이번에는 공연기획사를 통하지 않고 활동가들이 직접 공연을 준비했다. 공연 한 달 전부터 경기은행을 지정예매처로 하여 티켓 판매에 들어갔는데 1주일 만에 7만 원, 5만 원, 3만 원 하는 티켓 1,500장이 매진되었다. 순식간에 7천만 원이라는 현금이 통장을 가득 채웠다.

5천만 원의 제작비를 지불하고도 2천만 원의 수익금이 남았다. 감사 편지와 함께 현금출납 통장을 복사한 결산보고서를 패티김에게 보냈다. 패티김은 많은 단체를 후원했지만 결과를 알려준 곳은

----

20 한국기독교사회발전협회, 1997, 표지 날개의 소개글

처음이라며 두 번 더 공연을 해주겠다고 약속했다. 그리고 한 가지 단서를 붙였다. 수익금을 경상비로 사용하지 말라는 것이었다. 수익금을 경상비로 사용하면 도와준 사람이나 도움을 받은 단체나 큰 도움이 되지 않는 경우를 많이 보았다는 것이다.

그 후 패티김은 「가정폭력방지법제정을 위한 전국 순회공연」이라는 이름으로 여성의전화 5개 지부에게도 후원 공연을 해주었고 한국여성단체연합이하 여성연합을 위해서도 공연을 해주었다. 그 뿐만 아니라 공연할 때나 방송할 때나 기회가 있을 때마다 인천여성의전화를 언급해서 홍보해 주었다. 그 후에도 후원 공연은 소리꾼 장사익, 바이올리니스트 김남윤, 연극인 이주실 등으로 이어졌다.

1996년 3월 그동안의 수익금을 모아 부평삼거리에 번듯한 사무실을 마련했다. 활동가들에게는 적지만 활동비도 지급할 수 있게 되었다. 교육실에는 '패티김 홀'이라는 명패를 달았다. 재정이 어려울 때마다 이 돈을 쓰고 싶은 유혹이 밀려왔지만 그렇게 되면 영세한 단체를 면치 못한다는 각오로 이겨냈다. 패티김의 조언대로 이 수익금은 지금까지 한 푼도 축내지 않고 지키고 있다.

그런데 이때 창립 3년 만에 몇몇 창립 멤버가 단체를 떠나는 위기가 발생했다.[21] 부평삼거리 사무실은 54평 한 층을 반으로 잘라 그중 한 편을 인천여성의전화가 사용하고 있었다. 옥탑방보다는 컸

---

21 이때 떠난 활동가들은 2001년 인천여성민우회를 창립했다.

지만 여전히 비좁았다. 1996년 말 나머지 반쪽 사무실이 비게 되었다. 회장과 사무국장은 저축해둔 패티김 공연 수익금으로 그 공간을 얻어서 회원 활동을 확장하고 싶어 했다.

　사무실을 확장할 것이냐, 현재를 유지할 것이냐 하는 문제로 갈등이 생겼다. 활동가들은 인천여성의전화가 지역 사회에서 자리 잡고 인정은 받았지만, 사업만 커지고 운동성은 떨어지고 있다고 생각했다. 그들에게 대중 공연이라는 모금 방식은 운동성 없이 대중에 영합하는 부르주아적인 것으로 보였다. 좀 천천히 가더라도 각자의 의견을 듣고 과정을 공유하기를 원했다. 공연 사업은 차질 없이 잘 해내고 큰 사무실로 이전했지만 즐겁지 않았다.[22]

　창립 초기의 불안정성이 해소되고 조직이 안정되면 처음 하고자 했던 운동 방향을 잊기 쉽다. 갈등은 잠시 멈추고 어떤 여성운동을 할 것인가에 대해 충분히 생각을 맞추어 보라는 신호였다. 그렇다면 인천여성의전화는 어떤 여성운동을 하고자 했던 것일까?

우리의 이름은 여성입니다

　'어떤 여성운동을 할 것인가?' 이것은 인천여성의전화가 창립

22　김연령 인터뷰

을 준비하면서 던진 질문이었다. 창립 초기 「개원 1주년 보고서」와 회보 「물꼬」에 실린 여러 글을 검토해 보면 인천여성의전화가 하고 싶었던 운동은 지역성, 대중성, 급진성이란 세 가지 키워드로 모인다.

먼저 지역성이란, 지역이라는 위치성과 특성에 기반하여 운동한다는 의미이다. 서울에 인접한 인천은 중앙도 아니고 지방도 아닌 애매한 지정학적 위상 때문에 역사적으로 인재 유출과 저발전 등 득보다는 실이 더 많았다. 한국 노동운동의 메카라는 명성에도 불구하고 "지역 사회에 기반을 둔 광범위한 사회세력이나 리더십을 형성시키지는 못했"다는 판단 하에[23] 인천여성의전화는 서울에 영향받지 않는 "지역에 뿌리내린 여성운동 즉 지역 여성운동"을 해야 한다고 생각했다.[24]

1995년부터 다시 시작된 지방자치에서도 영향을 크게 받았다. 인천여성의전화 창립 목적 중의 하나는 "지자체 시대에 지역 운동을 활성화할 수 있는 문화, 교육 사업과 지역 현안 해결"이었다.[25] 이러한 지역 정체성은 후에 "인천여성의전화는 어떻게 지역 운동을 할 것인가?"라는 화두로 발전했으며,[26] 26개 지부와 함께하는 한국

---

23 박인혜, 1997: 185
24 인천여성의전화, 1995, 「개원1주년보고서」
25 인천여성의전화, 1995, 「개원1주년보고서」
26 박인혜, 2000, 물꼬 50호:12

여성의전화가 지역 여성운동에 대해 관심을 가지도록 만들었다. 그 결과 한국여성의전화에 지역 운동 센터센터장 박인혜라는 조직을 만들고 지부들의 지역 여성운동을 견인했다.

대중성이란 여성 모두를 위해, 여성 모두와 함께하는 정신을 말한다. 그러면서도 개인을 놓치지 않는 것을 의미한다. 여성의전화는 이미 단체명에서 대중성을 확보하고 있었고 상담이라는 도구를 가지고 여성 개개인에게 친근하게 다가갈 수 있다는 이점을 가지고 있었다. 그래서 전문적인 여성주의상담을 통해, 그리고 상담사업을 넘어 대중조직 운동, 지역 여성운동을 할 수 있을 것이라고 보았다. 「개원 1주년 보고서」에서는 이를 인간 중심이라고 표현한다. 이 보고서는 앞으로 복지와 상담의 비중이 커질 것을 전망하면서, 그 의미는 사회변혁과 조직 우선이던 운동방식에서 개인의 문제와 함께하면서 정서적 공감을 얻어 운동의 추동력을 끌어내는 전략으로 전환하는 것이라고 설명했다. 다시 말해 여성 대중이 각성하여 운동의 주체가 되게 한다는 것이다.

나아가 인천여성의전화는 여성폭력 피해 여성 상담만 하는 상담소에 머물지 않고 모든 여성이 참여할 수 있는 운동을 할 수 있는 대중조직을 지향했다. 각 구에 지회를 둘 수 있다고 한 창립 정관제2조 조항은 그 의지를 반영한 것이었다. 회원조직 확대와 지역사업을 통해 지회를 만들고자 시도했으나 결실을 보지 못했다. 결국 이 조항은 정관에서 사라지게 되었지만, 그 후에도 대중성 확보를 위한 다양한 지역사업을 꾸준히 시도했다.

급진성이란 여성폭력 이슈에 대한 배타적 전념을 의미한다. 인천여성의전화는 남성적 방식의 민주화운동으로는 아내 구타 문제를 해결할 수 없다고 보고 여성폭력 이슈에 전념하는 독자적인 여성 조직을 지향했다. 인천은 일제강점기부터 사회운동, 특히 노동운동의 전통이 강한 곳이다. 이 노동운동의 중심에는 언제나 여성들이 있었다.

일제강점기에는 성냥공장 파업, 정미공장 선미 여공 파업 등 여성들의 노동쟁의가 활발했다. 1970년대 산업화의 중심이 된 경인산업단지를 배경으로 인천이 한국 노동운동의 최대 거점 중 하나가 된 후로는 동일방직 등 여성들이 중심이 된 민주노조 운동이 활발하게 일어났다. 그리고 이 과정에서 성장한 여성노동자들은 한국 여성노동운동과 민주화운동의 핵심 리더가 되었다. 이 전통을 이어받아 1989년 창립된 인천여성노동자회는 노동운동을 하다 해고된 여성노동자들이 중심이 되어 만든 인천 최초의 진보적인 여성단체이다. 그러나 인천여성노동자회는 여성주의에 입각한 여성운동 단체라기보다는 여성들이 중심이 된 노동운동 단체로서 남성 노동자들과의 연대를 주요한 운동 전략으로 삼고 있는 조직이었다.[27]

이런 인천에서 인천여성의전화는 남성 그룹이 여성 그룹을 폭

---

27 김지선, 1997, 물꼬 22호: 4~5

력으로 지배하는 가부장제 체제[28]에 대한 도전을 시작한 것이다. 그리고 이 정신은 시간이 갈수록 더욱 선명해졌다. 인천여성의전화 창립 목적은 "여성 문제가 개인의 문제에 그치지 않고 사회 전체의 문제임을 인식시키고 여성의 인간다운 삶을 보장하는 민주 사회"를 건설하는 것에서 점차 여성주의에 따라 "내면화된 가부장제"를 볼 수 있는 자유로운 "여성전용 공간"을 만들어 "가부장제 질서에 도전하는 것"으로[29] 발전했다. 그리고 2010년대 후반에 들어 급진성은 한국여성인권플러스의 정신으로 새로운 의미를 얻게 될 것이었다.

이상의 정신은 창립선언문과 창립총회 식순에 반영되었다. 창립총회는 "수천 년 동안 여성해방을 위하여 고난받고 죽어간 여성 선배를 위하여 묵념합시다."라는 묵념사로 시작되었다. 그리고 '우리의 이름은 여성입니다.'라는 제목의 창립선언문을 낭독하고 '딸들아, 일어나라.'라는 노래를 제창했다. 창립선언문은 제5차 총회부터 '여성선언'이란 이름으로 다듬어져 매년 총회 때마다 낭독되고 있다.[30] 인천여성의전화는 지역성, 대중성, 급진성을 가치로 하여 가정폭력·성폭력 추방 운동과 지역 여성운동을 힘차게 추진해 나갔다.

---

28   케이트 밀레트, 1994: 49~54
29   김민예숙, 1998, 물꼬 29호: 2
30   우리의 이름은 여성입니다./우리는 여성의 이름으로 스스로 일어섭니다./우리는 여성의 이름으로 만나 서로 사랑합니다./모두가 자신을 찾는 새 세상을 향해 우리는 함께 나아갑니다.

우리의 이름은 여성입니다.

우리의 이름은 여성입니다.
우리는 남성이 아니라는 이유로 역사와 무대에 서지 못했습니다.
우리는 아들이 아니라는 이유로 태어나지도 못했습니다.
우리는 남편이 아니라는 이유로 내가 누구인지도 모르는 사람이 되었습니다.
그러나 우리의 이름은 여성입니다.
우리는 잃어버린 우리의 이름을 되찾고자 합니다.
그 이름은 수천 년 동안 생명을 이어온 창조의 대지입니다.
그 이름은 미움과 오만과 오염과 파괴로 죽어가는 자연을 살리는 힘입니다.
이제 우리는 여성의 이름으로 스스로 일어섭니다.
이웃의 여성과 동료가 되어 함께 어깨 걸고
존재하는 모든 것들이 자신의 이름을 가지고 살아가는 세상을 만들기 위하여 힘차게 전진합니다.

1994년 1월 22일
인천여성의전화 창립선언문

2 가정폭력·성폭력 추방 운동

**가정폭력방지법
제정 운동**

여성의전화는 창립 후 여성폭력에 대한 관점을 심화시키고, 가정과 사회, 국가에서 다양하게 발생하는 성폭력, 성매매, 성희롱 등 여성에 대한 폭력들을 찾아내어 싸웠다. 1990년대 들어 "상담 현장에서 구타 상담의 비중은 감소했지만, 구타 피해의 양상은 질적으로 달라졌다. 일방적으로 남편의 폭력을 당하던 아내가 남편을 죽이거나, 아버지의 폭력에 저항해 자식들이나 다른 가족이 가해자를 죽이는 사건이 발생하기 시작한 것이다." 처음 언론에 보도된 사건은 1991년 결혼 후 10여 년간 "남편으로부터 장이 파열되고 유산하는 등 극심한 폭력"을 당하던 남○○이 남편을 살해한 사건이었다. 아내가 남편에게 폭력을 당하다 살해당했을 때는 무관심하던 언론이 이 사건은 대서특필했다. 그러자 역설적으로 보이지 않던 아내

폭력이 가시화되기 시작했다.³¹ 그러나 피해자 보호와 가해자 처벌은 요원했다.

1991년 한국여성의전화는 여성연합 소속 여성단체들에 '성폭력관련법 제정 운동'을 제안했다. 여기서 성폭력이란 여성에 대한 모든 폭력을 포괄하는 의미로 성적, 육체적, 심리적, 언어적 폭력 모두를 의미했다. 이에 호응한 여성단체들은 '성폭력특별법 제정 추진위원회'를 결성했다. 법안 준비 과정에서 한국성폭력상담소는 아내 구타는 성폭력에 포함될 수 없다는 문제를 제기했다. 1993년 논쟁 끝에 제정된 성폭력특별법은 "아내 구타뿐만 아니라 포르노, 성희롱, 강제 매춘 등까지 제외된 아주 협소한" 법률이 되고 말았다. 한국여성의전화는 다시 가정폭력방지법 제정 운동에 돌입해야 했다.³² 한국여성의전화는 '가정폭력방지법추진을 위한 전국연대'를 조직하고 전국에서 가정폭력방지법 제정 운동을 시작했다.

이런 배경 속에서 가정폭력방지법 제정 운동은 이제 막 창립된 인천여성의전화의 첫 번째 과제가 되었다. 인천여성의전화는 지역사회에 자리매김하는 기회로 판단하고 서명운동을 벌이는 등 적극적으로 활동했다. 인천에서 발생한 이〇〇·양〇〇 씨 사건은 이 운동에 화력을 제공했다.

---

31 박인혜, 2011: 283
32 박인혜, 2011: 247~257

1996년 3월 양○○ 씨는 부모의 강요로 언니 대신 강제 결혼하고 그 남편의 폭력에 시달리다 남편을 살해했다. 바로 다음 달인 4월에는 이○○ 씨가 10여 년간 자신과 자녀들을 구타해온 남편을 살해했다. 두 사건이 일어나자 인천여성의전화는 5월 곧바로 '가정폭력방지법제정과 이○○·양○○씨 구명을 위한 인천 지역 운동본부'이하 운동본부[33]를 조직했다.

김지선 부회장은 사회단체를 일일이 찾아다니며 연대를 요청하여 인천YWCA, 인천YMCA, 인천경실련 등 20여 개 사회단체의 참여를 끌어냈다. 1996년 6월 14일 발대식을 개최하고 인천여성의전화가 김지선 부회장이 집행위원장을 맡아 각종 집회와 연대활동을 이끌었다. 운동본부는 가정폭력방지법 제정을 위한 인천 지역 문화제를 개최하고, 인천 지역 국회의원에게 이○○·양○○ 씨 구명과 가정폭력방지법 제정을 촉구하는 엽서를 보내는 등 활발하게 법 제정 운동을 전개했다.

또한 운동본부는 결성된 다음 날부터 바로 이○○·양○○ 구명 서명운동을 전개하여 종료될 때까지 총 5천여 명의 서명을 받았다. 서명운동은 효과적인 운동 방법이었다. 일반 시민들에게 가정폭력의 심각함을 알리고 가정폭력에 대한 잘못된 인식을 바꾸는 한편

---

33 공동대표 강정희 인천YWCA 회장, 오경환 인천경실련 대표, 이창운 인천YMCA 회장, 김민예숙 인천여성의전화 회장

피해 여성에게는 용기를 주고 재판부가 가정폭력의 특성을 이해한 판결을 할 수 있도록 영향을 주었다.

양○○를 위해서 600여 명의 구명 서명을 받아 탄원서와 함께 법원에 제출했다. 양○○는 15년 구형에서 8년 선고를 받았다. 다시 항소심에서 1,400명의 서명을 첨부한 탄원서를 제출하여 5년 선고를 끌어냈다. 이○○를 위해서는 1,700여 명 서명과 탄원서를 제출했다. 이○○는 실형 3년에서 집행유예 5년으로 감형되어 11월 21일 석방되었다. 이날 운동본부는 석방 환영회를 열고 함께 기뻐했다.

인천여성의전화 활동가와 회원들은 서명 받고 재판 방청을 하느라 이 시기에 거의 거리에서 살았다. 형이 확정되어 청주여자교도소에 수감된 양○○에게는 편지를 쓰고 면회를 하는 등의 지원을 계속했다. 그 가족들에게는 심리상담을 제공하고, 장학금도 전달했다. 아동학대예방센터가 피해 자녀들을 소년소녀 가장으로 지정하여 정부의 복지지원을 받을 수 있게 했다. 1999년 광복절, 3년 5개월 만에 양○○이 가석방되었다.

1997년 11월 17일, 마침내 가정폭력방지법이 제정되었다. 인천여성의전화는 법 제정 축하 나눔의 자리를 마련하고 운동본부와 함께 기쁨을 나누었다. 연말 재정사업으로 마련된 김남윤 바이올린 콘서트에는 「가정폭력방지법 제정 축하공연」이라는 타이틀을 달았다. 운동본부 활동은 가정폭력방지법 필요성에 대한 사회적 공감대를 형성하는 데 큰 역할을 했고 인천여성의전화는 지역 여성단체로서 자리매김하고 여성 인권운동 단체로서의 위상을 높일 수 있었다. 무엇보다 인천에서 여성폭력 이슈로 20여 개 시민사회단체의 연대를 끌어낸 것이 가장 의미 있는 일이었다.[34]

한국 최초의
온라인 여성 인권 운동

인천여성의전화는 수없이 많은 가정폭력 피해 여성을 지원했지만, 그 중에서도 정○호 사건은 여성 인권 지원활동의 역사에서 길이 남을 만한 사건이다.[35] 2000년 4월 부평에 살던 정○호는 아내의 외도를 의심하여 전기도구를 이용해 밤새 아내를 고문했다. 아내의 온몸을 철삿줄로 묶고 발길질하고 머리카락을 잘랐다. 소리를 못 지르도록 스카프로 입에 재갈을 물리고 끓는 물을 얼굴과 배에 부은 후 칼과 전기인두, 담뱃불 등의 도구로 온몸을 난자했다. 미리 준비한 전선으로 전기고문을 했으며 펜치로 생이빨을 잘랐다. 그리고 소장이 천공된 상태로 2시간 동안 방치하여 복막염이 발생하게

---

34 김지선, 1997, 물꼬 24호: 4~5
35 당시에는 가해자의 실명을 사용했으나 개인정보보호가 강화된 현재의 상황을 고려하여 이 글에서는 가명을 사용한다. 이 사건은 물꼬 52~55호에 자세히 기록되어 있으며 이하 내용은 이를 토대로 정리했다.

만들었다.

비명 소리를 들은 이웃들이 경찰에 신고했으나 정○호는 부부 싸움이라며 출동한 경찰을 돌려보냈다. 아내가 정신을 잃자 정○호는 그제서야 119에 신고했다. 사태의 심각성을 인지한 구급대원이 경찰에 신고하고 피해 여성을 병원으로 이송했다. 피해 여성은 생존율 20%라는 진단을 받았지만, 응급수술을 받고 구사일생으로 목숨을 건질 수 있었다. 그런데도 경찰은 이 사건을 대수롭지 않게 처리하려 했다.

인천여성의전화는 가족들의 상담으로 이 사건을 인지하게 되었다. 경찰에 엄중한 수사를 요청하고 담당 검사에게는 사태의 심각성을 알렸다. 병원 측에 수술비 감면을 요청하는 한편 구청과 거주지 동사무소 사회복지사, 복지관 관장 등과 함께 피해자 지원방안을 논의했다. 사회복지공동모금회에서도 찾아왔다. 이런 노력으로 피해 여성은 1급 생활보호대상자로 지정되어 치료 지원을 받을 수 있게 되었다.

마침 당시는 인터넷 보급으로 온라인상에서 소통이 활발해지기 시작하던 때였다. 이 활동은 온라인상에서 벌인 한국 최초의 여성 인권운동이라는 의미가 있다. 인천여성의전화는 다른 단체보다 앞서서 PC를 설치하고 활동가를 훈련하고 있었는데, 훈련이 끝나고 웹페이지 제작을 시도할 즈음 이 사건이 터진 것이다. 인천여성의전화는 피해자의 동의를 얻어 폭력 피해 사진을 웹페이지에 올림으로써 부부싸움이란 이름 아래 감추어져 있던 아내폭력의 실상을 가감 없이 보여주었다. 많은 사람이 이 사진을 보고 충격을 받았다. 또한 재판 진행 과정을 웹페이지에 실시간으로 상세하게 중개하여 여론의 관심을 지속시켰다. 정○호는 재판 중 자신에게 죄가 있다면 '포청천의 개작두'[36]로 자신의 목을 자르라고 하여 모두를 놀라게 했다. 가해자가 자기연민에 빠진 한편 폭력의 정당성을 주장하는 모습도 낱낱이 공개하여 이중적인 가정폭력 범죄자의 실체를 보여주었다. 동시에 매일매일 모금내역과 후원 글을 공개하여 후원을 위한 동기부여를 확실하게 했다.

    홈페이지 기사를 본 각종 언론과 지역 사회는 적극적으로 반응했다. 인천일보는 첫 기사를 낸 후 실시간으로 경과를 보도했다. 살루쥬 여성문화동인, 오마이뉴스 등 온라인 언론은 재판 방청 요청 글을 올려주고 모금을 도와주었다. KBS, MBC시사매거진, SBS 그것이 알고 싶다 등 지상파 방송에도 보도되었다. 두 달 만에 온라인에서 1,190만 원의 후원금이 모였고 31,000여 명온라인 서명자 21,237명, 거리 서명자 9,825명이 서명했다. 피해자가 활동하고 있던 지역 기관과 단체에서도 탄원서 등이 답지했다. 인하대, 인천대, 인천교대, 인하전문대 등 지역 소재 대학교의 학생들도 서명과 모금을 보내왔다. 서명지와 탄원서는 재판부에 전달되었다.

---

36   포청천은 공정한 판결을 다룬 당시 인기 있던 중국 드라마다.

한편 인천여성의전화는 '정○호 사건 대책위원회'를 구성하였다. 기존에는 피해자의 이름으로 사건명을 짓는 것이 관례였으나 인천여성의전화는 사건명을 가해자의 이름으로 작명했다. 피해자의 인권을 보호하고 반대로 가해자를 기억하여 사회에 경각심을 주고자 했던 것이다.

인천YWCA, 인천YMCA, 인천여성노동자회, 민주노동당 여성위원회, 동네의원살리기운동본부, 인천삼산복지관, 송현샘교회 부설 지역여성연구소, 남동시민모임, 내일을 여는 집, 인천경실련, 인천산업사회보건연구회, 감리교교회협의회 등의 단체들이 합류하여 거리 서명운동 및 피해 사진전, 성금 모금, 엄중 처벌을 위한 지지 서명, 재판 방청 등에 힘을 보탰다. 지역에서 활동하는 변호사 진영광, 박수진은 무료로 법률 지원을 해주었다. 마침내 가정폭력 사건 최초로 살인미수죄가 적용되어 검사는 정○호에게 15년을 구형했다. 그러나 항소심 재판부는 가해자를 정신감정한 뒤 심신미약을 적용하여 7년 형을 언도했다.

이런 와중에 피해 여성 지원의 사령탑 역할을 하는 데스크탑 컴퓨터를 도난당하는 사건이 발생했다.[37] 활동가들이 아침에 사무실로 출근해 보니 다른 물건들은 그대로 있는데 데스크탑만 사라진 것이다. 경찰에 도난 신고를 하고 피해 여성 지원활동에 대한 백래

---

37 인천일보, 2000. 5. 6.

시가 아닌지 의심했으나 이 사건은 영구미제(?)로 남았다.

인천여성의전화는 피해자에게 답지한 성금과 네티즌들의 격려 글을 모아 피해자에게 전달하고 이 사실을 홈페이지에 사진과 함께 공개했다. 피해자는 이 성금으로 작은 방 하나를 얻어 자립 기반으로 삼았다. 그리고 꾸준히 인천여성의전화에 와서 상담도 받고 자원봉사도 하며 폭력 피해 후유증을 극복하고자 노력했다. 일반적으로 아내폭력 피해자는 트라우마가 너무 커서 과거를 돌아보기 힘들어하기 때문에 지원을 받고 난 후에는 지원단체와 거리를 두는 경우가 많다. 그러나 피해자는 그런 어려움을 딛고 강한 의지를 가지고 상처를 극복했으며 자녀들에게 닥칠 수 있었던 2차 피해를 막아 큰 좌절 없이 잘 자랄 수 있게 했다. 그 후 같은 피해를 본 여성들을 지원하는 일을 담당하는 등 당사자 운동의 주역으로 성장했다.

여성주의 가족이라는 비전

1990년대 말 밀어닥친 'IMF 경제위기'는 한국 사회를 뒤흔들고 가부장제 가족의 균열을 가져왔다. 이런 상황에서 시행될 가정폭력방지법이 자칫 가정파괴를 부추기는 가정파괴법이라는 부정적인 오해를 받을 수 있다는 우려가 제기되었다. 사실 불평등한 성별 분업에 기초한 가부장제 가족은 언제나 위기 상태였지만 말이다. 가정폭력방지법 시행을 앞두고 여성주의 가족의 비전을 제시할 필요가 있었다.

마침 유엔은 1994년 세계 가정의 해를 선포한 바 있다. 유엔은 "사회 진보와 발전을 앞당기기 위해서 가족 문제의 해결이 시급히 요청"된다며 그 주제를 '가족: 변화하는 세계 속에서의 책임과 자원'으로 선정하고, '사회 한가운데 가장 작은 민주주의를 건설하기 위하여'를 모토로 발표했다. 여기에 한국여성의전화는 여성의 관점을 추가했다. 즉 "집단권을 재해석해 여성이 속한 가족 집단의 권리가 아니라 여성 개인이 가족 구성원으로서의 권리와 개인적 권리를 모두 갖는 것을 의미"하는 것으로 해석했다.[38]

인천여성의전화는 1997년 그동안 실시했던 교육 프로그램인 「부부 성장 과정」의 성과를 토대로 회원 토론을 하여, 여성주의적 가족을 "가족구성원 각각의 자율성이 존중되면서 공동체로서의 돌봄과 나눔이 살아있는 가정"으로 정의했다. 다시 말해 그 가정은 혈연 중심적이고 배타적인 가족 이기주의로 똘똘 뭉친 가족과 달리 이웃이나 사회를 외면하지 않으며, 가정을 사회의 기본 단위로 보지만 사회의 통념에 좌우되지 않으며, 남성 중심적인 수직적이고 일방적이며 경쟁적인 관계를 떠나 상호적이고 수평적이며 함께 성장한다

---

38 박인혜, 2011: 261~263

는 가치를 실천하는 가족이다.[39]

1999년에는 실천 수칙 '평화롭고 평등한 가정 만드는 디딤돌'을 만들어서[40] 「건강한 가정, 건전한 사회 만들기」 대중 강좌 및 캠페인 등을 통해 배포했다. 2000년에는 '새로운 가족문화 만들기'를 목표로 삼고 혜인교회, 송현샘교회, 동부교육청 등에서 총 8차에 걸쳐 부부 의사소통 대중 강좌를 개최했다. 그리고 대중 강좌의 성과로 가정폭력을 예방하기 위한 지역 네트워크가 구축되기를 기대했다.

그러나 여성주의 가족 담론 만들기 운동은 지속되지 못했다. 가부장적인 가족 담론을 넘어 설득력 있는 대중적인 가족 담론을 만드는 일이 쉽지 않았고 강의를 통해 여성주의적 가족을 만드는 대중운동을 일으키기는 더욱 어려웠다. 동시에 IMF 이후 한국 사회가 급속히 신자유주의 시장 질서 속에 재편되면서 가족보다는 개인의 가치가 우선하는 사회로 변화하고 있었기 때문이었다.

양성평등 성교육 강사를 훈련하다

---

39   물꼬 25호: 4~5
40   물꼬 40호: 1

1994년 창립 첫해, 총 상담 770건 중 성폭력 상담은 16건에 불과했다. 실제로 성폭력 사건이 적었다기보다 성폭력에 대한 사회적 인식의 정도가 낮고 적절한 해결 통로가 부족했기 때문으로 보인다. 그러나 1995년 성폭력특별법에 따라 성폭력상담소를 개소하자 월 평균 8~9건의 상담이 들어오기 시작했다. 2005년 폐소하기까지 연 300건 정도의 상담 건수를 유지했다.[41] 성폭력 상담 중 아동 성폭력이 큰 비중을 차지했다. 1997년 상반기 상담의 25%가 아동 성폭력이었다.[42]

  대표적인 사건은 1994년에 발생한 고○호 사건이었다. 고○호는 가정폭력으로 아내가 가출하자 초등학생, 중학생이었던 세 딸에게 지속해서 성폭력을 행사하기 시작했다. 새로 들어온 아내에게도 가정폭력을 행사하여 새 아내도 딸들에 대한 성폭력을 방관할 수밖에 없었다. 이 사실을 알게 된 전처가 상담을 의뢰했다. 인천여성의전화는 재판 과정에 참여하면서 가해자를 엄벌할 수 있도록 진정서와 참고 자료들을 제출하고 아이들을 보호하고자 노력했다. 상담교사를 파견하여 피해 아동의 심리치료를 돕기도 했다. 재판부에 지속적으로 탄원서를 제출한 끝에 아버지를 처벌한 것은 물론 아버지의 친권도 박탈했다.

---

41 1996년 316건, 1997년 358건, 2001년 336건, 2004년 228건(당해 년도 총회보고서)
42 물꼬 24호: 3

성폭력 범죄는 신고율도, 신고 건수도 낮다. 특히 한국에서는 더욱 그렇다. 성폭력특별법이 제정되었지만 이런 상황은 개선되지 않았다. 여성단체들은 성폭력 범죄의 이런 특성 때문에 예방 활동이 중요하다고 보고 성교육을 실시하고 있었다. 한국여성의전화도 성폭력특별법이 제정되기 전부터 단체나 대학교 등에 활동가를 파견하여 성폭력 이론과 아내 구타 문제, 결혼관 등의 내용으로 성교육을 하고 있었다. 성폭력특별법 제정 운동의 영향으로 성폭력에 대한 인식이 변화했고, 성폭력특별법에 성폭력 예방이 지방자치단체의 책무로 명시되자 성교육 수요가 급증했다. 강의 수요가 많아지면서 성교육 강사 훈련이 시급해졌다. 성교육과 성교육 강사 훈련은 전국여성의전화들의 주요한 활동이 되었다.[43]

인천여성의전화에도 강의 요청이 많아졌다. 창립 초기에는 미미했으나 성폭력상담소를 개소하자 점차 늘어나기 시작했다. 1997년에는 50여 회의 강의를 나가 1천여 명을 교육했고 1999년 140회 13,313명, 2001년 286회 34,163명, 2003년 203회 23,237명 등으로 강의가 폭발적으로 증가했다. 2005년 성폭력상담소를 폐소하던 해에도 208회나 되었다. 주 대상은 초중고 학생들이었지만 경찰과 교사 등도 상당히 많았다. 1996년만 해도 성폭력 상담 전담 경찰관, 중학교 상담교사 등을 교육했고, 지방공무원 연수원이나 국립사회

---

43   박인혜, 2011: 295~296

복지연수원 등의 교육기관의 강사로 초빙되는 등 활동 반경이 상당히 넓었다.

성교육 요청이 많아지자 강사가 부족했다. 인천여성의전화는 1996년 기존의 상담회원들을 대상으로 3단계 초급, 중급, 고급과정 성교육 강사 훈련 프로그램을 만들었다. 성교육의 목적은 성교육과 양성평등 교육을 구분하지 않고 양성평등으로 정했다.[44] 생물학적 성에 대한 지식 교육이라는 협의의 관점을 바꾸어 성을 매개로 한 여성과 남성의 관계 교육이란 광의의 관점으로 접근한 것이다. 강사 훈련은 이론 교육 후 강의안 만들기, 강의 시연 등으로 이루어졌다. 선배 강사가 하는 실제 강의를 참관하기도 했다. 1997년 이러한 훈련 과정을 정리하여 성교육 자료집을 발간했다. 1, 2기 성교육 강사 훈련 과정을 마친 강사들의 연구모임 '한울림'도 만들어졌다.

성교육 강사 활동은 회원들 사이에 인기가 있어 모두 열심히 훈련 프로그램에 참여했다. 무급의 상담 활동과 달리 성교육은 소액일지라도 강사료라는 수입이 생기기도 했고 강의라는 경험이 주는 자존감도 컸다. 그러나 회원마다 강의 역량에 편차가 있었고 강의 의뢰 기관에 따라 강사료도 달랐다. 그래서 강의 기회를 공정하게 배분하는 일이 어려워졌고 회원 사이에 보이지 않는 갈등이 발

---

[44] 제7차 정기총회보고서, 23

생했다. 그 결과는 '한울림'의 부진으로 이어졌다. 이 문제는 전국의 여성의전화들이 공통적으로 겪는 문제이기도 했다.

이 문제를 해결하기 위해 활동가와 회원들은 초심으로 돌아가 성교육의 목적을 되돌아보았다. 성교육의 목적은 성폭력을 예방하고 대중들의 성인식을 개선하는 것이며 성교육은 성폭력 추방 운동, 즉 여성운동의 일환이라는 점을 확인했다. 최박미란 사무국장은 「2003 여성의전화 성교육정책 워크숍」에서 성교육 강사는 "성의 영역에 있어서 여성주의 가치를 제대로 전파하는 능력을 갖춘 사람"이라 정의하고 성교육 활동이 회원 활동을 넘어 강사라는 정체성을 가지게 되면서 사업화된 문제를 지적했다. 그리고 강사 파견 위주, 강의 의존적 방식에서 탈피하여 다양한 운동 방식을 개발해야 한다는 대안을 제시했다.[45]

인천여성의전화는 인천여성의전화가 필요하다고 판단하는 성교육을 적극적으로 기획하여 무료 대중 성교육 강좌를 확대하기로 사업 방향을 전환했다. 또한 강사료에 대한 원칙도 새로 만들었다. 개인적으로 받은 강사료는 개인이 갖지 않고 소모임 공동 수입으로 하며 학습과 활동에 필요한 비용으로 충당하기로 했다. 그 후 회원 내부의 갈등은 사라지고 오히려 회원 활동으로서의 성교육은 증가했다. 성교육 강사 모임은 2001년에 '안드로저니'라는 이름으로 재

---

45 김유은경, 2003, 물꼬 87호: 19

탄생하여 상담원 모임인 '씨줄날줄'과 함께 인천여성의전화의 중심이 되는 회원조직으로 성장했다.

그렇게 기획된 성교육이 대중 성교육 강좌였다. 1996~1997년에 걸쳐 '바로 아는 성, 아름다운 삶'이란 주제로 연수구와 남동구에서 대중 성교육이 진행되었다. 연수구에서는 '바로 보는 아내의 성'이란 부제로, 남동구에서는 '올바른 자녀의 성교육, 지금부터!', '바람직한 성문화, 우리부터!', '아름다운 부부의 성, 나부터!'라는 부제로 제공되었다. 이 강좌는 성교육 강사 회원들이 진행하고 중간 리더십 훈련의 장으로 삼았다.

캠페인은 매년 11~12월 성폭력 추방 주간에 집중적으로 이루어졌다. 1997년 인천 최초로 '성폭력 없는 평화로운 사회를 위하여'를 주제로 성폭력 추방 주간을 선포했다. 인천 지역 유치원에 공문을 돌려 참가신청을 받아 만수1동 성당 문화원에서 유치원생 450여 명에게 성폭력 인형극으로 예방 교육을 하고 거리 캠페인도 진행했다. 그 외에도 소식지 「물꼬」를 연고가 있는 지역 사회 곳곳에 배치하여 일반 시민들이 보게 했다. 고정 배부처는 2000년 6개소를 시작으로 2002년에는 미장원, 약국, 찻집 등 24개소로 증가했다.[46]

---

46   회보 「물꼬」는 1995년 8월 창간되어 2013년 말까지 발간되었다. 물꼬는 "막힌 곳을 뚫어 흐름을 쉽게 하고 삶의 질을 높인다"라는 의미다.

학교에 양성평등 성교육을

학교 내 성폭력도 여러 차례 발생했다. 1996년 ○○초 교사 성추행 사건이 알려졌다. 인천여성의전화는 곧장 대책위를 구성하고 엄벌에 처해달라는 탄원서를 재판부에 제출했다, 한편으론 가두시위를 하면서 성명서를 배포하고 교육청에 방문하여 항의했다. 마침내 ○○교사는 파면되고 학교장은 좌천과 3개월 감봉에 처해졌다.

강화 ○○고등학교의 학생 ○○은 오랫동안 교사로부터 성추행을 당해왔다. 용기 내어 고소하고 싶었으나 좁은 농촌 지역 사회에서 자신이 공개되는 것이 두려웠다. 강화여성의전화를 통해 인천여성의전화에 와서 상담 받고 가해 교사를 고소했다. 강화여성의전화와 인천여성의전화는 교육청에 가해 교사의 퇴직금 지급 보류와 파면 조치를, 부교장의 사건 은닉에 대한 처벌을 요구했다. 그러나 아버지가 고소를 취하하여 인권지원을 중단할 수밖에 없었다.

성교육특별법이 시행되자 여성단체들은 이 법을 근거로 성교육 제도화, 특히 학교 성교육 의무화를 추진했다. 1999년, 성폭력특별법이 제정된 지 6년이 지나서야 시행령이 공표되고 남녀차별 금지 및 구제에 관한 법률에 입각한 양성평등 교육 지침이 만들어졌다. 이에 따라 인천여성의전화는 발 빠르게 「학교 성교육 실태 조사」와 「교사 성교육 연수」를 진행하는 한편 교육부 여성 교육 정책 담당관을 초빙하여 부평구청 대강당에서 교사들을 대상으로 양성평등 교육 관련 정책 강연회를 개최하는 등 학교에서 성교육이 제도적으로 시행될 수 있는 환경을 만들고자 노력했다.[47]

학교 성폭력을 근절하기 위해 우선되어야 할 것은 학교 성교육인데 이는 교사들의 역량에 의존하는 바가 컸다. 교사가 아닌 외부 강사들이 학교에 가서 강의하는 것도 좋지만 이는 제한적일 수밖에 없었다. 학교장들은 교사 자격증이 없는 비전문가가 학교에 와서 학생들을 가르치는 것을 미덥지 않아 했다. 교사들은 성교육의 필요성은 인정하나 기존 업무 외에 추가 업무가 생기는 데다 개인적으로나 제도적으로 성교육을 할 준비가 되어 있지 않았기 때문에 소극적이었다.

그렇다면 인천여성의전화가 나서야 했다. 교사들에게 성교육을 실시하여 학교에서 일상적으로 성교육이 제공될 수 있는 환경을 만든다는 것을 목표로 세웠다. 1998년 1월 겨울방학을 이용한 교사를 위한 성교육 프로그램을 시작으로 여름방학에는 고등학교 가정과 교사 모임의 위탁을 받아 70여 명에게 성교육 특강을 제공했다. 성교육 강사 양성과정에서 만든 성교육 교재를 교사들에게 무료로 배포했다. 1999년 여름방학에는 교사들이 직접 성교육을 할 수 있도록 「성교육을 위한 교사들의 집단 상담」을 진행했다. 그러나 학점인정이 되지 않아 교사들의 참여를 독려하기는 어려웠다.

---

47   박인혜, 2011: 300~301

이러한 문제를 개선하기 위해 2001년 여름방학에는 전국교직원노동조합 인천지부이하 전교조 인천지부 여성위원회와 함께 학점 인정이 되는 「양성평등 교육 교사 연수」를 개최했다. 많은 교사들이 참여하여 성황을 이루었다. 그러나 이 연수는 여성위원회 지도부가 바뀌면서 일회로 끝나고 말았다. 성교육 연수가 제도화되어 있지 않고 남성이 다수인 전교조 인천지부 지도부는 교사를 위한 성교육에 큰 관심이 없었기 때문에 여성위원회의 힘만으로는 성교육 연수를 지속하기가 어려웠다. 외부의 여성단체가 성교육을 하도록 지속해서 자극하는 데는 한계가 있었다.

인천여성의전화는 성교육에 관심 있는 교사들에게 시선을 돌렸다. 학교에서 양성평등반을 운영하는 교사들의 모임인 '양성평등 교육을 실천하는 여성 교사들의 모임 수담'수다를 담론으로, 이하 수담을 만났다. 이 모임에 인천여성의전화 패티김 홀을 모임 장소로 사용할 수 있도록 제공했다. 패티김 홀은 앞서 말한 활동가들의 반대를 무릅쓰고 확장한 공간으로 회원들이 언제든지 와서 쉴 수도 있고 집단상담 같은 프로그램도 할 수 있도록 만든 넓은 온돌방이었다. 수담 회원들은 퇴근 후 모여 자유롭게 공부도 하고 휴식도 즐기다 가곤 했다. 이 연대를 통해 인천여성의전화는 학교 성교육을 지속할 수 있는 기반을 확보했다. 박문여고, 운산기계공고, 가정고 등과

는 연차계획을 세우고 전교생에게 단계적인 성교육을 제공했다.[48]

지역 사회와 연대도 소홀히 하지 않았다. 인천여성의전화는 학교 성교육을 제도화하기 위해서는 지역 사회의 압력과 지원이 필요하다고 판단하고 성폭력상담소 개소 초기 '학교 내 성폭력 추방을 위한 인천시민 대책협의회'를 구성한 바 있다. 그러나 협의회는 지지부진했다. 그러던 중 1999년 교육 운동 단체들의 연대체인 '인천교육개혁연대'전교조, 참교육학부모회, 인천연대, YMCA, 경실련, 인천일보 등, 이하 교육연대가 조직되었다. 인천여성의전화는 교육연대에 적극적으로 참여하여 교육연대가 성평등적인 교육 실현을 지향하도록 견인했다. 주 1회 인천일보에 교육개혁과 성 관련 기사를 기고하는 한편 교육 관련 단체들에게 학교 내 성폭력의 심각성을 알리고 성폭력 추방 운동에 동참하도록 추동했다.

학교 내 성폭력의 실태를 파악하여 정책을 제안하기 위한 연구조사도 병행했다. 1998년 학교 성교육 실태를 조사하기 위해 교육청의 협조를 얻어 인천 지역 초중고 각급학교에 설문지를 돌렸다. 조사 결과 학교 성교육은 주로 여학교에서 가정과와 양호를 담당하는 기혼 여교사가 맡고 있는 것으로 드러났다. 교사들은 성교육은 꼭 필요하나 실제로는 충분하지 않으며 형식적인 성교육으로 그치

---

48 2000년대 「물꼬」에는 이런 과정에서 관계를 형성한 교사나 학생들의 글이 많이 실려 있다.

고 있다고 답했다. 성교육 정책도 부실하여 예산이 책정되어 있지 않거나 연수가 부족하다고 지적했다. 교사 전체를 대상으로 성교육 연수를 실시하고 교육청에 성교육위원회를 설치해야 한다는 제안이 많이 나왔다.

조사 결과를 가지고 '인천지역 학교 성교육의 실태와 전망'이란 제목으로 1998년 12월 10일 성폭력 추방 주간 기념 토론회를 열고 교사들과 함께 학교 성교육 활성화 방안을 모색했다. 교육청 성교육 담당 장학사, 성교육 시범학교인 화도진중학교 교사, 인천여성의전화 성폭력상담소 소장이 발표와 토론을 맡았다. 발표자 외에도 많은 수의 교사가 토론회에 참석하여 높은 관심을 보였다.

이어서 1999년 11월 인천대학교 제1대 인권복지위원회 여성위원회와 공동으로 「대학 내 성폭력 실태조사」도 진행했다. 설문지를 함께 만들어 인하대와 인천대에 각각 600부, 500부의 설문지를 돌려 총 355부여 149, 남 206를 회수하고 이를 분석한 대학생 성인식 실태조사 자료집 「성, 무엇을 해야 하는가?」를 내놓았다.

자료집에는 대학 내 양성평등 의식 실태조사 결과, 대학 내 성폭력 실태조사 결과, 학교와 학생회 인터뷰, 대학 내 성폭력의 개념과 특성, 학내 성폭력 피해 사례와 도우미, 강간 피해를 입었을 때 대응 방법, 성적 권리 장전 등 다양한 내용이 실렸다. 일차적으로 각 학교 학생회를 통해 배포하고 인하대학교에서는 「대학 내 성폭력 추방을 위한 홍보전」을 하며 학생들에게 직접 나눠주었다.

3 여성주의상담 운동

상담에 운동이란 말을 붙일 수 있을까? 여성주의상담Feminist Therapy라면 가능하다.[49] 여성주의상담은 1970년대 서구의 급진주의 여성운동 과정에서 하나의 운동 방법으로 등장했다. 당시 미국에는 도시마다 의식화를 지향하는 여성주의 자조모임이 있었는데 여성들은 여기서 자기 경험을 이야기하고 토론하며 시위에 참여하기도 했다. 이 모임은 참여자들이 점차 스스로 변화하면서 자신의 힘을 인식하게 되는 자조의 기능을 담당하게 되었다. 의식향상 집단에서 그런 기능을 경험한 상담 전문가들이 여성주의상담을 만들게 되었다. 여성주의상담은 특출한 대가 한 사람에 의해서가 아니라 "많은 여성의 생각과 노력이 합해져 조금씩 발전한 것이었다."[50]

한국의 여성주의상담은 1970년대 후반 도입된 서구 여성학과 1980년대 여성의전화의 아내 구타 상담 과정, 그리고 한국 여성의 폭력 피해 경험에 근거해서 구성되었다. 그 특징은 여성문제를 낳는 사회구조의 변혁과 함께 여성문제의 심리적 측면도 고려하는 것이었

---

49   당시는 여성주의라는 용어를 사용하지 않고 여성상담이라 했다. 이 글에서는 현재의 사용법을 반영한다.
50   박인혜, 2011: 169

다.[51] 사회구조의 변화만 추구하던 민주화운동, 노동운동 등 기존의 사회운동과 달리 여성주의상담은 여성이란 특수성에서 비롯된 여성폭력의 문제를 여성 개인의 경험에서 시작하되 그 원인이 가부장적인 사회구조라는 점을 분명히 인식하고 접근하는 방법이었다. 그리하여 여성주의상담은 "상담을 매개로 하여 여성의 분산·고립된 현실을 극복하고 여성 대중을 조직화·의식화·정치세력화하며 한국사회의 주체로 서게 하는 것을 목적하는"[52] 여성운동이 될 수 있었다.

인천여성의전화도 이 점을 분명히 인식하고 있었다. 인천여성의전화는 상담원을 여성주의로 의식화·조직화하여 여성운동의 주체로 만드는 것을 여성주의상담의 일차적인 목표로 삼았다. 그리고 이를 위해 여성주의상담 이론을 개발하고 확립하기 위한 노력을 게을리하지 않았다.

**여성주의로 무장한
상담원 양성**

상담원 양성의 첫발은 여성상담학교를 개설하는 것이었다. 여

51 김민예숙, 2004: 7~8
52 박인혜, 2011: 171~172

성상담학교는 여성주의상담 이론으로 여성을 의식화시키고 교육하여 상담원을 확보하는 것을 목적으로 한 한국 최초의 페미니스트 대중 교육이었다. 1970년대 서구 여성운동에서도 "가부장제를 바꾸기 위해 여성 자신을 먼저 바꾸려는 의식화 작업과 여성학 학습"이 선행되곤 했다. 다시 말해 여성상담학교는 페미니스트 정치학의 출발점이었다.[53]

제1기 상담원 교육은 창립 직후인 1994년 3월 2일부터 4월 19일 사이에 진행되었다. 당시만 해도 여성주의상담을 공부한 사람이 별로 없어 강사를 구하기가 쉽지 않았다. 연세대학교에서 의식 향상 집단으로 박사 논문을 쓴 정소영 박사와 한국여성의전화 활동가들을 강사로 하여 커리큘럼을 만들었다. 법률 부문 강사는 인천에서 구했다.[54] 15명이 등록하여 8명이 수료했고 그중 4명이 상담 활동을 시작했다. 창립 첫해에는 상담원 수요가 컸기 때문에 두 번의 강좌를 열었으나 다음 해부터는 1년에 한 번씩 열었다. 그 후 2007년 제17기까지 540여 명의 수료생을 배출했다.[55]

강좌 내용은 여성학과 여성폭력의 이해, 여성주의상담 이론, 상담원의 자세 등 한국여성의전화와 다를 바가 없으나 교육 방향에는 인천여성의전화만의 특성이 있었다. 가정폭력 상담원 교육, 성폭

---

53 박인혜, 2011: 173
54 김민예숙 인터뷰
55 여성상담학교는 2020년 가정폭력상담원교육으로 재개되었다.

력 상담원 교육을 구분하지 않고 그저 '여성상담학교'라고만 한 것이었다. 서울에 근접해 있다는 지리적 한계로 고액의 법정 교육을 받고자 하는 수요가 적었고 무엇보다 법적 상담전문가를 양성하는 것이 주목적이 아니었기 때문이었다. 앞에서 말했듯이 인천여성의전화 여성상담학교의 목적은 여성주의로 의식화된 상담원을 양성하는 것이었다. 꼭 필요할 때만 가정폭력, 성폭력 전문상담원 교육을 별도로 개설했다.[56]

여성상담학교 개강 초기에는 새로 접한 여성주의 관점을 받아들이기 어려운 수강생들이 수강을 중단하는 사태가 가끔 발생하곤 했었다. 한 번은 혼전 성관계에 대한 강의를 듣던 한 수강생이 혼전 성관계를 용납할 수 없어 수업 중에 강력히 항의하면서 교실을 나가 버린 적도 있었다. 1990년대 후반만 해도 혼전 성관계는 사회적으로 인정받기 어려웠던 것이다. 물론 지금도 개강 초에는 가끔 이런 일이 발생한다.

**자원봉사 상담원에서
상담회원으로**

---

56   김성미경, 2009a

여성상담학교를 마친 후에는 수료생들을 대상으로 재교육 프로그램인 「수요상담과정」이 개설되었다. 김민예숙 회장이 제안하고 주도하여 다양한 상담이론과 여성학을 학습하면서 여성폭력 상담을 어떻게 해야 하는지 정리해 나갔다. 전통적인 심리상담, 인본주의 상담, 행동 수정 등 기존의 상담이론은 여성폭력 피해자 상담에 충분하지 않았던 것이다.

점차 학습 시간을 확대했을 뿐만 아니라 슈퍼비전, 공개 사례 발표회, 전문상담원 워크숍, 집단상담가 훈련 등 각종 훈련 프로그램도 병행했다. 1997년에는 그동안 상담원 교육 과정에서 개발된 결과물을 정리한 「여성상담연습교본」을 만들어 전국의 여성의전화를 비롯해 여러 여성상담 기관에 판매했다. 제법 입소문이 나서 스테디셀러가 되었다.

상담은 월요일부터 금요일까지 오전과 오후로 나누어 받았는데 결석하는 상담원은 한 사람도 없었다. 상담원들이 교육을 통해 충분한 만족감과 성취감을 얻을 수 있었던 결과였다. 이는 상담 당번을 채우기 어려워하는 대부분의 다른 여성의전화 지부들에게 크나큰 자랑거리였다. 규칙적이고 지속적이며 다양한 교육은 상담원들의 상담 관점을 통일하고 상담 역량을 향상시켰다. 상담 공부 모임은 조직의 구심력을 만들어 조직의 안정을 가져왔다. 상담원들은 상담원들이 한자리에 만날 수 있고 많은 것을 얻을 수 있는 공부 모임에 거의 빠지지 않았다. 자연히 상담원들끼리 관계도 좋아질 수

밖에 없었다.57

그러나 상담원들이 일주일에 한 번 정기적으로 공부하는 것은 쉽지 않은 일이었다. 상담 이론 자체가 어려운 데다 당시엔 인천만 해도 고등교육을 받은 여성이 드물었다. 그래도 성장하고자 하는 상담원들의 욕구가 강해서 부족한 학력쯤은 아무것도 아니었다. 상담원들은 상담 공부를 하겠다는 마음 하나로 학력에 대한 편견 없이 서로 지지하면서 아무리 어려운 교재라 해도 열심히 공부했다.58

물론 상담 공부가 재미있기만 한 것은 아니었다. 상담원은 시험도 봐야 했다. 자원봉사 상담원에게 시험을 보게 한다는 것은 기상천외한 아이디어였다. 상담원들은 암기 페이퍼를 만들어서 걸으면서도 외우고 운전하면서도 외웠다고 한다. 시험 날이 되면 김민예숙 회장은 화이트보드에 문제를 써놓고 "알아서 하세요. 양심에 맡겨요" 하곤 나가버렸다. 커닝하는 사람도 있었고 그것이 불공정하다고 항의하는 사람도 있었다. 그래도 시험은 계속되었다.59

상담원이라면 누구나 다 슈퍼비전도 받아야 했다. 상담하면서 녹음하고 어떤 상담으로 슈퍼비전을 받아야 할지 고민해야 했다. 슈퍼비전을 받으면서는 엄청나게 깨져야 했다. 스트레스를 못이긴 상담원들에게 편마비가 오기도 하고 위경련이 일어나기도 했다. 그러

---

57 김민예숙 인터뷰
58 김민예숙 인터뷰
59 김성미경 인터뷰

나 그것이 싫다고 나간 사람은 없었다.[60]

　　스트레스 때문에 그만둔다는 것은 자존심이 상하는 일이었다. 오히려 상담원들은 스트레스를 받으면서도 너무 재미있어했다. 그 지적 자극이 삶의 방식을 바꾸게 하고 세상을 보는 관점을 바꾸어 주었기 때문이다. 인천여성의전화 상담 자원활동가라고 하는 것이 굉장한 프라이드가 되었다. 김민예숙 회장은 자원봉사라고 해서 아무나 쉽게 하는 일이 아니라는 것을 말해주고 싶었고 어려운 과정을 충실하게 참여할 것을 요구함으로써 존중받고 있다는 것을 느끼게 해주고 싶었다고 한다.

　　김지선 부회장은 상담원의 위상을 자원봉사자가 아닌 회원으로 보아야 한다고 문제를 제기했다. 당시 한국여성의전화는 상담원을 자원봉사자라고 부르고 있었는데 자원봉사자라는 호칭은 조직의 주인이 아닌 보조자라는 느낌을 주기 때문에 아무리 오랫동안 상담활동을 해도 조직 속에서 성장할 수 없다는 논리였다. 자원봉사자라는 개념이 회원조직, 대중조직으로 나아가는 데 걸림돌이 된다고 본 것이다. 진지한 토론 끝에 상담원의 지위를 자원봉사자가 아닌 회원으로, 상담은 회원 활동으로 위치 지우기로 합의했다.

　　그 일환으로 1995년 2월 상담 공부모임을 회원조직으로 전환하고 그 이름을 '씨줄날줄'이라 했다. 상담은 내담자와 상담자가 함

60　김상순 인터뷰

께 짜는 천과 같아서 거칠게 주고 받으면 삼베가 되고 촘촘히 짜면 비단이 된다는 의미를 담아 김민예숙 회장이 제안한 이름을 회원들이 받아들인 것이다. 이후 씨줄날줄 회원들은 인천여성의전화의 기둥으로 성장했다.[61]

씨줄날줄 초대 회장이며 여성상담학교 1기 수료생인 임경자는 상담활동을 하면서 얻은 자신감을 바탕으로 늦은 나이에 공부를 계속하여 대학을 졸업했다. 2003년 시인으로 등단하여 두 권의 시집을 내기도 했다. 상담 공부에 대한 어려움을 자신을 성장시키는 자극으로 받아들여서 성장할 수 있었던 것이다. 임경자는 그 고마움을 음식으로 표현하곤 했다. 가끔 음식을 바리바리 싸와서 활동가·회원들과 나눠 먹었다. 그 밖에도 많은 상담원이 인천여성의전화와 만나면서 인생의 변화를 경험했다.

김민예숙 회장의 말대로 상담가는 일방적으로 타인을 성장시키기만 하는 것이 아니다. 상담하면서 자신도 성장하기 때문에 상담활동을 할 수 있는 것이다. 인천여성의전화 또한 상담전문가인 김민예숙 회장을 만나 창립 초기 여성주의상담의 기반을 닦고 상담회원들이 성장할 수 있도록 지원할 수 있었던 것은 행운이었다.

---

61   3대 회장 배임숙일과 4대와 현재 회장 김성미경, 현 이사 김상순 등을 배출했다.

여성주의상담의
지식발전소

창립 초기 상담한 결과를 분석해 보니 예상외로 외도 상담이 많았다. 1994년 상담 776건 중 구타 170건21.9%, 외도 127건16.37%이던 것이 1995년에는 외도 223건21.9%, 구타 178건17.5%으로 구타와 외도의 순위가 역전되었다. 1996년부터는 부부갈등이 상담의 1순위를 차지했으나 외도는 여전히 큰 비중을 차지했다. 그러나 외도 상담에 대해서는 참고할 만한 자료가 별로 없었다. 외도란 남자들의 '바람기' 정도의 개인적 일탈로 치부되었기 때문이다.

1994년 9~12월 수요상담 과정에 모인 상담원들은 집중적으로 외도에 대한 자료를 읽고 토론했다. 그 결과를 바탕으로 김민예숙 회장은 개원 1주년을 기념한 외도 상담 지침서 『외도, 결혼제도의 그림자인가?』1995, 형성사를 출판했다. 이 책에서 외도는 가부장제 이성애 결혼제도에서 발생하는 필연적, 보편적인 것이며 기혼 남성의 매매춘성매매도 외도의 일종이라고 결론지었다.

외도 상담은 결혼 과정, 부부의 의사소통 정도, 남편의 외도 유형과 아내의 대응 유형을 파악한 후 외도와 관련된 비합리적 신념을 버리고 부부관계를 개선하도록 하는 단계별 상담이 제안되었다. 외도 상담의 마지막 과정은 부부관계 개선인데 이 과정은 '부부농사짓기'로 명명되었다. 부부농사란 자식농사에 빗댄 표현으로 부부

관계도 노력하지 않으면 성장할 수 없다는 의미였다. 부부농사는 3단계로 이루어지는데 성역할 고정관념을 깨는 '땅 깊게 파기', 자신에게 덧씌워진 성역할에서 벗어나 본래의 자신을 만나는 '뿌리내리기', 새로 얻은 힘으로 부부관계 성장 계획을 세우는 '퇴비주기'가 그것이다.[62]

부부농사짓기를 실제 부부들에게 적용해 보는 프로그램도 만들었다. 1994년 9월 성장상담연구소의 이종헌 박사를 초빙하여 구월동의 복자수도원에서 「부부성장과정」을 열었다. 모두 8쌍의 회원부부가 참가했고 인천일보에는 참가자 인터뷰 기사도 실렸다.[63] 2회차는 「부부농사짓기」라는 이름으로 1997년 9월에 개최되었다. 그러나 부부프로그램을 낯설어 하는 한국 사회의 문화적 벽을 깨지 못하고 이 프로그램은 중단되었다. 참여하고 싶은 여성들은 많았으나 그 남편들의 동의를 얻기가 어려웠던 것이다.

인천여성의전화는 여성주의상담을 한국에서 정립하는 데 직간접적으로 기여했다. 김민예숙 회장은 인천여성의전화에서 상담하고 상담원을 훈련하는 과정을 통해 여성주의상담 지식을 축적했고 상담 모델을 개발하고 실험할 수 있었다. 여기서 나온 성과물은 강의를 통해 전국의 여성상담 기관에 제공되었다. 국제적인 영향력

---

62 김민예숙, 1995: 169~170
63 인천일보, 1994. 9. 10

도 생겨났다.

1997년 아시아 태평양 여성과 법 개발 포럼Asia Pacific Forum on Women, Law and Development, APWLD 주최로 인도네시아에서 「페미니스트 카운슬링 워크숍」이 열렸다. 이 워크숍의 목적은 각국의 여성주의상담 현황을 파악하고 여성주의상담론을 개발, 발전시키고자 하는 것이었다. APWLD와 밀접한 관계를 맺고 있던 한국여성의전화 신혜수 대표가 김민예숙 회장을 강사로 추천했다. 한국에서 열린 1998년에는 10여 개국이 참가했고 또다시 김민예숙 회장이 강사로 참석했다.

그 후 이 워크숍을 이어갈 만한 역량을 가진 나라가 없어 워크숍은 중단되었다. 그러자 한국은 독자적으로 여성주의상담론 발전 계획을 세웠다. 김민예숙 회장은 서울여성의전화와 함께 3년간 여성주의상담과 교육 프로그램을 진행하면서 여성주의상담 모델을 만들었다. 그 결과물은 『왜 여성주의상담인가, 역사, 실제, 방법론』이란 책으로 2005년 출판되었다.[64] 또한 인천여성의전화 시절 시작된 여성주의상담자 경험을 바탕으로 만든 모델로 2013년 『여성주의상담 구조화 모델 워크북』을 출판했다.

---

64 김민예숙 회장은 여성주의상담자를 양성하겠다는 비전을 가지고, 2002년 '김민예숙여성주의상담연구실'을 만들었고, 그것을 기반으로 2012년 여성주의상담연구회를 만들었다. 이 연구회는 2012년 여성심리학회 산하 분과로 등록되었다(2023년 현재 회원 130명).

여성주의상담에서
여성 인권 상담으로

1995년 열린 세계여성회의는 여성 인권 증진에 있어 세계사적인 전기를 마련한 회의였다. 전 세계 181개국에서 3만여 명의 여성들이 참가했으며 한국에서도 정부의 공식 대표단과 600여 명의 비정부기구 여성들이 참가했다. 한국여성의전화에서는 신혜수 회장과 이상덕 부회장이 참석하여 위안부 문제와 가정폭력 문제에 대하여 워크숍을 조직하고 발표했다. 인천여성의전화에서는 홍미영 부회장이 참가했다. 이 회의에서 베이징 선언과 12개 항의 행동강령이 채택되었고 여성폭력의 범주가 제시되었다. 여성 인권 담론이 전 지구적으로 확산되었고 무엇보다 아시아 여성들에게 여성 인권 운동의 자극제가 되었다.[65]

세계여성회의 이전부터 여성폭력 추방 운동을 하고 있던 한국여성의전화는 세계여성회의에서 확정된 '인권으로서 여성의 권리 women's rights as human rights', 즉 여성 인권 개념을 적극적으로 수용했다. 여성폭력 추방 운동을 인권 운동으로 이해하게 되었으며 여성주의상담을 여성 인권 상담과 연계시키고자 노력했다. 세계여성회의를 마치고 한국여성의전화는 「전국대표자회의」를 열어 여성폭력

65　박인혜, 2011: 37~39

은 여성 인권의 문제라고 합의한 세계여성회의 결과를 보고했다. 신혜수 대표는 여성의전화 운동 방향을 상담 운동에서 여성 인권 운동으로 전환해야 한다고 강력히 주장했다.[66]

여성 인권 운동은 여성주의상담 운동의 연장선이 아니라 여성의전화 운동 패러다임의 전환을 의미하는 것이었다. 한국여성의전화 창립 초기인 1980년대는 엄혹한 정치적 억압 속에서 여성에 대한 폭력을 드러내는 여성상담만으로도 운동이 될 수 있었다. 민주화 운동 단체들은 여성의전화 운동을 사회변혁 운동이라 보지 않았지만, 여성의전화는 상담이 운동이냐 아니냐를 놓고 내부 논쟁을 벌일 만큼 상담도 운동이란 정체성을 강하게 가지고 있었다. 상담을 통해 사회를 변화시킬 수 있다고 믿은 것이다.

그러나 사회가 민주화되고 시민운동이 등장하던 1990년대에는 상담이 곧 운동이 되기는 어렵게 되었다. 성폭력특별법이 제정되자 상담이 가지고 있는 개인적이고 심리적인 속성은 피해자의 개인적 치유와 상담자의 기술적 전문성 강화에 더 관심을 두게 했다. 무엇보다 상담소에 재정 지원을 하는 국가는 급진적으로 보이는 여성주의상담보다는 사회적응적이라 판단되는 가족 유지를 위한 상담을 더 선호했다. 게다가 지역 여성의전화들은 대부분 상담실을 유지하기 위해 조직의 전 역량을 투입하고 있어서 지역 사회의 구조적인

---

66   박인혜, 2011: 264~265

인권 문제에 적극적으로 개입하지 못하는 경우가 많았다.

「전국대표자회의」 이후 전국의 지부 활동가들은 여성폭력이 여성 인권 문제라는 인식에 크게 공감했으며 여성 인권운동이 무엇인지, 어떻게 해야 하는지를 모색하기 시작했다.[67] 여성 인권운동을 하기 위해 상담사업을 하지 말자는 주장까지 나왔지만, 상담이 아닌 새로운 운동 방법을 찾아내지는 못했다. 대부분 여성폭력이 여성 인권의 문제라면 여성폭력 피해자 상담이 곧 여성 인권운동이라고 이해하고 종전 방식대로 상담실을 운영했다.

인천여성의전화도 여성 인권 상담의 방향을 잡기 위해 다양한 노력을 기울였다. 1999년 상담회원들을 중심으로 여성인권팀을 조직하고 여성 인권 학습을 시작했다. 무엇이 여성 인권이며 그 피해 실태는 어떠한지를 조사하는 등 개인 변화에 그치는 심리상담의 한계를 극복하고 인권 관점에서 접근하는 상담 방식을 만들어보려고 노력했다. 외부의 인권 교육에 회원들을 파견하기도 했다. 그러나 상담사업을 여성 인권 상담사업이라 변경한 것 외에는 크게 달라지지 못했다.

새로운 길을 찾지 못한 채 2005년 성폭력상담소, 2009년 가정폭력상담소를 연이어 폐소했다. 그러나 인천여성의전화는 제도화된

---

[67] 이 모색의 결과로 1998년 총회에서 정관을 변경하고 한국여성의전화연합이 여성인권단체임을 선언했다.

상담소는 폐소하더라도 상담사업은 계속하고자 했다. 상담 활동을 하는 회원활동가들이 모여 '상담관련회의상관회'를 하면서 국고 지원을 받지 않더라도 상담을 지속할 수 있는 방법을 찾기도 하고, 상근활동가들을 중심으로 인권정책단을 조직하고 사회 이슈를 찾아 공유하고 토론하면서 인권의 사각지대를 찾아내고자 했다.

2011년에는 의미있는 시도를 했다. 아내 구타 남편 살해 피의자이하 아남살피 지원사업이 그것이다. 2010년 한 해 동안 인천에서 세 건의 아내 구타 남편 살해 사건이 발생했고 청송에서는 이주여성이 구타 남편을 살해하는 사건이 일어났다. 인천여성의전화는 이 사건들을 보면서 상담만 가지고는 문제를 해결할 수 없고 아내 구타 문제에 대한 총체적인 접근이 필요하다는 여성 인권 활동 방향의 단서를 얻었다.

먼저 상담실을 끝까지 지키고 있던 김상순 회원을 중심으로 한 상담회원들은 인천 지역 사회에서 일어나는 여성폭력 사건들을 조사하고 그중에서 인권 지원이 필요한 사건을 찾아냈다. 지원대상이 결정되면 심리학, 사회복지, 법률 등 각 분야의 전문가들로 솔루션 회의[68]를 구성하고 지원 방법을 모색했다. 일종의 사례관리였다. 피해 여성이 상담을 의뢰하지 않더라도 경찰서로 찾아가거나 가족을

68　김상순, 김성미경, 최박미란 등 상담회원들과 심리학(김민예숙), 복지(송다영), 법률(안귀옥), 이주여성(강혜숙), 여성운동(박인혜) 등(제19차 총회보고서: 91)

만나 설득하여 지원 방법을 의논했다. 피해 여성이 구속되어 있으면 편지를 쓰거나 면회를 가기도 했다. 많은 사건을 지원하지는 못했지만, 자녀를 구타하는 남편으로부터 자신과 아이를 지키려고 방어하다 남편을 살해하게 된 사건에 대한 지원은 어느 정도 성과가 있었다. 네이버 카페 활동을 하는 육아맘들과 적극 소통하면서 재판을 지원한 것이다.[69]

　인천여성의전화는 여성주의상담 전문가인 회장과 학습에 열성적인 상담회원들이 뭉쳐서 여성주의상담을 체계화하고 전파하는 데 일조했다. 회원들도 여성주의상담을 통하여 자원봉사 상담원이 아닌 여성운동가로 성장할 수 있었다. 그러나 시대가 바뀌면서 인권 상담으로의 전환이 필요했으나 순조롭지 못했다. 아남살피가 그 가능성을 보여주었지만 이미 상담소를 접고 주력 활동 방향을 돌린 조직의 지원을 제대로 받지 못해 회원들의 자원활동만으로 인권 상담사업을 지속하기는 어려웠다. 본격적인 여성 인권 운동은 성매매 여성과 이주여성을 위한 인권 운동을 시작할 때까지 조금 시간이 필요했다.

69　김상순 인터뷰

4 지역 여성 조직화 운동

지역 운동이라는 개념은 1960, 70년대 급속한 산업화 결과로 생겨난 도시 빈민지역에서 전개된 주민운동 전통에서 나온 것이다. 이때의 지역 운동은 "빈민 지역 주민들을 조직화해 그들의 삶을 향상시키겠다는 목적을 갖는 가난한 지역에서의 사회운동"을 의미했다. 1990년대 민주화가 진행되고 지방자치가 재개되면서 계급적, 투쟁적인 민족민주 운동은 환경, 여성, 교육, 복지, 소비자, 건강 등 다양한 분야의 시민운동으로 분화되었다. 지역 운동은 서울 중심의 운동에서 벗어나 지역과 생활상의 구체적이고 다양한 문제들을 주체적으로 풀어내는 참여와 자치 운동을 의미하게 되었다. "1995년 지방선거는 지역·여성·지방자치를 연결하고 지역 여성운동의 개념을 발전시키는 계기가 되었고 지역 여성운동은 지역 여성의 조직화·정치세력화 운동으로 정의되었다. …그러나 여성의전화는 지역 여성운동을 '여성 인권'이란 관점이 아닌 '회원조직 확대'라는 조직적 관점에서 접근했다."[70]

---

70 박인혜, 2011: 371~372

인천여성의전화의 지역 여성운동 역시 조직화 관점에서 진행되었다. 여성의전화를 통해 인천 지역의 여성들이 성장하고 발전할 수 있도록 도와 여성운동의 기반 세력을 형성하고자 한 것이다. 회원을 교육하고 조직하여 대중여성과 여성운동을 잇는 중간 여성 리더십으로 육성하는 것이 목표였다. 중간 리더십이란 "여성운동에 입각해서 의사결정에 주체적으로 참가, 실천하며, 주인의식을 가지고 행동하며 생활 속에서 여성운동을 실천하며 사는 것, 삶을 통해 끊임없이 여성주의를 실천하고 생활 자체를 그렇게 만들어 가는 것"으로 정의했다.[71] 그리하여 자신의 성장만이 아니라 인천여성의전화와 지역 사회의 리더가 되는 것을 목표로 하였다.

여성주의를 실천하는 삶

창립 초기에는 신생 단체답게 조직 강화를 우선 목표로 세우고 회원 조직 강화에 집중했다. 회원 조직화의 매개체는 회원 교육이었다. 회원 교육은 정회원 입회교육과 재교육으로 나누었다. 입회교육은 여성운동과 지역 운동, 집단상담, 단체견학 및 과제 수행, 여성의전화 역사와 활동 소개 등의 내용으로 신입회원이 들어오면 바로 진

---

71 물꼬 55호: 6

행했다. 재교육은 여성운동, 조직, 소모임 운영과 리더십, 마무리 토론 등의 내용으로 진행되었다. 자체 교육만이 아니라 외부 교육프로그램에 파견하기도 했다. 1999년의 경우 한국여성개발원, 한국기독교사회발전협의회, 한국경제정의실천연합, 한국여성의전화연합 등의 교육에 회원을 보내고 교육비를 지원했다.

이런 교육을 거쳐 활동하게 된 회원들은 중심 활동별로 소모임을 만들었다. 처음 조직된 회원소모임은 1995년 2월에 조직된 상담원 모임 씨줄날줄이었다.[72] 씨줄날줄은 월 1회 월례회를 통해 상담 공부도 하고, 외부 강사를 초빙하여 여성학과 사회운동에 대해서도 학습했으며, 야유회 등으로 친목을 다지면서 조직화에 힘썼다. 그러다가 가정폭력방지법이 제정되고 1999년 법적 기준에 따라 가정폭력상담소를 등록하게 되면서 자연스레 상담 자원활동 영역이 줄어들게 되어 씨줄날줄은 해체되었다.

그 다음 조직된 소모임은 1996년 일곱 명의 미혼여성 회원이 조직한 미혼 소모임 '가면벗기기'였다. 이들은 함께 여성학 학습을 하고 얻은 지식을 회보 「물꼬」 소모임란에 정기적으로 소개했다. 1997년 「single women 자아성장과정」도 개최했다. 여성들이 중심이 되는 대안적인 삶을 만들기 위해 자신의 삶을 되돌아보고 건강

---

72 제1기 여성상담학교 수료생을 중심으로 '하늘과 땅'이라는 후속모임이 조직된 바 있으나 이는 상담원 후속 교육을 위한 모임이었다.

한 여성상을 함께 고민하는 자매애의 장을 만드는 것이 목적이었다. 나의 인생관·직업관 나누기, 새로운 친구를 사귀는 '여성들 간의 데이트', 미혼의 삶의 장단점을 나눠보는 '아주 특별한 여성들과의 만남' 등의 프로그램으로 채워졌다. 자신을 김기숙, "김새는 세상에 기죽지 않고 살아가리란 숙제로 고민하는 여자"라고 소개한 참가자는 이렇게 소감을 나누었다.

> …토론 끝은 어딘가 답답했다. 살아가는 전략을 한 수 배워볼까 하는 처음의 생각과는 달리 역시 여성으로서 피할 수 없는 문제들을 정면으로 바라봐야 하는 힘겨움이 있었다. … 이 사회에서 미혼여성을 보는 시각은 '반쪽짜리 여성'이라는 것이다. 하지만 내가 'single women 자아성장과정'에서 만난 여성들은 인생의 중심이 느껴지는 여성들이었다. 미완이 불안하지 않고 겸손하고 아름답게 보일 수 있다는 것, 당당하고 건강한 여성들과의 만남이 힘이 될 수 있다는 것이 내가 이 프로그램에서 얻고 가는 큰 수확이다.[73]

1997년에는 소모임 팀장의 이름을 '물꼬트니'물꼬를 트는 사람으로 정하고 월 1회 물꼬트니 조직위원회를 개최했다. 물꼬트니들에게 조직에 대한 감각과 책임감을 배울 기회를 제공하여 리더십을

---

73 물꼬 26호: 5

육성하기 위한 자리였다. 그러나 인천여성의전화는 회의 외에는 적절한 리더십 프로그램이나 활동거리를 제공하지 못했고, 물꼬트니들도 개인사나 개인 성향에 따라 활동에 영향을 많이 받아 목표한 만큼 리더십이 성장하지 못했다.

회원 교육 외에도 다양한 회원모임이 준비되었다. 1997년부터 12월에 송년 회원의 날을 시작했다. '내 안의 여성들과 만나는 아주 특별한 즐거움'이란 주제로 점심을 함께 나누었다. 물꼬 전시회, 여전 10대 뉴스, 공동체 놀이, 촛불의식 등 다채롭게 진행되었다. 1999년은 '내가 너를 만나서'라는 제목으로 진행되었다. 이것은 씨줄날줄의 회원 임경자가 쓴 시의 제목에서 따온 것이었다.

내가 너를 만나서

당신을 알게 되면서
사랑이 시작되었습니다.

비 오는 날은 가로수 밑을 걸으며 생각했고
바람 부는 날은 시린 가슴을 보듬어야 했습니다.
같이 사는 날이 많아지면서 당신은
내 속에 들어와 앉아 있습니다. 그리고
이렇게 말합니다.
"나는 이런 것을 원해요. 나를 사랑하려면 이렇게 노력하세요."라구요.

> 그렇게 상처도 입으며 아픈 날도 많아
> 작은 일에 마음 쏟고 허탈해하며 세월이 갔습니다.
>
> 내가 당신을 사랑하려면 어른이 되어야 했습니다.
> 이것은 나에게 중요합니다.
> 이제 당신을 떠나서는 아무 의미가 없다고 느껴지는 것
> 이것이 당신을 사랑하는 이유입니다.
>
> - 1999년 12월 여성의전화를 생각하며 임경자 씀

1999년에는 회원 재교육에 '회원달거리'란 이름을 붙이고 월 1회 정기적인 소통의 장으로 확장했다. 정회원, 후원회원만이 아니라 잠재적 회원까지 대상으로 삼았다. 그래서 회원들은 지인들을 데려올 수 있었다. 모임마다 강좌와 사무국 소식 나눔, 여성과 미디어, 영화보기, 갈등해소 프로그램 등 다양한 문화 콘텐츠가 제공되었으며, 연 8회 정도 진행되었다. 2002년에는 달거리 외에도 문화공연을 관람하는 모임 '난장'도 추가되었다.

회원활동도 다양해졌다. 글쓰기에 관심 있는 회원들이[74] 모여 1998년 6월에서 1999년 12월 말까지 월 2회 인천일보에 여성주의적 관점으로 일상의 문제를 다루는 컬럼을 '자주고름'이라는 제호로

---

[74] 권양녀, 김정희, 장숙경, 손선재, 김유애(제7차 정기총회보고서: 50)

기고했다. 글을 쓰기 위해 회의도 하고 쓴 글에 대한 피드백도 하면서 회원들은 평소에는 그냥 지나치던 것들을 여성주의 시각으로 새롭게 보는 기회를 얻었다고 자평했다.

2000년부터는 역시 인천일보에 현재 인천에서 살아가는 여성을 소개하는 화보를 월 2회씩 총 16회 게재했다. 인현동화재참사로 딸을 잃은 어머니, 홈스쿨링을 실천하고 있는 여성, 조리사로 자신의 일을 개척한 여성, 간석초등학교 운영위원, 14년째 자원봉사를 하고 있는 70대 할머니 등 다양한 여성을 발굴하고 취재했다. 그 외에도 글쓰기 활동을 통해 얻게 된 일상생활에 대한 자각을 기록한 글을 정기적으로 회보 「물꼬」에 실었다.

이렇게 "타성에 젖지 않고 여러 가지 방법을 시도하여" 회원교육에 집중한 결과 "사업의 영역이 확대되고 이에 따라 회원의 폭도 확대"되었다.[75] 이런 성과를 반영하여 회원을 대상화하는 함정에 빠지지 않겠다는 의미에서 회원 조직화 사업을 회원 관계 사업으로, 자원봉사 상담원을 상담회원으로 명명했다. 공공근로사업 보조교사 모임, 교사모임 수담, 대학생 모임 등은 회원 관계 사업에, 각종 분과 모임은 중간 리더십 육성 사업에 배치되었다. 특히 공공근로 사업은 지역 운동 모델 개발과 지역 여성조직에 필요한 밑거름이 되었다.[76]

---

75   제7차 총회보고서, 39
76   제7차 총회보고서, 50

회원 교육만 한 것이 아니었다. 1996년 활동가 교육을 시작하고 활동가 업무의 일 순위로 삼았다. 활동가 학습의 성패는 시간 확보에 달려있다. 인천여성의전화는 주 1회, 적어도 월 2~3회 꾸준히 학습 시간을 우선적으로 확보하고 활동가 전원이 참석하게 했다. 주요 학습 내용은 컴퓨터의 기본구조와 워드, 통신 사용법, 회계 등 실무와 여성학 및 여성운동이었다. 그 밖에도 리더십, 조직, 재정·회계와 모금, 정치·경제·문화 이슈, 심리학 등 교육 내용은 아주 다양했다. 신입 활동가에게는 본회 실무자로서의 정체성 찾기, 실무교육, 참관교육 등 수습 교육이 제공되었다. 2001년에는 5년간의 학습 내용을 모아 3권짜리 「활동가학습자료집」을 발간했다. 전국의 여성의전화에 200질을 판매하여 제작비를 회수했다.

활동가 학습을 통해 활동가들은 "여성운동에 대한 비전과 사명감을 공유하고" 팀워크를 이룰 수 있었다. 동시에 활동가 자신의 성장뿐만 아니라 동료 활동가의 성장을 위해 함께 노력하게 되었다. 활동가 학습이 진행되면서 다양한 학습 방법이 개발된 것도 큰 성과였다. "대개의 활동가가 전업주부 회원 출신인 점을 감안하여 발제와 토론이라는 종래의 학습 방식을 벗어나 흥미를 유발할 수 있는 새로운 학습방식을 시도"하기도 했다.[77]

예를 들어 '선배 여성 활동가들의 삶을 통해 배우는 한국 여성

---

77   박인혜, 2001, 이 자료집에 대하여

운동사'는 활동가 자신이 역사 속의 인물이 되어 그 여성의 입장에서 그 여성의 삶을 되돌아보게 하는 것이었다. 인터뷰라는 형식으로 역사 속의 여성이 된 활동가가 자신에 대해 말하게 했다. 활동가들은 여성 선배가 자신 안에서 되살아나는 경험을 했다. "그 경험은 때론 섬찟했고 때론 경이로워서 한바탕 굿판을 벌인 것 같았다."[78] 활동가들은 여성운동과 여성운동가에 대한 고정관념에서 벗어나 새로운 상을 정립할 수 있었고 여성운동가로서의 정체성을 정립할 수 있었다. 이 학습내용을 각색하여 한국여성의전화 총회 지부 장기자랑에서 '난리부르스'라는 제목으로 공연하여 대상을 받았으며 이를 지역 행사에서 공연하기도 했다. 2002년에는 색다른 교육환경을 제공하기 위하여 성공회대 강의실을 빌려 외부강사의 강의를 듣기도 했다.

활동가 학습을 진행하면서 몇 가지 학습 원칙도 수립되었다. 첫째, 정기적으로 꾸준히 한다는 것이다. 여성의전화는 항상 일이 많기 때문에 자칫 학습은 뒤로 밀리게 된다. 그러나 학습은 평생 여성운동을 하기 위한 필수 보급품을 공급하는 일로서 당장 필요해 보이지는 않지만, 장기적으로 꼭 해야 하는 일이다. 둘째, 학습은 여성학 이론만 공부해서는 안 되며 운동의 비전을 이해하고 공유하는 것이 중심이 되어야 한다는 것이다. 마지막으로 학습의 원칙을

---

78 박인혜, 2001, 이 자료집에 대하여

지키는 것은 리더의 역할이라는 것이다. 리더의 첫째 임무는 비전을 제시하고 구성원이 비전을 잃지 않도록 하는 것인데 활동가 학습은 비전 공유를 하기 위한 훌륭한 방법이다.[79] 회원과 활동가 교육에 대한 정신과 방법은 인천여성의전화의 전통이 되었다. 부설기관과 활동가가 늘어났을 때도, 현재까지도 회원과 활동가 교육은 중단된 적이 없다.

**여성주의가 살아있는
지역 사회**

다음 단계는 중간 리더십으로 성장한 회원들을 지역으로 파견하여 지역 여성운동 조직을 만드는 것이었다. 2000년 회원 교육의 목표는 회원조직 강화에서 중간 리더십 강화로 상향되었다. "일상적 삶에 다가가는 지역사업"을 하기 위해서는[80] 중간 리더십의 역할이 필수적이었기 때문이다. 중간 리더십 육성 전담부서로 지역사업 분과를 만들고 상근활동가와 회원활동가가 함께 결정하고 집행했다. 운영위원, 분과원, 활동가 등 중간 리더들을 위한 훈련 및 팀워크 형

---

79   박인혜, 2001, 이 자료집에 대하여
80   물꼬 50호: 12~13

성 프로그램들도 진행되었다.

1996년과 1997년 2년에 걸친 남동구 성 대중강좌는 처음부터 성교육을 매개로 하여 지역조직을 만들겠다는 목적을 가지고 진행된 것이었다. 강좌가 끝난 후 자원봉사로 강좌 운영에 참여했던 회원들과 교육 참가자 일부가 모여 남동구를 기반으로 하는 소모임 '항아리'를 만들었다. 이 소모임은 지역조직을 만드는 '눈덩이'로서 이것을 모델로 하여 다른 지역에도 지역 소모임을 만들고자 한 것이었다.

그러나 결과적으로 이 전략은 실패했다. 회원 조직화 사업이 다양해지면서 여러 모임에 중복으로 활동하는 데서 회원들의 피로감이 컸다. 인천여성의전화의 활동적인 회원들이 대부분 남동구에 몰려 있어서 다른 구에는 회원 자원이 부족했던 것도 무시할 수 없는 원인이었다. 친목의 성격이 컸던 항아리는 지역조직 모델이 될 만큼 활성화되지 못했다.

1998년에 IMF라고 불리는 경제위기가 닥쳤다. 여성연합은 경제위기 이후 심각해지는 여성들의 실업문제를 해결하기 위해 공공근로사업인 「저소득아동생활지도사업」을 보건복지부에 제안했다. 대졸 여성들을 교육하여 방과 후 아동 교실에 보조교사로 파견하는 사업이었다. 인천에서는 인천여성노동자회와 주부클럽연합회, 그리고 인천여성의전화가 참여했다.

그러자 인천여성의전화가 왜 실업 관련 사업을 하느냐는 비난이 시민단체 일각에서 제기되었다. 여성폭력 문제를 다루는 단체가 노동문제를 다룰 수 있겠느냐 하는 의미였다. 이에 대해 인천여성의전화는 경제위기는 여성 생존권 위기로서 "자본주의는 이윤 획득을 위해 여성을 더욱 차별하고 왜곡시킬 수밖에 없"기[81] 때문이라고 답했다. 나아가 사업의 다각화를 통해 지역사업의 근거와 회원을 확보한다는 숨은 목적도 있었다.

    사업은 순조롭게 진행되어 39명의 보조교사를 교육하여 24군데 시설에 파견했다. 1999년에는 57개 시설에 61명의 보조교사를 파견했다. 그러나 고용창출이 불완전하여 보조교사들에 대한 안정적인 대안이 되지 못했다. 그래서 후속사업으로 「저소득아동생활지도사업」에 참여했던 교사들을 모아 방과 후 아동지도사 창업을 지원하는 「고학력실직여성 창업지원과정」을 개발했다. 나아가 여성연합이 주관한 「실직여성가장 겨울나기사업」에 참여하여 5개 군구 635명의 실직 여성 가장을 지원했다. 이 사업을 위해 담당 활동가를 기사협이 주최한 「지역조사 워크숍」에 보내어 지역조사법을 훈련하는 등 지역사업 역량을 축적하게 했다. 이런 활동은 연수2동 주민자치센터의 방과 후 공부방을 위탁 받는 성과로 이어졌다.

    인천여성의전화의 지역사업을 눈여겨보던 회원이자 연수2동 구의원이었던 최인순은 1999년 동사무소가 주민자치센터로 전환

---

81   박인혜, 1998, 물꼬 36호: 2

되는 기회를 활용하여 연수구 주민자치센터 시범운영 예정지인 연수2동에 공부방을 운영해 보자고 제안했다.[82] 먼저 연수구 지역 특성을 파악하기 위해 연수구 주민 청소년과 어머니 19명을 대상으로 성격유형검사MBTI를 실시했다. 참여자의 만족도는 높았지만, 참여인원 수도 적고 지역조사에 적합하지 않은 성격유형검사로는 연수구를 파악하기는 어려웠다. 그러나 이 조사로 바늘구멍만큼의 지역 활동 근거를 확보하고 2000년 2월 공부방 학부모 모임을 시작할 수 있었다.

인천여성의전화는 먼저 공부방 운영 전담팀을 만들었다. 마침 연수2동에 거주하고 있던 지역사업 담당 활동가 천선혜를 분과장으로 하고 4~5명의 분과원이 참여했다. 분과원들은 2000년 한 해 동안 총 39회의 회의를 여는 등 강행군하면서 지역 운동에 대한 이해를 높이고 가능성과 비전을 확인했다. 그러나 점차 인천여성의전화 지도부와 분과원들 사이에 지역 운동에 대한 이해 차이가 심하게 벌어졌다.

분과원 외의 활동가들은 지역사업의 목적과 활동에 여성주의 관점이 녹아 있어야 하며 이를 위해 연수2동 사업 방향을 지도부와

---

82 1999년 정부는 지방자치 활성화를 위하여 "전국의 읍·면·동사무소를 주민자치센터로 전환한다는 계획을 발표했다. 기존의 읍·면·동사무소를 민원 업무 중심으로 전환하고 시설과 공간은 주민 여가활동과 자치 공간으로 활용하는 방안으로서 주민자치를 위한 첫 제도적 개혁이었다."(김석, 2016)

협의해야 한다고 생각했다. 반면 분과원들은 지역 운동은 지역 운동만의 독자적인 철학과 논리가 있어 여성주의를 우선하기 어렵기 때문에 연수2동 팀이 독자적으로 사업 방향을 결정해야 한다고 주장했다. 몇 차례 토론 끝에 인천여성의전화는 그 차이를 인정하고 연수2동 사업을 독자적인 사업으로 독립시켰다. 실직 여성 가장 프로그램에 참여했던 참여자 중 10여 명이 활동가로 동행했다. 그러나 분가 후에도 인천여성의전화와 연수2동 팀은 긴밀하게 연대했다.

방과 후 교실이 드물었던 당시, 연수2동 공부방에 대한 학부모들의 인기는 대단했다. 천선혜는 주민자치위원회 위원으로 자원하여 주민자치센터나 공부방에 대한 이해가 부족한 공무원들의 협조를 얻어내는 데 성공했고 부녀회장이나 상가번영회장 등 동료 주민자치 위원과 주민들의 적극적인 참여도 이끌어냈다.

연수2동 공부방은 2001년 열린사회시민연합이 주최하고 행정자치부가 후원한 「전국주민자치센터 박람회」에서 최우수센터상을 받았다. 지역사업과의 연계가 잘되고 자원활동이 활성화된 것이 수상 이유였다. 연수2동 공부방은 전국적으로 유명해져 전국의 지역운동가나 주민자치센터는 연수2동을 벤치마킹하게 되었고 천선혜는 전국적으로 사례강의를 하러 다녔다. 활동가 중에는 다른 지역 주민자치센터 활동가로 초빙되거나 직접 서구 등 타지역의 지역 운동을 조직하기도 했다. 연수2동 공부방 팀은 인천의 지역 운동 조직인 '희망을 만드는 마을사람들'의 주민자치 운동 본부에서 중심 역

할을 하며 인천 지역 운동의 주춧돌이 되었다.[83]

2000년에는 「대학 내 성폭력 실태조사」를 위해 자원봉사 하던 대학생 회원을 중심으로 대학생 분과3명가 조직되었다. 분과원 모두 인천 지역 여학생 소모임 '흰개미집'6명에 참여하고 있었기 때문에 자연스럽게 대학생 분과는 '흰개미집'의 정착을 목표로 삼게 되었다.[84] 분과원들은 정○호 사건 서명운동에 동참하기도 하고 인천여성의전화 중간 리더십 훈련에 참여하기도 했다. 인천 지역 대학 내 성폭력 실태조사 보고서 「성, 무엇을 해야 하는가」를 발간하고, 직접 인천 지역 대학교 「여학생 인권캠프」도 열었다. 2001년에는 인하대 국문과 소모임 'never again'과 함께 「대학생 여성의식 UP!」 프로그램을 진행했다. 인천여성의전화는 '흰개미집'이 모꼬지를 할 때 프로그램을 지원하기도 하고, 여성학 학습을 위한 커리큘럼과 강사를 지원하기도 했다.

이런 활동들을 통하여 대학생 분과는 대학 내 여학생 운동에 대해 고민하는 주체로 성장했다. 1990년대 중반은 대학을 중심으로 소위 영페미니스트가 형성되던 시기였다. 현재 주로 서울을 중심으로 한 여학생 운동 기록만 남아 있지만 인천의 대학에서도 여학생

---

83 천선혜 인터뷰
84 아프리카 신화에서 흰개미집은 여성의 클리토리스를 상징하며 이 신화에 근거해서 FGM(여성성기훼손)이 행해진다고 한다. 여학생들은 FGM을 거부하고 이에 대응한다는 의미로 모임 이름을 흰개미집이라 작명하였다.

운동이 있었다는 것을 인천여성의전화의 기록이 보여주고 있다. 이때 중심적으로 활동하던 학생 하나는 졸업 후 인천여성의전화 상근 활동가가 되었다.[85]

연수2동 팀이 분가한 후 인천여성의전화는 다시 여성주의 관점이 녹아 있는 지역사업을 고민했다. 그 결과가 2001년과 2002년에 진행한 「여성들이 만드는 평화마을」이다. 2001년 인천지방경찰청 여성청소년계가 신설되자 인천여성의전화는 '여성아동지킴이단' 활동을 제안했다. 마침 신설 부서의 역할을 고민하고 있던 인천경찰청의 하병희 경위가 반색하며 적극 협조해 주었다.[86]

인천여성의전화는 인천 경찰청 산하 7개 경찰서 88개 파출소별로 조직되어 있는 부녀방범봉사대원 2,370명을 주목했다. 부녀방범봉사대를 교육하고 조직하여 가정폭력, 성폭력, 성매매, 청소년문제 등 여성에 대한 폭력을 예방하고, 일상생활 속의 폭력을 근절하는 활동을 하게 하면 마을의 평화를 지키는 여성아동지킴이단이 될 수 있을 것이라고 생각한 것이다. 이 사업은 경찰청의 협조 없이는 불가능한 것이었다.

교육을 위해 가정폭력 피해자였던 연극인 이주실의 후원으로

---

85 이 학생은 집안 사정으로 취직하여 상근 활동가는 그만두었지만 지금까지 정회원으로 함께하고 있다.
86 이것이 인연이 되어 하병희 경위는 경감으로 퇴직할 때까지 인천여성의전화 뿐만 아니라 여성단체들에게 경찰청 내의 중요한 소통창구가 되었다. 지금은 한국여성인권플러스 이사로 활동하고 있다.

자전적인 가정폭력 예방 연극 「이별연습」을 공연했고 400여 명 관람 여성폭력 대응 지침서를 제작 배포했으며 가정폭력 없는 평화의 달 캠페인을 함께 진행했다. 인천여성의전화와 여성아동지킴이, 그리고 일선 경찰서 간 네트워크 활성화를 위한 간담회도 개최했다. 그리고 여성아동지킴이들의 활동 소식을 담은 뉴스레터도 3회 발행했다.

부녀 자율 방범대를 여성아동지킴이로 재탄생시키기 위한 여성 생활 상담학교도 개최했다(연인원 151명 수강, 68명 수료). 생활 상담은 여성주의상담과 지역 운동을 접목하고자 인천여성의전화가 창안한 전략이었다. 여성주의를 대중화하기 위해서는 상담실이라는 폐쇄된 공간에서 벗어나 여성 삶의 현장에서 여성들이 일상적으로 경험하는 억압과 폭력을 만나야 했다. 상담회원들이 지역으로 들어가는 것도 필요하지만 지역 여성들이 직접 여성주의를 만날 수 있게 하는 것도 중요했다. 생활 상담은 한국여성의전화 전 지부에 소개되었고 2001년 제1회 한국여성의전화연합 상담회원 대회를 추동하는 성과도 가져왔다.

그러나 이 사업은 성과를 보기도 전, 2년 만에 중단되었다. 이 사업을 전담하던 박인혜 회장 퇴임 후 사업을 이을 후속 활동가를 확보하지 못한 데다 인천여성의전화 조직은 성매매와 이주여성 과제에 집중했기 때문이었다. 이후 지역 조직 활동은 재개되지 못했고 대신 지역 여성 문화 활동이 그 자리를 이어받았다.

여성정책의 주류화

여성운동의 중요한 임무 중의 하나는 지역 사회를 성평등하게 만드는 것이다. 이를 위해 지자체, 의회, 여성단체 등이 주체가 되는 성평등 거버넌스를 만드는 것이 중요했다. 여성단체 단독으로는 성평등 정책을 수립하고 실천할 수 없기 때문이다. 지자체와 의회도 함께 성평등 정책의 책임을 지고 협력해야만 가능한 것이다. 그래서 인천여성의전화는 1993년 준비위원회 시절부터 인천시에 지속해서 여성정책 주류화를 위한 여성정책 전담 기구를 설치해야 한다고 요구했다.

마침내 1995년 12월 "남녀평등의 촉진, 여성의 사회참여 확대 및 복지증진을 위하여 필요한 법적·제도적 장치의 마련과 이에 필요한 재원을 조달할 책무"를 국가 및 지방자치 단체에 부과하는 여성발전 기본법이 제정되었다. 이 법에 근거하여 1997년 인천시에 여성정책 담당관실이 신설되고 초대 담당관으로 장부연 과장이 부임했다.[87] 장부연 과장은 당시 새롭게 등장했던 NGO라는 개념을 받아들여 지방자치 시대에는 NGO와의 협력이 중요하다는 것을 정확

---

87   이때까지 여성관련 업무를 맡고 있던 부서는 가정복지국이었다.

히 이해하고 여성단체들과 적극적으로 소통했다.[88]

여성단체도 힘을 모았다. 여성정책 주류화는 어느 한 단체의 힘만으로는 이루기 어려운 목표다. 1997년 인천여성노동자회, 인천YWCA, 인천시민간보육시설연합회, 인천가정법률상담소, 참교육학부모회 등의 여성단체와 함께 여성정책 주류화를 위한 인천여성발전정책협의회를 결성했다. 인천여성의전화가 중심이 되어 연대를 주도했다.

첫 사업으로 7월 여성 주간에 「인천시 여성정책 토론회」를 개최하였다. 인하대, 가톨릭대, 성공회대 사회과학연구소가 협찬하고 인하대 사회교육원 시민대학이 공동 연구로 참여하는 말 그대로 인천 시민사회의 연구 역량을 총동원한 것이었다. 여성 정치와 여성정책, 인천시 여성복지와 인권, 여성의 사회참여라는 주제 발표가 있었고 인천 지역 시민사회 단체 지도자의 인천시 여성정책 평가 설문 결과가 발표되었다.

이 발표에서 여성발전기본법이 제정되고 여성정책 담당관실이 설치되었음에도 불구하고 인천시의 여성 관련 사업은 여전히 내용과 정신에 있어서 가부장적인 여성관이나 가족관을 답습하고 있다는 점이 지적되었다. 또한 인천시가 여성단체를 여성의 권익증진

---

88 장부연 과장은 그후 여성가족국장으로 퇴임할 때까지 여성단체와 교류의 끈을 놓지 않았고 퇴임 후에는 한국여성인권플러스 부설 이주여성센터 살러온의 운영위원장으로 함께 하고 있다.

을 목적으로 한 단체가 아닌 인천시의 복지사업을 보조하는 보조자로만 여기는 인식이 비판대에 올랐다. 이 비판을 자신들을 향한 것으로 생각한 인천시 여성단체협의회이하 여협 회원들이 발제자에게 항의하는 작은 소동이 발생하기도 했다.

1998년 인천여성정책발전협의회는 비상설적인 인천 지역 여성 네트워크로 전환했다. 인천 지역 여성 네트워크는 지방선거, 시장후보 공약 점검, 비례대표 파견, 여성 주간 등의 현안이 있을 때만 유연하게 연대했다. 진보, 보수를 막론하고 인천시의 여성 리더십을 끌어 모아 세력화할 것을 목표로 하는 인천 여성 송년교류회 자리를 만들기도 했다. 이런 노력 덕분에 사안에 따라서는 진보, 보수 양 진영의 여성들이 함께할 수 있는 토대가 만들어졌다.

인천여성의전화는 시의회를 움직이기 위해서 1995년 동덕여대 김경애 박사에게 의뢰하여 제1기 인천시의회 속기록을 분석했다. 여성계의 관심과 기대 속에 출발한 지방의회가 여성에 관한 문제를 어떻게 풀어냈는지 검증하여 시의원의 성평등 의식 정도를 파악하고 시의원들로 하여금 성평등 정책에 관심을 두도록 하기 위함이었다. 분석결과를 「여성문제는 지방의회의 의제가 아닌가?」라는 보고서로 작성하여 인천시청 기자실에서 기자회견을 통해 발표했다.[89]

보고서에 따르면 시의회에서 다루어진 사안의 9.5% 정도만 여

---

89 1995.5.16

성과 관련되어 있었고 그나마도 문교사회위원회에서 가정복지국 담당 업무만 다룬 것이었다. 문제의식은 전혀 없었다.[90] 후속작업으로 인천시장 후보의 여성문제 인식 정도를 파악하기 위해 면담했으나 결과는 신통치 않았다.[91] 시장이나 시의원들은 여성문제에 관심이 없었던 것이다.

여성정책을 주류화하기 위해서는 지방정부에 여성이 많이 진출해야했다. 여성 정치세력화가 여성운동의 주요 의제가 되는 것은 당연한 일이었다. 인천여성의전화는 1995년 지자체 특별위원회를 만들어 회원들을 교육했다. 인천여성의전화 부회장 홍미영, 전문위원 원미정이 시의원 선거에 출마하자 이를 지원했다. 여성의 시의회 진출은 인천 여성계의 염원이기도 했다. 두 사람 모두 당선되어 지역 여성계는 여성의원 당선축하연을 열었다.

1998년 제3기 지방선거를 앞두고는 선거운동에 여성이 많이 참여하는 점에 착안하여 지방선거를 지역 여성 교육과 조직의 기회로 삼았다. 우선 여성연합이 주최한 「지방자치 여성 후보 실전 워크숍」[92]에 참석하여 노하우를 배워와서 1998~1999년 두 번에 걸쳐 깨끗한 선거문화와 여성들의 정치의식 향상을 위한 여성 자원봉사자 교육을 실시했다. 여성과 정치, 여성 자원봉사의 목적과 역할, 여성

---

90 김경애, 1995, 베틀 86호: 9, 한국여성의전화
91 인천여성의전화, 「후원회원 편지」, 1995. 5, 6
92 1998. 3. 11~13.

리더십 훈련, 선거법 해설, 선거홍보의 실제, 지방의원의 역할과 자질 등이 주요 교육 내용이었다. 40여 명이 수료했다.

2000년 총선에서는 유권자 100인 위원회 활동에 회원 한 사람을 파견하고 낙천·낙선 운동에 참여했다. 「2000년 총선 대책을 위한 인천 시민단체 확대 간담회」[93]에 참석했던 한 회원은 다음과 같이 소감을 표현했다.

> 잰 걸음으로 수녀원에 들어가자 핸드폰을 거두어 가고, 은밀한 가운데 빠르게 진행되는 모든 과정은 외부와 완전히 차단된 곳에 있다는 불안감보다 함께 할 사람들로 가득 차 있다는 생각이었다. … 참으로 높은 역사의 꼭대기에 있다는 생각과 함께 과거 여성의 참정권을 요구하던 이들도 이런 모임을 통해서 자신의 권리를 찾을 수 있었겠구나…[94]

여성단체들의 지난한 노력 끝에 2001년 3월, 시의회에 6개월 동안 한시적으로 활동하는 여성특별위원회이하 여성특위가 설치되었고 홍미영 의원이 위원장을 맡았다. 여성단체들은 여성특위의 파트너십 성격을 갖는 여성정책 주류화를 위한 인천여성연대이하 여성연

---

93 2000. 2. 2.
94 장숙경, 2000, 물꼬 49호: 9

대[95]를 결성하고, 부평여성문화회관에서 여성 주간에 「인천시 여성 정책 주류화 실천을 위한 토론회」를 개최했다.

토론회의 목적은 인천시 제2차 여성발전기본계획에서 여성정책을 주류화할 수 있도록 압력을 가하고 여성특위 활동 기간을 연장하는 것이었다. 여성부 여성정책 기획관이 기조발제를 하고, 한국여성개발원의 김경희 연구원과 인천여성의전화 박인혜 회장이 주제발표를 했다. 그러나 여성특위의 연장은 받아들여지지 않았다. 6개월이란 기간은 너무 짧은 기간이었지만 시의회는 애초 여성특위 설치를 탐탁지 않게 여겼기에 여성특위를 만들었다는 명분을 얻은 것으로 만족하고 서둘러 종료시켜 버렸다. 거버넌스의 한 축은 부실할 수밖에 없게 되었다.

지역의 연대활동도 소홀히 하지 않았다. 여성 이슈 전반에 걸쳐서는 주로 여성단체와 연대했으나 폭력과 인권 이슈는 시민사회단체연대회의와 연대했다. 1996년 노동법·안기부법 전면 철회를 위한 인천시민, 사회, 여성단체 연대'날치기 개악 노동법·안기부법 무효화를 위한 인천 지역 여성 109인 선언'에 참여에 이어 1999년 실업극복국민운동 인천본부, 대진기계 '김○현' 폭행 사건 해결과 여성노동자 인권 확보를 위한 인천대책위원회, 인현동 화재 학생 참사 사건

95　인천여성노동자회, 인천여성민우회, 인천여성의전화, 홍미영 인천시의회 여성특위원장, 이숙진 인천발전연구원 연구원

의 조속한 해결을 촉구하는 시민단체 연대, 길병원 민주노조화 운동 등과 연대했다.

2000년에는 여교사 집단 유산 재발 방지와 인권 확보를 위한 인천 지역 대책위원회[96], 2001년 인천백화점 내 경륜도박장 설치 반대 시민대책위원회 등과 연대했다. 점차 시민단체들의 연대 방식은 이슈 중심의 유연한 연대에서 고정적인 상설 연대 방식으로 전환되었다. 인천여성의전화는 처음에는 시민사회단체연대회의의 공동대표 단체로서 활동했으나 2010년 탈퇴했다. 연대체에서 다루는 이슈가 노동이나 정치 현안들이 대부분이어서 회원들이 함께하기 어려웠고 여성 이슈는 소외되었기 때문이었다.

한국 여성폭력 추방 운동에서 인천여성의전화가 지닌 의미는 인천에 여성주의에 바탕을 둔 여성폭력 추방 운동의 거점을 확보했다는 것이다. 인천여성의전화는 창립 후 10여 년간 가정폭력·성폭력 추방 운동에 주력하면서 여성폭력 피해자 인권 지원에 필요한 조직의 토대를 다지고 여성주의상담을 체계화했다.

나아가 다양한 운동 모델을 만들어냈다. 한국 최초로 온라인상에서 폭력 피해 여성을 지원했으며 여성주의 가족 모델을 제시하며 대안적인 가정폭력 예방 운동을 펼쳤다. 학교 성교육의 정착에 초점

---

96 교원연수 중 3명이 집단 유산하였다.

을 맞추고 교사들을 교육하여 성교육 환경을 조성하는 데 어느 정도 성공했다. 지역 여성운동 개념을 만들고 지역 여성들을 교육하고 의식화시켜 조직화하고자 다양한 사업을 시도했다. 새로운 운동주체인 대학생들의 조직화도 소홀히 하지 않았다. 성평등 정책 전담부서를 만드는 데 성공했고, 여성 정치세력화를 위해 후보를 지원하거나 선거운동 여성 자원봉사자를 교육하는 등 다양한 활동을 했다. 이렇게 끊임없이 새로운 운동 방법을 추구하는 것은 이후 인천여성의전화의 정신으로 자리 잡았다.

마침내 창립 멤버들은 소임을 마치고 물러났다.[97] 여성상담학교를 수료하고 상담 활동을 통해 성장한 회원들이 2000년대 인천여성의전화를 이끌어갈 새로운 리더십으로 등장했다.[98] 이들 앞에는 제도화가 가져온 예상치 못한 위기와 함께 성매매 여성과 결혼이주여성을 위한 인권운동이라는 새로운 과제가 기다리고 있었다. 이들은 두려워하지 않고 그 속으로 힘차게 걸어 들어갔다.

---

97   초대 회장 김민예숙은 춘해대 상담심리과 교수가 되었고 2대 회장 박인혜는 한국여성의 전화연합 상임대표가 되었다.
98   제2기 여성상담학교 출신인 배임숙일과 김성미경이 각각 3대와 4대 회장이 되었다.

제2장

인천여성의전화의 확장과 성매매·이주여성 인권 운동 2003~2017

1 제도화의 위기와 인천여성의전화의 확장

여성단체의 위기

한국 여성운동은 1990년대 민주화 시기에 절정을 맞이했다. 여성들이 염원하던 여러 과제를 해결할 수 있는 법과 제도가 이 시기에 만들어지거나 개정되었다. 여성들은 민주화된 정부와 손잡고 필요한 여성 정책들을 수립했다. 그러면서 법과 제도만 만들어지면 여성 문제가 해결될 것이라 믿었다. 그러나 법과 제도가 여성의 요구를 충분히 반영하지 못할 뿐만 아니라 개개인의 삶까지 바꾸지는 못한다는 현실에 직면하기까지는 긴 시간이 필요하지 않았다.

2000년대에 들어서자 '시민 없는 시민단체'라는 말로 상징되는 시민운동 위기론이 엄습했다. 1990년대를 지나면서 시민사회의 과제들은 대부분 정부 정책으로 흡수되었다. IMF 경제위기 이후 신자유주의 시장경제 질서가 안착되었고 사적 질서나 가치도 그에 맞게 변화했다. 여성운동도 예외는 아니었다.

여성단체는 여성운동을 하는 조직이 아닌 여성들의 일자리 제공처가 되었다. 비전도 없고 최저생계비에도 못 미치는 활동비에 활동가들은 하나둘 떠나갔으며 그 빈자리는 쉽게 채워지지 않았다. 여성단체는 커졌지만 오히려 자율성과 역동성은 크게 위축되었고 여성운동의 지속가능성에 대하여 물음표가 붙었다. 이러한 위기는 인천여성의전화라고 비껴가지 않았다. 1990년대 운동의 성과물인 가정폭력·성폭력상담소의 제도화는 그 속에 위기를 품고 있었다.

제도화의 파고에 맞서

2001년 1월 여성부가 설치되고 여성연합 공동대표였던 한명숙 의원이 초대 장관으로 임명되었다. 세계여성회의의 영향을 받은 여성운동계는 "여성 인권의 확장과 여성정책에서의 성주류화" 전략을 채택하고 이 "전략을 실천하기 위해 여성정책 전담 기구인 여성부 설치를 추진했다."[01] 그 운동이 마침내 열매를 맺은 것이다. 여성

---

01 강남식, 2005: 110~111

계는 뜨겁게 환호했지만, 이것이 제도화의 역풍을 몰고 오리라고는 꿈에도 생각지 못했다.

여성부는 그동안 여성단체에서 다루었던 과제들을 흡수해서 정책화했다. 그것은 여성단체들이 요구했던 바이기도 했다. 그런데 문제는 이제부터였다. "여성권익 증진, 가정폭력, 성폭력, 성매매 업무가 여성부의 주요 업무로 자리 잡으면서 여성부가 주도하는 제도화가 본격화되었다." 제도화는 과제 전반에 걸쳐 한꺼번에 진행되는 것이 아니라 제도화하기 쉬운 영역부터 차례로 진행되었다. 그 중 하나가 여성단체들이 운영하는 상담소였다. 여성단체들이 추진했던 제도화 전략의 핵심 중 하나는 피해자 지원활동을 하는 여성단체들에 정부가 재정 지원을 할 수 있는 법적 근거를 만드는 것이었다. "여성단체는 재정 지원이 상담사업 자체가 아닌 상담사업의 주체에게 주어질 것"이라 생각했지만, 이는 국고 지원 방식에 대한 무지함에서 나온 기대였다. 국가는 여성폭력 추방 운동의 일부인 상담사업을 운동의 주체로부터 강제로 분할하고 법적으로 인증된 상담소만 지원했다.[02]

2002년 8월 여성부는 가정폭력·성폭력상담소를 관리할 목적으로 「가정폭력·성폭력상담소 및 보호시설의 기능 및 역할 강화

---

02 박인혜, 2011: 412

방안에 대한 연구보고서」를 발표했다. 보고의 핵심 내용은 정부의 사회복지적 관점과 여성단체의 여성주의적 관점의 차이를 정확하게 보여주었다. 먼저, 연구보고서는 가정폭력·성폭력은 가정 내부의 일로 그 원인은 가정 구성원 개인에게 있다고 전제했다. 또한 여성단체가 운영하는 상담소들이 사회복지 서비스 관점보다는 여성주의·여성운동 관점에 의해 운영되기 때문에 전문성과 시설 수준이 현저히 떨어지므로 시설과 상담원 기준 등을 상향 조정하고 상담소를 평가해 예산의 차등 지원 방식으로 전문성을 높여야 한다고 제안했다.[03]

여성단체들은 발칵 뒤집혔다. 한국여성의전화연합, 한국성폭력상담소, 한국여성민우회는 즉각 긴급토론회「여성부의 여성폭력 추방 정책 이대로 좋은가?」를 열고 가정폭력·성폭력 피해자 지원과 상담소 운영은 여성폭력 추방 운동 과정에서 발전한 것이므로 여성주의적 접근을 무시한 채 복지서비스의 문제로만 접근해서는 안 된다고 강력히 반박했다. 그러나 여성부는 아랑곳하지 않고 사회복지사업법에 따른 상담소 운영과 정기적인 평가 등 상담소를 관리하기 위한 제도 정비를 강력히 추진해 나갔다.[04]

---

03   박인혜, 2011: 412~413
04   박인혜, 2011: 414

상담소의 제도화는 여성단체 중에서도 특히 상담사업의 비중이 큰 여성의전화에 가장 큰 영향을 미쳤다. 여성부는 여성의전화와 상담소 간에 재정과 인력, 공간을 분리할 것을 요구했다. 그러나 상담소와 여성의전화는 한 몸이었기 때문에 이 요구를 받아들이기 어려울 뿐만 아니라 받아들이더라도 상당한 희생을 감수해야 했다.

여성의전화 내부에서는 또다시 '상담 대 운동' 논쟁이 일어났다. 1980년대의 논쟁이 상담도 운동이라는 합의를 위한 논쟁이었다면, 이때의 논쟁은 상담이 곧 운동이 될 수 없는 상황이기 때문에 상담소와 운동은 다르며 분리할 수밖에 없다는 것을 합의하기 위한 논쟁이었다. 한국여성의전화연합은 이 문제를 해결하기 위하여 2002년 10월 전국 워크숍을 열었다. 여성의전화와 상담소의 분리는 피할 수 없는 사안이라고 전제하고 구체적인 분리 로드맵을 만들어 여성의전화 활동에 대해서 의논하고자 했다. 인천여성의전화 회장이자 한국여성의전화연합 부회장이었던 박인혜는 발제를 통해 이참에 상담소를 아예 운영하지 말고 여성 인권 운동에 매진하자고 주장했다.

여성 인권 운동으로의 전환을 고민하던 한국여성의전화연합 지도부는 발제 내용에 동의했지만, 지부 대표와 활동가들은 반대했다. 당장 상담소에 대한 국고 지원금을 받지 못한다면 여성의전화 운영 자체가 어려웠기 때문이었다. 그러나 분리하지 않으면 지원금은 중단될 뿐만 아니라 정부의 제재가 이어질 것이었다. 진퇴양난이

자 사면초가였고 선택의 여지가 없었다. 찬반 의견으로 고성과 삿대질이 오가는 상황이 벌어졌다. 이때 금강산에서 열린 남북여성대회에 참가했던 다수의 지부 대표와 활동가가 밤길을 달려와 합류하자 상황은 더 나빠졌다.

새벽녘이 되어서 "여성의 전화는 상담소가 제도화된 기관이 되는 것을 막고 여성운동의 성격을 유지하기 위한 전략"으로 여성의전화와 상담소를 분리하여 상담소를 여성의전화의 명실상부한 부설기관으로 만든다는 상담소의 '명실상부한 부설기관화' 전략을 채택했다. 여성의전화는 지역 여성운동으로 여성운동의 대중적 기반을 만들어 운동성을 유지하고, 상담사업에서는 여성주의상담 이론을 심화하여 상담의 차별성을 만들고자 했다.[05] 그러나 지역 여성운동은 지지부진한 채 여성의전화 상담소들은 급속히 국가 제도에 포섭되었다.[06]

가정폭력·성폭력상담소를 폐소

상담소를 운영하면서 이미 제도화의 문제를 깊이 인식하고 조

---

05 박인혜, 2011: 415~416
06 박인혜, 2011: 420

심스레 폐소를 고민하고 있었던 인천여성의전화는 이 워크숍에서 상담소 폐소를 강력히 주장했다. 그 문제 중 하나는 여성주의 가치와 상담 능력을 동시에 갖춘 활동가를 구하기가 어렵다는 것이었다. 인천여성의전화는 전국 워크숍 이후 자신감을 얻고 돌아와 과감하게 상담소를 폐소하기로 합의했다. 두 상담소를 한꺼번에 폐소하면 충격이 클 수 있어서 우선 성폭력상담소부터 폐소하고 결혼 이주여성과 성매매 여성 인권운동에 전념하기로 했다. 2005년 성폭력상담소를 폐소했다.

이주여성과 성매매 여성 지원 사업이 궤도에 올라서자 인천여성의전화는 본격적으로 가정폭력상담소를 폐소하기 위한 작업에 들어갔다. 2009년 김성미경 회장은 내부 논의를 위해 '인천여성의전화가 상담소 폐지를 진행하는 이유'라는[07] 문건을 작성했다. 이 문건에 나타난 당시 활동가들이 마주친 현실과 이에 대한 문제의식은 크게 세 가지로 정리할 수 있는데, 그것은 인천여성의전화와 활동가 정체성의 변화, 내부의 갈등, 여성의 이분법화였다.

첫 번째 문제는 제도화 이후 여성의전화와 활동가들의 정체성이 변한 것이었다. 법 제정 이후 여성의전화는 "정부나 공적 기구들의 업무를 대행하는 하청업체의 성격"을 갖게 되었고 활동가들은 현장 운동가에서 프로젝트 담당자로 변질되었다. 여성의전화는 "성의

07　김성미경, 2009b, 물꼬 119호: 15~20

민주화를 위한 사회변혁의 급진성을 많이 상실하게 되었고 … 비판과 견제의 역할은 제약을 받게 되었다."

무엇보다도 '변화와 변혁'의 장치들이 약화되어 가는 것이 가장 힘든 문제였다. 여성운동이 가져야 할 본질적 의문과 창의적, 실험적 자율성은 제한되었고 상담소는 실무에 쫓겨야 했다. 인천여성의전화가 지향하는 '당사자 주체화'는 양적으로는 평가될 수 없는 것인데 현실에서는 정부의 양적 평가에 밀리며 경쟁력이 떨어졌다. 상담소에서 일하고 싶은 사람은 여성주의적 소양이 아닌 사회복지사 자격을 필수적으로 습득해야 했다.

상담소 사업의 기준은 여성주의라는 가치가 아닌 업무의 효율성이 되었다. 행정처리는 준공무원 수준으로 해야 했다. 그 절정은 정부가 운영자와 이용자의 개인정보 및 회계 정보취합 행정시스템인 '새올'을 사용하도록 상담소에게 강제한 것이었다. 상담소들은 새올 사용을 거부했으나[08] 이미 힘을 잃은 후였다.

다음은 운동 주체인 법인과 제도화된 부설기관들 사이에 나타난 갈등이었다. 제도화에 주력했던 여성의전화는 당연히 그 성과도 향유하고자 했다. 그러나 상담사업만 제도화된 것이라는 것을 깨닫기도 전에 여성의전화는 운동과 상담을 강제적으로 분리당

---

08 새올을 사용하면 폭력피해자의 정보가 가해자들에게 유출될 수도 있고, 익명성이 보장되지 않을 수도 있을 뿐만아니라 피해자들에 대한 낙인화와 계층화가 심화될 수 있다고 판단했기 때문이다.

해야 했다.

여성의전화 사무실 한가운데를 막아서 여성의전화와 상담소 공간을 분리하고, 활동가들을 교통비 정도만 받는 자원활동가와 국가가 주는 월급을 받는 상담원으로 분리하고, 상담소로 지원되는 국고보조금은 일체 여성의전화에서 사용할 수 없게 하여 국고지원금과 후원금을 분리했다. 상담소장은 여성의전화 안에서는 여러 활동가 중의 한 사람이었으나 지역 사회에 나가면 '소장'으로 대우받으면서 조직 내 갈등 요인이 되었다. 상담소에서 일하고자 하는 지원자는 늘었지만 여성의전화에는 일할 사람도 자원도 고갈되었다. "몸이 갈라지자 활동도 정신도 갈라졌다." 이것이 갈등으로 표출된 것이다.

마지막으로 제도화는 여성들을 폭력 피해자와 피해자가 아닌 사람으로 가르고 법률에 따라 상담소에서 지원하는 대상만 피해자로 정의했다. 이런 정의에 따르면 지원을 받기 위해서 피해자임을 증명하는 일이 우선이고 피해자의 주체적인 역량을 강화하려는 운동은 설 자리가 없게 된다. 상담소의 지원을 받은 피해 여성들은 다시 상담소로 돌아오지 않았고 전문적인 상담 인력으로 채워진 상담소의 문턱은 높아졌다. 상담소는 남성에게 폭력을 당한 특별한 피해자들만이 이용하는 곳으로 인식되어 대중과는 점점 멀어져 갔다.

여성의전화 활동은 피해자 지원뿐만 아니라 폭력을 예방하는 활동, 즉 여성폭력을 양산하는 사회구조와 시민의 인식 변화를 도모하는 일이 매우 중요하다. 그러나 상담과 피해 지원 서비스를 주 업무로 하는 상담소가 예방 활동을 겸하기에는 시간이나 업무의 성격상 쉽지 않았다. 따라서 지속적이고 단계적인 예방 활동보다는 캠페인 같은 일회적이고 계몽적인 형식에 의존할 수밖에 없게 되었다.

인천여성의전화는 다시 질문했다. 여성운동은 왜 상담을 하게 되었으며 무엇을 위해서 상담소를 운영하는가? 법 제정 후 10년이 지난 지금도 상담소라는 방식은 여성 대중과 함께하기에 적합한 방식인가? 사회변화를 위한 여성운동과 여성주의상담은 함께 가야 하는 동지적 관계인데 '상담소'라는 형식은 과연 여성주의를 구현해내고 있는가?

결론은 "여성의전화는 상담소 운영을 목적으로 만들어진 조직이 아니"라는 것이다. 여성폭력 피해 여성을 지원하고 여성폭력 문제를 사회화하여 여성폭력을 근절하는 것, 즉 여성운동이 목적이었다. 그리고 가정폭력방지법이나 성폭력특별법 제정, 그리고 법에 근거한 상담소 운영 등은 목적을 실현하기 위한 방법이었다.

> 법과 제도가 만들어졌다고 해서 여성에 대한 폭력이 사라지지는 않았으며 도리어 다양하고 교묘한 방식으로 억압과 불평등이 지속되는 현실을 감안할 때 일상적으로 삶의 공동체 속에서 폭력에 대한 저항운동을 실천하는 것이 필요하다. … 여성주의상담 또한 특정 전문가에게 전유되지 않는 생활 상담으로써, 일상생활 속에서 그

가치를 발휘하게 해야 한다. 여성의전화라는 이름이 상담'소'만을 고집하게 이미지메이킹되어 있다면 새로운 이름으로 도전해 보자.

2009년 8월 26일 김성미경 회장이 작성한 문건을 가지고 상담소소장 최박미란 내부에서부터 논의를 시작하여 전체 회원들의 의견을 수렴했다. 마침내 인천여성의전화가 "다른 사람들이 가지 않은, 보이지 않는 여성 인권 사각지대의 길을 찾아 가는 역할을 해야 한다는 사명을 가지고 있는 한 제도 속에 안주해 있는 일은 옳지 않"으며 여성 인권 운동의 새로운 프레임을 만들고 다시 출발선에 서야 한다는 결론에 도달했다.[09] 장기적으로 쉼터까지도 접기로 잠정 합의했다.

그 후의 과정은 일사천리로 진행되었다. 인천시와 부평구청과 협의하여 3년치 상담서류 6박스, 5년치 회계서류 1박스를 내일을 여는 집 부설 가족상담소에 인수인계하고 가정폭력상담소를 9월 30일자로 폐소했다. 상담소는 운영하지 않지만 상담사업은 지속하기로 하고 2009년 말까지 일주일에 3일, 8명의 상담회원이 전화상담실을 운영했다.[10]

제도화는 여성운동의 목표 가운데 하나이고 여성 인권 보호를

---

09 김성미경, 2009b, 물꼬 119호: 15~20
10 제17차 총회보고서: 37

위해 필요한 것이지만 운동단체는 그 제도에 안주해서는 안 된다. 제도화되는 순간 다른 이슈를 찾아 나서야 한다. 이때 인천여성의전화 앞에 등장한 이슈는 성매매 여성과 이주여성의 인권이었다. 인천여성의전화는 익숙한 것에 안주하지 않고 새로운 것에 대한 민감성을 가지고 어떠한 변화가 일어나고 있으며 제도화의 한계가 무엇인지를 직시하며 새로운 이슈를 적극적으로 수용했다. 여성폭력 이슈는 놓치지 않되 그것을 위협하는 요소와는 과감히 절연했다. 인천여성의전화는 가정폭력·성폭력상담소의 폐소라는 강수로 위기를 돌파하고 성매매 여성과 이주여성의 인권운동이라는 기회를 잡아챘다.

새로운 의제를 향해
성매매 여성과 이주여성

2000년대 이전까지 성매매는 여성운동의 중심 의제가 아니었다. 한국 사회는 건전한 성도덕 유지를 위해서는 성매매를 금지해야 하지만 남성의 성욕 해소를 위해서는 성매매를 허용할 수밖에 없다는 이중적인 입장을 견지해 왔다. 1961년 제정된 윤락행위 등 방지법이하 윤방법은 그 책임을 남성이 아닌 여성에게만 물었다. 1980년대 이후 민주화가 진전되고 가정폭력·성폭력은 여성 인권 문제로 인정되었지만, 성매매는 여전히 "도덕적 비난의 의미를 담고 있는

'요보호' 여성의 범주"를 벗어나지 못하고 있었다.[11]

성매매 추방 운동은 1960년대 한국교회여성연합회이하 교여연로부터 시작되었으나 1980년대까지만 해도 운동의 초점이 "정부의 정책과 경제구조 및 향락산업에 과도하게 집중되어 있었"다. "가부장제의 모순, 남녀 간의 성별 권력관계, 성을 사는 남성과 매춘 여성 두 주체는 크게 부각되지 못했다. 또한 성매매 문제와 여성 문제 전반의 연결고리가 매우 허약했다." 1990년대 들어서서 비로소 성매매여성 쉼터와 이들의 연대체인 한소리회에서 활동하는 현장활동가들을 중심으로 성매매 여성의 인권문제가 제기되었으나 그 영향력은 크지 않았다.[12]

본격적인 "반성매매 여성 운동은 성매매 현장에서 죽어간 여성들의 희생 위에서 시작되었다." 2000년 군산 대명동, 2001년 부산 완월동, 2002년 군산 개복동의 성매매 업소에서 화재가 발생해 감금 상태에 있던 20명이 넘는 여성들이 사망하는 참사가 일어났다. 잇따라 터진 "화재 참사는 성매매 피해 여성들의 인권 침해 상황을 단적으로 드러냈을 뿐만 아니라 성매매를 작동 가능하게 하는 우리 사회의 구조, 국가와 공권력의 문제, 성매매에 대한 일반인의 인식 등 성매매 범죄에 관한 모든 것"을 보여주었다.[13]

---

11 정미례・이하영, 2017: 285~286
12 민경자, 1999: 262~263
13 정미례, 2003: 217~224

동시에 윤락행위는 일부 여성들의 일탈 행위가 아니라 성매매 여성의 인권 문제라는 인식의 전환도 일어났다. 이 사건으로 성매매 이슈가 공론화되자 성매매가 자발적인 것이냐, 강제에 의한 것이냐 하는 논쟁이 일어났다. 여성들 안에서도 성매매를 '성노동'으로 보는 자유주의적 입장과 "여성에 대한 성적 착취이자 폭력이므로 근절해야 한다고 믿는" 급진주의적 입장 간에 갈등도 드러났다. 그러나 여성단체들은 성매매는 "여성에 대한 폭력이자 인권침해임을 분명히" 했다.[14]

2001년 미 국무부는 한국을 인신매매 3등급 국가로 분류했다. 이를 계기로 여성단체들은 성매매 알선 행위 등 행위의 처벌 및 방지에 관한 법률이하 성매매방지법 입법을 청원했다. 이때부터 '윤락'이나 '매매춘'이란 용어 대신 성매매라는 용어가 공식적으로 인정받게 되었다. 2001년 여성부가 설치되자 성매매방지법 제정 운동은 큰 힘을 얻게 되었고 2003년 마침내 성매매방지법이 제정되었다.[15]

한국에 아시아 여성들이 이주해 오기 시작한 때는 1980년대 후반부터다. 1986년 아시안게임을 계기로 필리핀 여성들이 가사노동자로 입국하기 시작했다. 1992년 한중수교 후에는 중국 교포 여성들로 대체되었다. 그 후 산업연수제와 고용허가제로 들어와 공장

---

14 정미례, 2003: 225
15 성매매방지법은 성매매알선 등 행위의 처벌에 관한 법률(약칭 처벌법)과 성매매방지 및 피해자보호 등에 관한 법률(약칭 보호법)으로 이루어져 있다.

이나 농축산 현장에서 일하는 이주여성, 관광협회를 통해 연예인 비자를 받고 들어와 유흥업소에서 일하는 여성들, 한국인과 국제결혼으로 들어오는 여성 등 한국 정부의 정책에 따라 다양한 경로로 이주여성이 입국했다.

한국 사회에서 결혼 이주는 소위 세계화 시대라고 하는 1990년대 초부터 시작되었다. 한국 정부는 저출산과 가족 위기에 대한 불안감이 커지자 「연변 처녀와 농촌 총각 짝짓기 사업」을 추진했다. 행정 주도형 국제결혼은 한국만의 독특한 현상이 아니었다. 1980년대 이후 일본, 대만과 같은 동아시아 지역 신흥 부유국들은 자국의 신부 부족 문제를 해결하기 위해 아시아 지역 저개발국 여성들의 결혼 이주를 묵인하거나 장려했다.

결혼 중개업에 대한 규제가 풀리자, 결혼 중개업자들이 이익을 얻기 위해 국제결혼에 개입하고 특정 종교단체가 국제결혼을 포교 방법으로 활용하면서 국제결혼이 급증했다. 특히 2000년대 고용허가제 실시 이후 과거에 비해 합법적인 입국 경로가 제한되자 장기적이고 안정적인 체류가 보장되는 결혼 이주가 더욱 증가했다. 반드시 결혼해야 한다는 한국의 가부장제 가족 이데올로기는 결혼 시장에서 배제된 남자들이 외국에서 신부를 사 와서라도 결혼하도록 만들었다. 외형으로는 결혼이지만 남성들의 돌봄 문제를 해결하려는 숨은 의도도 있었다. 2000년대에 들어서자 전국의 상담소나 쉼터에서 결혼 이주여성이 겪는 폭력 문제가 보고되기 시작했다.

이주여성 인권 운동은 1990년대 초 시작된 이주노동자 인권 운동에서 발원했다. 이 운동을 주도했던 활동가들은 대부분 민주화 운동을 하던 인권운동가들이어서 인권문제나 인종차별 문제에는 관심이 컸으나 여성주의 관점은 부족했다. 그후 외국인여성상담소 1996, 이주노동자여성센터1998 등이 창립되면서 이주여성노동자 활동이 시작되었다. 2000년에 창립된 여성이주노동자의 집은 2003년에 이주여성 인권센터로 개칭하고 여성연합에 가입했다.[16]

이렇게 2000년대 초반 성매매 여성과 결혼 이주여성의 인권 문제가 그 모습을 드러냈다.

개인적인 것이 정치적인 것이다

인천여성의전화는 성매매 여성과 이주여성 인권 운동에 주력하면서 비로소 여성주의상담 운동에서 여성 인권운동으로 확장할 수 있었다. 인천여성의전화가 운동 현장에서 길어 올린 당사자성, 다양성, 공동체성이란 개념이 그 징표다. 제도화의 틀을 과감히 벗어나 운동의 자율성과 창의성을 마음껏 발휘한 결과였다.

1990년대 가정폭력·성폭력 추방 운동에서 피해 여성들은 자

---

16   한국염, 2017: 367

신들이 직접 피해자임을 드러내 피해의 내용을 말하지 못했다. 그 이유는 여러 가지가 있겠지만 무엇보다 사회의 부정적인 인식의 벽을 깨기가 어려웠기 때문일 것이다. 대신 활동가들이 상담이란 방식을 통하여 피해 여성들의 이야기를 드러내고 공론화했다.[17] 이런 대변 운동, 대리인 운동에서는 당사자성을 발휘하기 쉽지 않다.

당사자성은 "여성들이 자신의 문제와 경험을 가지고 자신들의 목소리를 내는 것"[18]을 말하며 문제해결의 힘은 당사자에게서 나온다는 믿음이다. 개인의 경험에서 시작하여 개인의 문제 해결에 그치지 않고, 개인의 문제를 일으키는 사회구조를 변화시키는 주체가 되게 하는 것으로 주체성이자 개인적인 것을 정치적인 것으로 만드는 힘이다.

이주여성의 당사자성은 이주여성들의 다름과 차이를 존중하고 "이주여성들이 자신들의 문화를 통해, 모국의 가족들과 연대를 통해, 자신을 드러내는 작업들을 통해 자신의 삶의 주체자로서 당당하게" 서는 것이다.[19] 이주여성이 "선주민과 동일한 성원권을 누리며 공동체 발전에 동일한 책임을 지는 것을 지향"하는 것이며 역량 강화와 인정투쟁을 통해 "이주여성이 과도기적인 시혜의 대상이 아

---

17 성폭력은 2010년대 중반에 이르러 미투운동을 통해 당사자 운동이 시작되었지만 가정폭력은 지금까지도 여전히 피해 당사자가 커밍아웃하는 경우는 거의 없다.
18 박인혜, 2017: 270
19 김성미경, 2006

니라 지역 사회나 시민사회의 구성원으로서 적극적으로 다문화사회를 만들어가는 주체의 위치"에 서게 만드는 것이다.[20]

성매매 여성 인권 운동은 당사자 운동을 가장 전면에서 표방했지만 정작 성매매 여성들의 당사자성에 대해서는 당시의 기록이 없어 활동가들이 어떻게 정의했는지 정확히 알 수 없다. 그러나 성매매 여성 인권 지원사업들을 살펴보면 모든 활동 기록에서 성매매 여성들이 자신들의 경험과 생각을 드러내고 자신들의 문제를 해결하는 주체가 되고자 노력한 흔적들이 보인다. 그리고 활동가들이나 성매매 여성들도 자신들이 당사자 운동을 하고 있다고 인식하고 있음을 알 수 있다. 이로 미루어 성매매 여성의 당사자성도 이주여성과 크게 다르지 않을 것이라 추론할 수 있다.

2012년 창립한 부산의 성매매 여성 당사자 운동 조직 '나린아띠'는 성매매 여성들의 실질적인 경험만으로는 반성매매 운동을 하는 것에 한계가 있다고 전제하고 반성매매 당사자 운동이란 "어떤 누구의 간섭도 배제하고 스스로 주동적인 위치에서 반성매매 운동을 이끌어나가는 운동"이라고 정의했다.[21] 주동적인 위치에서 운동한다는 것의 핵심은 "성 구매자의 관점에서 해석되는 '증언'이 아닌, 성매매 경험 당사자가 해석하는 '발설'"이다. "성매매 경험에 대

---

20 김영옥, 2010: 302~317
21 부산여성신문, 2012. 8. 31.

해 누군가에게 말한다는 것은 결코 쉬운 일은 아니"기 때문이다.[22]

다양성은 이주여성 공동체 운동 속에서 체득된 가치다. 다양성이란 대체로 한 사회 안에 여러 민족의 문화적 요소가 섞여 있으며 이를 서로 존중해야 한다는 의미로 사용된다. 본래 다문화란 세계화로 인해 이주가 증가하면서 생겨난 이주민 유입국에서 이주민과 선주민의 문화적 차이를 다룰 필요에서 나온 정책용어로서 이주자가 그들만의 문화를 지키는 것을 장려하고 이주자와 주류사회의 공존을 정책 목표로 삼는 모델이다.[23] 한국 정부는 2000년대 들어 외국인의 유입이 증가하자 다문화 사회가 되었다고 선포했다. 이때 다문화란 서로 다른 문화를 존중한다는 의미는 지워진 채 단순히 외국인, 특히 아시아의 이주민이 증가한 상태 혹은 그 이주민을 지칭하면서 다양성과 동의어로 사용되었다.

한국은 다문화 정책을 표방하지만, 실제로는 이주민들을 한국 국민으로 통합하려는 목적을 가진 동화주의 정책이 근간을 이룬다고 할 수 있다. 김성미경은 통합이란 "주류사회를 중심에 놓고 이방인들이 주류사회에 문제를 갖고 들어오지 않도록 예방하는 것을 의미하기 때문에 그것은 주류동화적인 경향을 갖게 된다"고 비판하며

---

22 성매매경험당사자네트워크 뭉치, 2021
23 각 국가들이 이주자를 받아들이는 방식에는 차별배제모형, 동화모형, 다문화주의모형 등이 있다. 차별배제모형은 유입국이 필요한 부분에만 이주자를 수용하되 시민적 권리는 부여하지 않는 모델이다. 동화모형은 이주자가 출신국의 문화를 완전히 포기하고 주류사회에 포섭되는 모델이다.

원주민은 변하지 않은 채 이주민의 변화만 요구하는 이런 경향성이 정부 정책만이 아니라 사회운동 속에도 나타난다고 자성했다.[24] 다문화주의 역시 선주민이 자신의 우월성을 주장하는 방식이라는 것이다. "문화적 정체성에 대한 인정이 평등한 참여에 관한 정치적 논의를 비껴가고, 다문화주의가 초국적 자본주의 문화공간에 관한 이데올로기로 작동"되기 때문이다.[25]

진정한 다양성 존중은 "이주민이 유입국 사회의 구성원이 되어 주체로서 정치, 경제, 사회적 영역에 참여할 수 있도록 하는 것"이며 시민권을 획득하고 사회에 참여하는 과정에서 실현된다. 상호 존중은 이주민과 선주민이 어우러져 살고 있는 생활세계부터 국가에 이르기까지 모든 단위에서 작동되어야 한다. 그것을 매개하는 역할은 시민사회이다. 따라서 다문화란 "시민사회 영역에서 문화적 변혁을 통해 국가정책을 생산해낼 수 있도록 하는 아래로부터의 변화를 통해 사회적 소수자들의 시민권 획득을 통해 이뤄내는 민주주의"가 되어야 하는 것이다.[26]

종래의 이주여성 인권 운동은 이주여성 보호 정책 수립과 제도화 운동에 치중했다. 그러나 인천여성의전화는 정부 정책 기저에 놓인 동화주의적 접근 대신 다문화주의적 관점을 가지고 국가와 인

---

24 김성미경, 2011: 3~4
25 김영옥, 2010: 302~317
26 김성미경, 2011: 3~4

종, 성별의 경계와 차이를 넘어 함께 살아가는 공동체를 일구는 것을 목적으로 한 사업들을 개발했다. 아시아 이주여성 다문화 공동체 이하 아이다마을 사업은 외부의 대규모 지원이 없었다면 실행되기 어려운 기획이었다. 그렇다고 그런 지원이 있다고 누구나 실행할 수 있던 것은 더더욱 아니었다. 이주여성을 폭력 피해자로만 보지 않고 함께 살아야 할 자매로 맞이한 정신이 있었기에 가능한 것이었다.

마지막으로 공동체성은 이주여성 인권 사업에 참여했던 연구자들의 글들을 통해서 그 의미를 유추할 수 있다. 홍미희는 다양성과 공동체성은 서로 연계되는데 공동체는 공존의 단위이며 사회통합의 매개체라고 전제하고 다문화주의 관점에서 이주민 공동체는 더 큰 의미를 지닌다고 했다. 한 개인이 새로운 사회로 이주했을 때 취할 수 있는 태도를 두 가지로 나눌 수 있는데 새로운 사회에 빨리 적응하기 위해 가급적 자국 공동체와 어울리지 않거나 아니면 반대로 자국민 공동체에 안주하고 새로운 사회의 문화를 배우고 참여하려는 노력을 하지 않는 것이다. 후자의 경우 이주민 공동체는 게토화되고 주변화되기 쉽다. 선주민 사회가 이주민에 대하여 배타적인 정책을 취할수록 이 경향성은 더 커진다. 다문화주의는 이주민 공동체와 선주민 사회가 서로 개방적인 태도를 취할 때 가능하다. "이주민 공동체가 구성원 개개인에게 정보를 제공하고 어려움이 있을 때 서로 돕지만, 그런 도움이 공동체 내로 매몰되는 것이 아니라 이를 기반으로 공동체에 속한 개인 및 집단이 새로운 사회에서 주체적 역

할을 담당할 수 있도록" 하는 것이다.[27]

　김영옥은 아이다마을을 "상호인정과 그것에 기초한 지지공동체"로 정의했다. "여기서 핵심적인 것은 결혼 이주여성들이 위치해 있는 사회적 약자, 소수자 집단으로서의 정체성 인식이다." 즉 "가부장적/민족주의적 성격을 그대로 간직한 채 …자신의 문화적 정체성을 본질화"시키는 종족공동체가 아니라 "모국어들/민족성들이 복수의 형태로 공존하는 공동체에서 …각각의 모국어는 서로 상대적인 위치에 서게 되며 …각 모국어가 모국어로 '기능'하는 동시에 모국어의 기원적 위상은" 지워지는 그런 공동체이다.[28]

　모국을 떠난 이주여성에게는 자신을 절대적으로 지지하고 안전하게 품어주는 공간이 절실하다. "이주자들은 이주와 동시에 자신의 공간을 새로이 만들어야 하는 현실적 과제를 안고 있고 이들이 함께 가져온 문화다양성이 인정되는 공간을 필요로 한다. 인정의 공간 개념은 근대 정치 발달 과정에서 누가 공적 영역에 들어갈 수 있는가, 공적 영역에 적합한 행동이나 활동은 무엇인가, 공적 영역에서의 주체는 누구인가 등의 의문과 이를 제도화하는 것과 관련이 있다." 아이다마을은 "이주여성들이 자신들의 활동공간을 설계하고 가치를 부여하며, 자신의 주체성을 끌어낼 수 있을 뿐만 아니라 지역과의 네트워킹

27　홍미희, 2009: 10~14
28　김영옥, 2010: 302~317

을 통해서 함께 성장하고 발전시킬 수 있는 공간"이 되었다.[29]

　　당사자성과 공동체성, 다양성은 개별적인 것이 아니라 상통하는 것이다. 공동체를 기반으로 공동체 안에서나 주류사회에서 개인적인 것이 존중받으며 자신의 목소리를 내면서 성장할 수 있도록 하는 것이 성매매 여성·이주여성 인권운동의 핵심가치였다. 인천여성의전화는 성매매 여성이 주동적인 위치에서 당사자 운동을 하고 이주여성이 상호인정의 열린 공동체를 만들 수 있도록 지원했다.

2 성매매 여성 인권 운동

성매매 근절 운동의 방향을 찾다[30]

인천여성의전화는 창립 초기부터 성매매 여성 문제에 관심을

29　김성미경, 2011
30　인천여성의전화는 성매매 추방 운동이라는 말 대신 성매매 근절 운동이라는 말을 주로 사용했다.

가지고 있었다. 1995년 8월 21일 성매매 여성과 가출 청소년의 재활 기관인 경기도여자기술학원에서 방화사건이 일어나 37명이 숨지고 53명의 부상자가 발생했다. 건물의 출입문과 창문들이 이중, 삼중의 잠금장치와 쇠창살로 막혀 있어 대피할 수 없었기 때문에 피해가 컸다. 방화범은 원생들이었는데 학원 측의 편지 검열, 구타, 비인격적인 대우 등에 불만을 품고 조직적으로 방화를 준비한 것으로 알려졌다.[31] 여성 수용시설의 화재 사건은 이것이 처음이 아니었다. 한 해 전인 1994년에도 서울시립여자기술학원에서 방화 사건이 일어나 40명이 사망하고 12명이 부상당한 적이 있었다.

이 사건으로 국가가 운영하는 성매매 여성 수용시설에서 직업교육이라는 미명 하에 강제수용과 인권유린이 발생하고 있다는 것이 세간에 알려졌다. 그때까지 수용시설은 성매매 여성을 위한 정부의 보호·지도 정책의 일환으로 정당화되어 왔다.[32] 일반 국민들은 성매매를 일탈한 여성들의 문제쯤으로 생각했고 여성단체조차도 "침묵에 가까운 소극적인 태도"를 보였다.[33] 교여연과 한소리회를 중심으로 구성된 대책협의회를 제외한 대부분의 여성단체는 일반 국민과 비슷한 입장을 가지고 국민들의 눈치를 보았다. 여성단체들

---

31 다음백과, 경기여자기술학원화재 검색
32 1950년대 이후 성매매 여성 수용시설 실태에 관해서는 김아람(2020) "뒤늦게 알려진 '여자 삼청교육대', 감금된 보호와 보도, 성매매 수용시설" https://www.ildaro.com/8768 참조. 인천에도 1개소가 있었다(매일경제 1995. 8 22).
33 민경자, 1999: 271~273

에게 이 사건은 '뜨거운 감자'였다.

이런 상황에서 대책협의회에 속하지 않은 여성단체 중에 처음으로 성매매와 성매매 여성의 인권 문제에 관심을 가진 단체는 인천여성의전화였다. 인천여성의전화 회원들은 성매매에 관해 학습하는 한편 숭의동 집결지를 방문하여 성매매 여성의 생활 환경을 살펴보았다. 그리고 보건사회부가 서울시립여자기술학원 방화 사건에 대한 대책으로 발표한 윤방법 개정안에 대하여 다른 여성단체들이 주저하고 있을 때 과감히 반대의견서를 제출했다. 뿐만 아니라 "매춘여성 문제가 여성운동의 이슈가 되어야 함에도 그동안 소외당하고 있었던 현실에 대한 반성과 함께, 그들을 여성운동이 지향하는 자매애의 울타리에 들어오게 하자."라는 취지로 2차에 걸쳐 「매매춘 토론회」를 개최했다."[34]

1차 토론회1995. 10. 21는 인천여성의전화가 주관하고 인천에서 열렸다. 이 자리에서 한소리회 등 관련 단체들과 함께 진행한 사전조사 결과가 발표되었다. 기존 매매춘에 관한 논의는 대개 탁상공론적이라는 비판, 윤방법이 개정되었으나 매춘 여성을 위한 새로운 변화를 기대하기 어렵고, 매춘 여성들은 단지 경제적인 이유만이 아니라 성폭력을 당한 후 매춘을 하게 되는 경우가 많으므로 그 여성들의 입장에서 접근해야 한다는 것 등이 주요 발표 내용이었다.

---

34 인천여성의전화, 1995; 민경자, 1999: 271~273

또한 이 자리에서 성매매를 합법화할 것인가 범죄화할 것인가 하는 합법화 논쟁이 재연되었다. 이 논쟁은 1985년 여성의전화가 주최한「인신매매를 고발한다」는 공개토론회에서 처음 제기되었으며, 공식적으로 거론된 것은 1994년 윤방법 개정안 공청회 자리였다. 토론자로 참여한 정치학자 박종성은 정부의 이중정책과 여성단체의 강화된 금지주의 모두를 비판하며 사창의 공창화 방안을 제안했다. 이에 대해 신혜수 한국여성의전화 대표는 합법화될 경우 발생할 경찰의 착취구조를 지적하고, 합법화가 인간 해방성에 반한다는 이유를 들어 공창제를 반대하였다.[35]

이듬해 열린 2차 토론회1996. 4. 26「매춘 여성의 사회복귀 방안을 위한 정책토론회」는 성매매 여성의 인권 문제를 처음으로 공론화했다는 데 의미가 있다.[36] 인천여성의전화는 성매매를 다루는 현장 단체[37]와 연대하여 서울에서 이 토론회를 열었다.

이 자리에서 여성단체가 성매매 문제를 다루어야 하는 이유와 인천에 성매매 여성을 위한 일시보호소가 필요하다는 점을 확인하고 성매매 여성의 현실 및 민간단체들의 지원 상황, 성매매 여성의 사회복귀를 위한 실질적 방안 및 윤방법 개정안의 운영 방향 등을

35　민경자, 1999: 280
36　민경자, 1999: 277
37　막달레나의 집, 두레방, 다일공동체, 매매춘문제해결연구회, 사마리아의 집, 다비타의 집, 참사랑 쉼터, 쏘냐의 집, 한국교회여성연합회, 주한미군범죄 근절을 위한 운동본부 여성인권위원회

논의했다. 이후에는 한국여성민우회가 이어받아 토론회를 2회 더 개최하였으며 김민예숙 회장이 토론자로 참석했다. 논란 끝에 1997년 윤방법 개정안이 통과되고 구매 남성 처벌 규정이 강화되었으나 실제로 현장에서는 여전히 형식적인 처벌에 그치고 있었다. 경찰은 윤방법이 아니라 청소년보호법에 따라 집결지에 대한 강제 철거와 단전 단수를 시행했다.

이에 대해 인천여성의전화는 성매매의 원인은 향락산업의 번창이라는 사회구조적인 것으로서 성매매를 근절시키고 싶으면 "이용하는 남성들의 명단을 공개"하여 구매 남성을 엄격히 처벌해야 하며 성매매 문제를 올바로 해결하려면 성매매 여성에게도 인권이 있다는 관점에서 접근해야 한다는 입장을 밝혔다. 또한 집결지에 대한 단전단수 조치는 이미 인권의 사각지대에서 폭력을 당하고 있는 성매매 여성에게 이중으로 가해지는 폭력이며 성매매 여성에게 필요한 것은 단전단수가 아닌 자활 정책이라고 주장했다.[38]

1990년대 말이 되자 10대 여성 성매매가 극성을 부리기 시작했다. 이번에는 여성단체들도 적극 나섰다. 한국성폭력상담소와 한국여성민우회는 10대 매매춘 근절을 위한 거리 캠페인을 전개하고 한국여성의전화연합도 향락산업에서 청소년을 지키기 위한 다양한 사업을 전국적으로 전개했다. 청소년을 위한 내일여성센터는 '1999

---

38 박인혜, 1997, 물꼬 27호: 3

년 IMF 시대, 향락산업으로부터 딸 아들 지키기' 연속토론회 「10대 매춘 상대자 신상 공개를 위한 집담회」에서 10대 매춘 상대자 신상 공개의 필요성을 제기했다. 정부도 10대 성매매와의 전쟁을 선포했다. 대통령 직속 청소년보호위원회는 '청소년성문화대책위원회'를 발족했다.[39] 법무부는 '자녀 안심하고 학교 보내기 운동'을 벌이던 중 10대 여성들이 집결지에 대거 유입해 있는 것을 발견하고 집결지와의 전쟁을 선포했다.[40]

인천여성의전화는 2001년부터 검찰청으로부터 의뢰받은 성매매 청소년 상담을 시작했다. 검찰은 성매매하다 적발된 10대 여성들을 처벌하는 대신 상담을 제공하여 선도하고자 했다. 2002년에는 인천 지역 청소년들의 성매매에 대한 인식 및 실태를 조사했는데 그 실태는 상당히 심각했다. 인천의 남녀 중고생 2,300명 중 14%가 성관계를 경험했으며 11%가 성매매를 경험한 것으로 나타났다. 성매매 경험자 중 25.2%가 13세 이하라는 충격적인 결과가 나왔다. 청소년들이 심리적, 경제적으로 취약한 시기에 성착취에 노출된다는 것을 의미했다. 청소년들이 성매매로 유입되는 것을 막을 정책이 필요했다.

인천여성의전화는 「청소년 성매매 방지를 위한 정책 제안 토론회」[41]를 열고 예방 정책을 제안했다. 성매매가 자발인가, 강제인

---

39 박인혜 회장이 위원으로 참여했다.
40 민경자, 1999: 287~288
41 2002. 12. 4.

가 하는 것은 중요하지 않으며, 성매매는 범죄이며 폭력이자 착취일 뿐이라는 것을 분명히 하고, 성매매 근절을 위하여 성매매 피해 여성들을 위한 강력한 사회적 지원과 성매매를 반대하는 대중 교육과 실천이 필요하다는 것을 강조했다. 다음과 같이 개인들이 실천할 방안도 발표했다.

- 내가 살고 있는 동네에 티켓다방, 유흥업소, 성매매 집결지가 있는지 파악해서 본회에 알려 주십시오.
- 또 다방에서 차를 배달시켜서 마시는 일을 하지 말고, 회사의 회식이나 거래처 만남에서 2차로 이루어지는 은밀한 성 거래는 분명한 의사 표현으로 거절하십시오.
- 국내외 여성들이 눈요깃감으로 나오는 유흥업소에 가지 마십시오.
- 온라인이나 오프라인상에서 성적인 거래에 대해서 단호한 거부와 함께 성매매 감시 활동을 하십시오.
- 혹시 탈성매매를 위한 도움을 요청하는 손길이 있으면 외면하지 마십시오.
- 성은 사지도 말고 팔지도 마십시오.[42]

윤방법 개정안으로는 성매매 여성에 대한 인권침해 방지와 성매수 남성 처벌이 어렵다는 주장이 점차 설득력을 얻어가는 즈음

42　김성미경, 2002, 물꼬 78호: 7

2000년 군산 대명동 화재 사건이 일어났다. 이를 계기로 윤방법 개정 운동은 성매매방지법 제정 운동으로 급선회했다. 마침내 2004년 3월 23일, 성매매방지법이 제정되었고 같은 해 9월 23일부터 시행되었다. 여성단체들은 성매매 여성은 비범죄화하여 처벌하지 않고, 구매자와 알선자는 강하게 처벌하는 노르딕 모델을 채택하도록 강력히 주장했으나 입법과정을 거치면서 형평성을 이유로 반영되지 않았다. 대신 성매매 관련자 모두를 처벌금지주의하되 '성매매 피해자'에 한해 처벌을 유예하고 지원하는 보호법을 제정하게 되었다.[43]

인천시는 재빨리 전국 최초로 학익동 집결지이하 학익동를[44] 2004년 12월까지 폐쇄하겠다고 발표했다. 그러자 여성부도 숭의동

---

[43] 정미례·이하영, 2017: 292
[44] 1960년대부터 학익동 414번지 일대에 성매매 업소들이 본격적으로 생겨나기 시작했다. 한국전쟁 시기 인근에 외국 군인이 주둔하면서 집창촌이 형성되었고, 외국 군인들이 철수한 후에도 업소들이 남아 내국인을 상대로 성매매 영업을 했다. 학익동 집창촌은 1970년대와 1980년대는 호황이었다. 옐로우하우스와 달리 국내 젊은이들이 많이 찾았다. 한창때는 업소만도 50곳이 넘었으며 종사 여성은 300여 명에 달했다.(시니어오늘http://www.seniortoday.co.kr)

집결지이하 숭의동를45 전국 모델로 결정하고 3~7년의 계도기간을 거쳐 폐쇄하겠다고 발표했다. 그러나 인천시는 폐쇄에 필요한 예산을 확보하지 못했고 인천에는 이 사업을 담당할 만한 여성단체도 없었다. 업주 보상 문제는 겨우 해결되었으나 피해 여성들의 탈성매매 방안은 전혀 준비되지 않았다. 인천여성의전화는 여성부에 전국 모델 지정을 철회해 달라고 요청하는 한편, 전북성매매현장상담소가 진행한 「현장상담원 워크숍」에 인천시 공무원과 함께 참석했다. 이 자리는 민관이 함께 현장상담소의 필요성을 자각하게 된 전환점이 되었다.

'옐로우하우스'로 들어가다

45 개항 시기 개항지를 중심으로 거류 일본인이 증가하면서 인천에도 예기를 고용하는 요릿집이 생겨났다(1897년 17곳). 이 요릿집들은 "현 신생동에서 신흥동으로 접어드는 인천여상 부근과 답동성당 언덕 아래 또는 전동(錢洞) 인일여고 아랫길에 주로 모여 있었다." 이곳은 이름은 요릿집이나 성매매도 겸하는 곳이었다. 자연히 성매매가 급증하기 시작했다. 개항지 일본인들의 생활을 관리했던 일본 이사청이 성병과 풍기문란 예방이란 명목으로 추진했던 윤락업소의 집단화 정책에 따라 집창촌이 가장 먼저 생긴 곳은 부산(현재 완월동)이다. 1902년 12월 현재 선화동 신흥시장 일대에 부도루(敷島樓)라고 하는 유곽이 처음 개업했다. 해방 직후 선화동으로 옮겼다가 1960년대 초 숭의동으로 이전했다.(홍성철, 2007) '옐로우하우스'란 이름은 업주들이 인근의 미군부대에서 사용하지 않는 노란 페인트를 얻어다 벽에 칠한 데서 나온 것이다. "1950년대와 1960년대 숭의동과 용현동, 학익동 일대는 미군부대가 많았다. 1970년대초까지 인천항에는 미군 항만사령부가 있어 도크 시설을 관리했다. 미군 병사들의 입을 통해 '옐로우하우스'라는 별칭이 생겨 전국으로 퍼져나갔다."(시니어오늘http://www.seniortoday.co.kr)

성매매방지법 제정이 가시화되자 인천시는 숭의동에 상담소를 설치할 계획을 세우고 인천여성의전화에 운영을 맡아줄 것을 제안했다. 이 제안을 받고 인천여성의전화는 고심할 수밖에 없었다. 여성의전화는 이미 전국적인 정책 논의를 통해 성매매 여성 상담 사업은 하지 않기로 합의한 터였다. 성매매도 여성에 대한 폭력이며 성매매 여성을 위한 인권 운동도 필요하지만, 그 사업 방식이나 필요한 자원 규모가 가정폭력이나 성폭력과는 아주 달랐기 때문이었다. 대부분의 지역 여성의전화가 가정폭력과 성폭력상담소 운영에 조직의 전 자원을 투여하고 있는 상황에서 성매매 여성까지 지원하는 것은 무리라는 현실적인 이유도 컸다.

인천여성전화도 성폭력상담소와 가정폭력상담소, 그리고 이주여성 쉼터를 운영하고 있었다. 세 기관 모두 정부나 공동모금회의 지원을 받고는 있었지만 인건비는 턱없이 부족한 상황이었다. 여기에 추가로 성매매상담소까지 설치한다면 재정상의 어려움이 증가할 것은 불 보듯 뻔했다. 그러나 성매매 여성의 인권문제가 새로운 사회적 이슈로 등장하고 있고 인천에는 집결지가 많아 이 문제를 외면하기도 어려웠다. 인천에는 성폭력, 가정폭력상담소는 많이 있지만 성매매 근절 운동을 할 곳은 없다는 현실도 외면할 수 없었다.

결단을 내렸다. 성폭력상담소를 폐소하기로 했다. 그리고 2004년 9월 법이 시행되면 바로 성매매상담소를 설치하고 현장에 상담원을 투입할 수 있도록 활동가들을 교육했다. 한소리회 김미령과 김민홍, 전북여성인권센터 정미례 등을 강사로 불렀다. 김민홍은 상담기법을, 김미령은 현장 사례와 성매매 여성들의 실태, 성매매 구조 방법 등을 교육했다. 정미례는 대명동 대책위 활동과 법에 들어가야 할 내용 등을 강의했다. 2003년 9월 사무실을 이전하고 사업 공간도 마련했다.

2004년 7월 모든 준비를 마치고 '강강술래'라 명명한 성매매피해여성상담소소장 배임숙일, 이하 상담소를 열고[46] 곧바로 선불금 피해와 사기죄로 고소당한 여성들에 대한 법률지원을 시작했다. 그런데 상담을 통해 구조한 여성들을 보호할 곳이 없었다. 긴급쉼터 설치 자금 확보를 목표로 재정사업「포옹카페」를 열었다. 그 수익금과 적립금 등을 합해 10평짜리 전셋집을 구했다. 첫 입소자는 두 명이었다. 2005년 한 해 동안 11명이 생활했는데 이 중 6명은 숭의동 현장 지원 센터를 통해, 3명은 학익동 현장 방문 상담을 통해 입소한 여성이었다. 쉼터에서 무료하게 보내는 여성들을 위해 노동부 지원으로 자활 프로그램을 시작했다. 이 프로그램에 참여하는 여성들에게는 약간의 급여를 주었다.

2006년에 남구청현재 미추홀구청이 노인정 하나를 개보수하여 쉼터로 사용할 수 있게 해주었다. 적당한 공간이 확보되

---

46 2004년 10월 정식으로 인천시에 등록했다.

자 본격적으로 숙식, 상담, 의료, 법률, 취업, 취미 등의 다양한 프로그램을 제공했다. 특히 건강 관련 프로그램들이 강조되었다. 외모에 관심이 클 수밖에 없는 성매매 여성들의 특성을 고려하여 외모지상주의를 버리고 내 몸을 소중하게 생각할 수 있도록 교육했으며 불규칙한 식사 습관이나 밤늦은 과식을 줄이는 등 체계적인 건강 프로그램을 진행했다.[47] 그러나 "입소자 개인들 간의 갈등에서부터 개개인의 어려움으로 인한 부적응, (자활이라는) 목표를 빨리 이루고자 하는 조급함 등으로 인해 24시간 내내 상담활동가와 입소자들 간의 보이지 않는 전쟁"이 자주 일어났다. 활동가들은 "인간적인 연민과 보호의 한계" 사이에서 갈등할 수밖에 없었다.[48]

2004년 9월 성매매방지법이 시행되자 곧바로 집결지 현장 단속이 시작되었다. 업주들은 업소 문을 닫고 전기와 수도를 끊고 난방도 잠그고 완강히 저항했다. 성매매 여성들은 "우리 다 죽으라는 거냐?"라며 격렬하게 저항했다. 그 중심에는 업주들과 성매매 여성들로 급조된 '한터'라는 조직이 있었다. 인천에서는 숭의동을 대표하여 '4호'[49] 여성들이 한터에 가입해 있었다.

---

47 최강미라 인터뷰
48 제15차 총회보고서: 52
49 숭의동은 모텔 형식의 거주시설로 이루어져 있는데 식별을 위해 건물마다 번호가 붙어 있었다. 특정 거주시설에 거주하는 여성들은 건물 번호를 따라 몇 호 여성이라 불렸다.

2004년 10월 19일, 인천 숭의동과 부산 완월동의 여성 대표들과 여성연합이 면담했다. 이어서 27일에 부산 해어화완월동 여성들의 모임와 인천 상조회숭의동 여성들의 모임, 여성연합, 전국연대는 함께 집결지 사업을 하기로 합의하고 공동결의문을 발표했다.[50] 이제 현장에 여성단체가 들어갈 차례였다.

숭의동 업주들은 여성단체가 집결지에 들어오는 것을 결사반대했다. 여성단체가 성매매 여성들을 변화시켜 탈성매매하게 만들까 봐 염려한 것이었다. 업주들은 시범사업을 자신들이 직접 운영하고 싶어했다. 여성단체는 못 들어온다, 여성단체가 해야 한다, 양측의 팽팽한 줄다리기가 벌어졌다. 절대 타협할 수 없는 지점이었다. 업주들도 자신들의 주장이 통하지 않으리라는 것을 알고 있었지만 세게 나가면 통할 수도 있을 것이라고 계산한 것이었다.[51]

여성부는 전국연대에 인천 시범사업을 직접 해달라고 요청했다.[52] 전국연대나 그 회원 단체들은 다른 지역까지 사업을 확장할 여력이 없었다. 그러나 다른 대안이 없었다. 결국 현장의 반대가 누그

50　합의 내용은 다음과 같다. ① 성매매 여성을 처벌하지 말 것 ② 정부가 적극적으로 탈(脫)성매매와 자활교육을 지원할 것 ③ 모든 프로그램의 내용을 공개하고 전국의 성매매 여성에게 적극적으로 홍보할 것 ④ 그동안 업주가 얻은 이익 일부를 성매매 여성의 자활에 쓸 것 ⑤ 이 모든 결정은 성매매 여성 당사자의 자발적 의지에서 하겠다는 것. 정미례·이하영, 2017: 296~297
51　정미례 인터뷰
52　부산 완월동에서는 이 사업을 위해 '여성인권지원센터 살림'이라는 단체가 새로 만들어졌다.

러지면 철수한다는 조건으로 전국연대가 한시적으로 숭의동 현장 지원 센터를 맡기로 했다. 2004년 11월 전국연대 사무국장 정미례와 활동가 한 사람이 숭의동에 방 하나를 구해 내려왔다. 여성부는 숭의동 집결지 바로 앞에 컨테이너 2개를 이어 붙여 만든 허름한 사무실을 얻어 주었다.[53] 사무실 소유주는 숭의동 상조회장이었다.[54]

인천의 성매매 여성 지원 사업은 전국연대가 숭의동 현장 지원 센터를 담당하고 인천여성의전화 상담소는 학익동과 인천시 전역을 맡는 이원 체계로 시작되었다. 그러나 인천여성의전화는 사회복지공동모금회에서 숭의동 현장 지원 센터에 보내온 생계비, 쌀, 김치 등 긴급지원비를 배분하는 일을 분담하는 등 숭의동과 연계의 끈을 놓지 않았다.[55]

사업이 시작되자 숭의동 업주들의 위협과 반대는 더욱 거세졌다. 인천에 아무 연고도 없는 전국연대 여성 활동가 두 명이 대처하기에는 어려운 상황이었다. 사무국장이 자리를 비운 전국연대의 공백도 너무 컸다. 전국연대는 숭의동에서 철수할 것을 진지하게 고려했다. 사업을 시작한 지 3개월 만인 2005년 2월 여성부는 시범사업을 종료하고 인천시에 이 사업을 맡기기로 했다.[56] 인천시는 인

....
53   정미례 인터뷰
54   최강미라 인터뷰
55   최강미라 인터뷰
56   정미례 인터뷰

천여성의전화에 현장 지원 센터 운영을 위탁했다. 이렇게 우여곡절을 겪은 끝에 인천여성의전화는 성매매 피해 여성 지원사업을 총괄하게 되었다.

성매매 피해 여성을 지원하다[57]

세칭 '옐로우하우스'라고 불리는 숭의동에는 방석집이 많았다. 여성들이 유리방 안 방석 위에 드레스를 입고 앉아 있으면 '이모'라고 하는 여성들이 호객행위를 해서 방석집이라 불렀다. 반면 '끽동'이라 불리는 학익동에서는 여성들이 높은 스탠드 의자에 앉아 직접 호객행위를 했다. 학익동에는 깡패들이 운영하며 기둥서방 노릇을 하는 곳이 많았다. 성매매 여성들의 생활이 더 고될 수밖에 없는 곳이었다. 빚이 있는 여성은 절대 이곳을 벗어날 수 없었다. 심지어는 여성들이 슈퍼마켓을 갈 때조차 감시가 따라붙었다.

2005년 12월 기준으로 숭의동에는 23개 업소에서 약 80여 명의 성매매 여성이 생활하고 있었는데 많을 때는 96명, 적을 때는 60명 정도였다. 2004년 12월 사업을 시작할 때는 96명이었으나 1년이 지난 2005년 12월에는 79명으로 줄었다. 그러나 18개이던 업소

---

57 이하 최강미라 인터뷰와 총회보고서를 토대로 작성

수는 1년 만에 23개소로 증가했다. 2006년 학익동에는 월평균 13개 업소에 40여 명의 성매매 여성이 거주하고 있었다. 재개발 사업이 진행 중이라 문을 닫은 업소가 많았고 보상을 받기 위해 남아있는 업소가 대부분이었다. 인하대학교 부근에 있던 학익동은 2000년대 초기부터 재개발로 대단지 고층 아파트가 들어서면서 집결지를 폐쇄하라는 민원이 많았다.

마침내 2006년 5월 학익동 집결지가 폐쇄되었다. 학익동의 업주들과 여성들이 숭의동으로 넘어오면서 2007년 숭의동은 26개 업소에 101명의 여성으로 증가했다. 숭의동으로 옮긴 학익동 업주들은 인테리어를 새로 하고 성매매 여성들에게 홑복을 입히는 등 새로운 전략으로 영업을 재개했다. 이에 맞서 현장 지원 센터는 8월 한 달간 성구매자 대상으로 캠페인을 벌이는 한편 집결지 건물주와 토지주를 고소하거나 고발하는 활동을 벌였다. 당연한 수순으로 현장 지원 센터와 업주들은 적대적 관계가 되었고 결국 현장 지원 센터는 현장 방문을 중단할 수밖에 없게 되었다. 그러나 효과는 있어서 숭의동 상권은 현저히 쪼그라들었다.

숭의동 현장지원센터는 오전 9시부터 오후 5시까지 8시간 운영이 원칙이었으나 주 1회 방문 상담을 할 때는 야간 근무를 하여 새벽 2시까지 근무하였고 전화상담은 24시간 운영했다. 현장을 방문할 때는 탈성매매 여성들이 만든 파우치와 천연비누, 그리고 소식지를 나눠 주었는데 이런 물건들은 매우 인기가 있었다.

상담은 주로 현장 방문 시에 이루어졌는데 첫 해부터 성과가 컸다. 2004년 상담 769건 중 681건이 현장 방문 상담이었다. 상담 내용은 탈성매매와 관련된 것이 대부분이었고총 744건 중 695건, 내담자는 20대가 압도적으로 많았다총 769건 중 737건. 2006년에는 질병 문제 상담이 가장 많았고418건 그 다음이 진로 문제295건, 빚 문제203건 순이었다. 2007년에는 진로 상담이 많이 증가했다. 이런 변화는 상담이 안착하면서 탈성매매로의 유도가 잘 이루어지고 있음을 보여준다.

상담소와 현장 지원 센터가 자리 잡게 되는 2005년에는 상담이 폭발적으로 증가했다. 현장 지원 센터는 1년 동안 28회 현장 방문을 하여 1,692명을 상담했고 대면 및 전화 상담 건수는 2,043건에 이르렀다. 상담소의 상담도 1,648건이나 되었으니 엄청난 숫자였다. 상담소에 한 번이라도 방문한 여성이 74명, 꾸준히 상담을 받는 여성이 45명 정도 되었다. 2005년 12월 기준으로 숭의동에 약 80여 명의 성매매 여성이 있었으니, 대부분의 여성을 상담한 셈이었다. 월평균 34명의 여성에게 생활비를 지급했고 4명의 여성에게 양육비를 지급했다. 탈성매매한 여성은 모두 36명으로 단순 귀가자 13명, 취업자 12명, 창업이나 취업을 위해 교육을 받는 사람 포함 기타 11명이었다. 2008년에는 성매매 피해 상담이 2007년에 비해 61%나 증가했다. 휴게텔, 스포츠마사지 등 신변종 산업형 성매매 업

소가 확산했고 경찰의 연계 요청이 잦아졌기 때문이었다.[58]

　아웃리치는 숭의동 지역 외에도 간석동, 용현동, 석남·가정동 등 인천 전역으로 나갔다. 성매매 현장은 아웃리치를 나가는 활동가들에게 매우 위험한 장소였다.

　숭의동 상조회장 백사장은 너희들 때문에 손님 다 떨어졌다고 돌멩이로 유리창을 깨며 활동가들을 위협하고 난리였어요. 그래도 활동가들은 기죽지 않고 아무 일도 아니라는 듯 무심히 그를 바라보는 제스처로 백사장을 제압했죠. 겁을 내는 순간 '아무것도 아닌 사람'이 되기 때문이에요. 학익동에서는 대놓고 욕하고 윽박지르는 것은 다반사였어요. 안 들어본 욕이 없었고 별 희한한 욕도 다 들어야 했어요. 그래도 눈 하나 꿈쩍하지 않으니 활동가들이 업주들에게는 괴물로 보였을 거예요. 매일 밤 이러고 싸우느라 활동가들의 몸과 마음은 날로 피폐해지고 떠나는 활동가도 많았어요.[59]

　구조 활동은 시간과 장소를 가리지 않았다. 구조 요청이 오면 전국 어느 곳이나 달려갔다. 일주일에 두 번씩 나간 적도 있었다. 법적으로 경찰은 구조 요청이 발생하면 여성단체에 연계하게 되어 있

58　제16차 총회보고서: 81
59　최강미라 인터뷰

었다. 예를 들어 강원도에서 구조 요청이 발생하면 강원도에 있는 여성단체를 연계하거나 아니면 성매매 여성이 원하는 상담소에 연계하게 돼 있는데 많은 여성이 인천여성의전화로 연계해 주길 원했다. 강원도에 갔을 때는 지원 차량이 없어서 대중교통으로 구조해 오기도 하고 백령도에 갔다가 돌아오는 배편이 없어서 섬에 갇힌 적도 있었다.

이런 일도 있었어요. 새벽에 학익동 방석집에서 긴급 구조 요청이 들어와 경찰과 함께 출동했는데 경찰이 업주와 기도들을 막는 동안 성매매 여성을 데리고 나와 차에 태우고 쉼터로 달렸죠. 그런데 업주들이 기를 쓰고 쫓아왔어요. 있는 힘을 다해 운전했지만 당할 수가 없었어요. 하는 수 없이 근처의 파출소로 대피해서 한참을 기다려 업주들이 돌아간 다음에야 겨우 쉼터에 입소시킬 수 있었어요.

2006년 7~8월에는 인천지방경찰청의 도서 지방 인권실태 조사에 동행하여 강화의 교동과 석모도, 그리고 백령도, 영흥도, 덕적도 등 인천 섬 지역 업소들의 현장 실태를 조사했다. 경찰이 인천여성의전화 활동가들을 대동한 것은 경찰이 잡으러 온 것이 아니라 보호해 주러 왔다는 것을 보여주려는 것이었다. 조사하는 중에 탈성매매를 희망하는 여성이 있으면 즉석에서 구조해 나왔다. 인천여성의전화는 성매매 여성이 경찰 조사를 받을 때도 동석하여 경찰이 강압적 행동을 할 경우 제지하기도 하고 업주, 성 구매자, 이모, 기둥서방들과 분리 조사를 요구하는 등 인권을 보호하는 역할을 했다.

이런 활동들을 통해 점차 성매매 여성들에게 사회적 관계망이 형성되고 성매매 여성들은 정부 정책을 신뢰하게 되었다. 그러나 업소 하나가 문을 닫으면 그곳에 새 주인이 개업하고 탈성매매한 숫자만큼 새로운 여성이 유입되었기 때문에 성매매 여성은 크게 줄지 않았다. 새로 유입된 여성들의 나이가 점점 어려지는 것과 경찰의 단속 의지가 미약한 것도 해결하기 어려운 문제였다. 활동가들이 인권 운동가로 성장한 것은 큰 성과였으나 격무를 견디지 못하고 떠나거나 건강이 악화하여 입원하거나 수술하는 활동가들이 늘어났던 것은 성매매 근절 운동의 극한적인 어려움을 보여주는 것이었다.

탈성매매 여성
원스톱 지원 시스템

집결지 사업이 궤도에 오르자, 정부는 탈성매매 여성 자활 지원 센터이하 자활센터 설치 계획을 발표했다. 인천여성의전화에서는 자활센터 유치를 놓고 다시 한번 논쟁이 벌어졌다. 자활센터 유치를 반대하는 활동가들은 성매매 근절 운동의 목표는 성 의식 전환과 성매매 여성에 대한 부정적 편견을 없애고 성 구매자를 처벌하도록 사회적 인식을 바꾸는 것이므로 목적 달성을 위해서 많은 기관이 필요치 않다고 주장했다. 오히려 기관을 다수 운영하는 것은 운동성을 떨어뜨릴 수 있다고 보았다.

자활센터 유치를 주장하는 활동가들은 탈성매매와 자활이 매우 힘들기 때문에 성매매 여성을 효과적으로 지원하기 위한 체계적이고 다양한 기관들이 필요하다고 주장했다. 그런데 현실은 지역에서 연계해야 할 단체들이 대부분 성매매에 대한 도덕주의적 관점을 가지고 있어 제한이 많다는 것이다. 그래서 필요한 기관들을 직접 운영해야 한다는 것이었다. 명분과 실리의 논쟁이었다.

성매매 여성들이 성공적으로 탈성매매를 하기 위해서는 효과적으로 자활을 지원하는 정책이 필요하다. 그러나 상담소의 제도화로 경험하게 된 부정적인 측면을 간과할 수 없어 성폭력상담소를 폐소했다가 다시 성매매상담소와 현장 상담 센터를 운영하게 된 인천여성의전화로서는 제도화된 기관들을 추가하는 일에 신중을 더할 수밖에 없었다. 논쟁 끝에 인천여성의전화는 성매매 피해 여성의 인권 지원이 시급하다는 것에 의미를 두고 자활센터 유치를 선택했다.

사실 자활사업은 이미 현장 상담 센터의 주요사업으로 진행되고 있었다. 현장 상담 센터는 2005년 7월부터 노동부 지원을 받아 사회적 일자리 창출팀10명을 조직하여 자활사업을 하고 있었고 11월에는 남구에 독립적인 공간을 확보하여 본격적인 직업훈련을 시작했던 것이다. 그 자활사업의 연장선에서 체계를 갖춰 자활 센터라는 독립된 기관으로 확장한 것이다. 2006년 7월 4일, 인천여성의전화는 국고 지원을 받는 자활 센터 개소를 마지막으로 성매매 관련 4개 기관을 모두 갖추게 되었다. 한 단체에서 4개의 관련 기관을 원스톱으로 운영할 수 있게 된 것이다.

외출이 자유롭지 않은 성매매 여성들이 숭의동 현장 센터에 "목욕 가방 들고 와서 밥도 먹고 잠도 자고" 하다가 탈성매매하기로 결심하면 상담한 후 자활센터로 연계했다. 공동작업장도 추가 개설했다. 이 작업장은 오전 9시 출근, 오후 6시 퇴근하는데 매일 출근하거나 주 3회 출근하는 두 가지 방식으로 운영했다.

자활센터에서는 상담은 물론, 참가자들이 서로 이해하고 협동심을 기르는 동료 교육, 소시오 드라마나 노래교실 같은 집단 프로그램과 집단 상담, 직업훈련, 취업교육 등이 이루어졌고 도자기 공방이나 퀼트 및 홈인테리어 같은 수익형 프로그램도 진행되었다. 취업자가 생기고 검정고시에 합격하거나 대학에 진학하는 여성도 생겼다. 2008년 수익형 사업에서는 천만 원이란 수익금 목표를 달성했고, 넓고 쾌적한 공간으로 이전하여 전문적 공방으로서의 이미지와 신뢰감을 형성했다. 이런 성과를 바탕으로 2009년에는 노동부 사회적 일자리 창출 사업에 선정되었다.

탈성매매 당사자 운동의 시작

자활센터를 유치한 후 당사자를 운동의 중심에 세우기 위한 노력이 본격적으로 시작되었다. 당사자 운동 개념은 이미 전국연대를 준비하는 과정에서부터 형성되었다. 김미령, 김현서, 정미례 등은 성매매 여성 상담론을 개발하기 위해 집단상담 프로그램이나 상담원 양성 과정을 운영했는데 이때 당사자들도 참여하도록 했다. 집단상담 과정 중 당사자들에게 더욱 심층적인 자기 치료가 필요하다는 것이 드러났다. 이때 배임숙일 회장이 "집단상담만 하지 말고 당사자들이 자기 얘기를 할 수 있는 자리를 만들자."라고 제안했다. 당사자들이 성 구매자들에 대해서 얘기하는 「성 구매자를 고발한다」는 프로젝트에서 착안한 것이었다.[60]

인천여성의전화는 당사자들이 직접 발표하는 토론회를 개최하기로 했다. 이를 위해 당사자들을 자활센터에서 최소한의 생활비를 벌게 하면서 두 달 동안 관련법과 한국 여성의 삶과 성문화 등에 대해 집중적으로 교육했다. 자발적으로 참석한 교육도 아니고 1시간 이상 앉아 있기 어려워하는 당사자들의 모습은 눈물겨웠다. 이런 노력으로 당사자들은 성 구매자의 생각을 알기 위한 설문지를 직접 만들고 구매자 1,016명에게 설문을 받았다. 토론회 3일 전에 강화도에

---

60 정미례 인터뷰

서 준비워크숍도 가졌다. 이들을 격려하는 듯 밤새 첫눈이 내렸다.

마침내 2005년 12월 6일 국회 도서관에서 토론회가 열었다. 당사자들은 긴장된 모습으로 단상에 올라 설문 결과를 직접 발표하고 자신들의 경험과 깨달음을 솔직하게 말했다. 성 판매자에게 집중되어 있는 시선을 성 구매자로 돌리자는 새로운 화두도 던졌다. 모두가 공감하기 어려운 화두였지만 아무도 시도하지 않은 것을 시도한 것이다. 국회의원, 공무원, 여러 단체 활동가들은 당사자들에게 멋있다는 찬사를 아끼지 않았다. 국회에서 발표하는 당사자들을 보고 충격을 받은 국회의원들은 이 발표 내용에서 아이디어를 얻어 앞다투어 자활 정책을 내놓았다. 당사자들은 정책이 만들어지는 과정에 참여하는 귀한 경험을 할 수 있었다.

이런 활동은 당사자 여성들을 성장하게도 했지만, 한편으론 심한 스트레스를 발생시키기도 했다. 지금까지 살던 방식과 다른 모습 그들의 표현으로는 "가식적인" 모습으로 살아야 하게 되자 스트레스가 쌓이고 그로 인한 다툼이 자주 일어났다. 이 문제를 해결하기 위해 '아리랑풀이'라는 집단상담을 받게 하는 긴급 처방이 내려졌다. 그곳에서 여성들은

울다가, 웃다가, 소리 지르다가, 욕하다가, 발길질하다가 웃고, 그러면서 응어리진 잘난 자신을 만나, 쪽팔림을 당하고(?) 인정하면서 같이 뒹굴고, 엉켜 있던 마음들을 모아 토닥이고 돌아온 친구들

은 마치 새로운 사람이 된 듯한 모습과 행동으로 일주일 정도를 그렇게 보냈지만, 또다시 같은 생활과 습관들이 이어지고 서로가 할퀴고, 남 탓을 하기에 바빴다.[61]

점차 당사자들은 자신의 삶을 돌아보게 되었고 투사가 되어 갔다. 현장에 남아있는 여성들에게 탈성매매 관련 정보를 제공하고 탈성매매의 의지를 다지고 권하는 소식지를 만들어 배포했다. 2005년만 하더라도 8호까지 만들었다. 그뿐만 아니라 아웃리치에 동행하여 상담 보조 활동을 하고, 부부 재산 공동명의제 캠페인, 여성폭력추방주간 캠페인, 안아주세요, 성희롱 교장 처벌을 요구하는 시위에 동참하는 등 인천여성의전화의 다양한 행사에 동참하고 업무를 보조하면서 여성 인권운동을 배워 나갔다.

현장 방문 상담을 나갈 때는 활동가들은 언제나 긴장했다. 동행하는 당사자 활동가들을 성매매 여성이 알아보는 경우도 있었다.

현장 방문을 하면 항상 떨리는 마음이다. 현장 방문 전 사전 오리엔테이션을 통해서 혹시 모를 돌발 상황에 대비해 교육을 받고 나서지만 그래도 마음이 떨린다… 어느 날 현장 방문을 나가서 물품을 친구들에게 전하며 홍보를 하던 중 같이 나간 동료 활동가(경험 당

61　제13차 총회보고서: 112

사자)를 누군가 알아보며 업소의 친구들이 이야기를 한다. '저 여자 어디서 보지 않았어?' 수근수근… 아차! 싶다. 잘못하면 동료 활동가가 끌려갈까봐 겁이 났다. 다행히 그런 불상사는 일어나지 않았다… 현장 방문을 끝내고 돌아올 때는 경험 당사자인 내 입장에서 업소의 친구들의 손을 잡아 끌고 나오고 싶다… 62

그러나 현장에 나가면 당사자 활동가들의 진가가 발휘되었다. 전문적으로 서비스를 전달하는 것은 일반 상담원들이 더 잘할 수 있지만 당사자 활동가들이 나서면 성매매 여성들과 공감대 형성이 더 빨랐다. 그뿐만 아니라 성매매 여성들과 상담원 간의 거리도 좁혀주고 심도 있는 상담을 할 수 있도록 도와주어 탈성매매도 빨랐다.

당사자들은 사람들 앞에 공개적으로 나서는 두려움도 함께 이겨냈다. 성매매방지법 1주년을 기념하여 준비한 인천종합문화예술회관 대강당 공연에서 무대에서 당사자들은 페미니스트 가요 '사랑하는 언니에게'와 여성의전화 로고송 '지금처럼 당당하게'를 불렀다. 공연 말미 얼굴을 가렸던 나비 가면을 벗어던지는 퍼포먼스는 자기 삶의 굴레를 박차고 나오는 희열을 상징하는 것이었다. 성매매방지법 시행 2주년 기념 사업인 「성매매 NO! 희망 세상 만들기」에서는 자신들의 이야기를 담은 연극을 공연했다. 정신뿐만 아니라

---

62   제16차 정기총회 보고서: 80

육체적 건강도 돌보았다. 국제평화마라톤에 출전하여 5㎞를 완주하기도 하고, 자활 걷기대회에 참가하여 하루에 30㎞씩 걷기도 했다.

이런 당사자 활동이 소문나자 여기저기서 이들을 초대했다. 태백 청소년 성매매 여성 캠프에 초대되어 멘토링을 하기도 했다. 행정자치부의 지원으로 활동가와 당사자 여성들이 함께 필리핀의 풀뿌리 운동 방식을 배우는 기회도 얻었다. 당사자 운동 단체와 빈민 지역을 방문하여 주민의 손으로 일궈낸 지역 사회의 변화를 확인했다. 이렇게 당사자 운동으로 성장한 성매매 여성들은 반성매매 운동의 주체가 되었다.

전국연대는 여성가족부에 공동 협력 사업으로 당사자 모임을 제안했다. 프로젝트명은 「뭉치면 안 되는 게 어딨니?」였다. 당사자들이 안전한 공간에 모여 집단 상담도 하고 학습도 하는 프로그램으로 기획부터 진행까지 모두 당사자들이 함께했다. 전국에서 당사자들이 참석했는데 인천여성의전화에서 가장 많이 참석했다. 지역마다 후속 소모임도 만들어졌다. 인천은 '보따리'라 했는데 타의 추종을 불허하게 회원수가 많았다. 이렇게 2006년 당사자 조직 '성매매 경험당사자 네트워크 뭉치'이하 뭉치가 조직되었다. 뭉치의 대표도 운영위원도 모두 보따리 회원들이 맡았다. 뭉치는 서로에게 비빌 언덕이 되어 아무에게도 말할 수 없었던 경험을 나누며 해석하고

'발설'하는 일을 시작했다.[63]

그리고 당사자 활동가 3인이 탄생했다. 첫 탈성매매 사업부터 참여하여 3년간 활동했던 당사자들이었다. 성매매 현장에 있을 때도 리더 역할을 하던 여성들이었다. 당사자는 상담원 기준에 미달했기 때문에 활동가가 될 수 없었지만, 당사자성으로 '기준'이란 벽을 부술 수 있었다.[64] 그러나 그 후로는 새로운 당사자 활동가가 배출되지 않은 것은 퍽 아쉬운 일이다.

인천여성의전화는 성매매 근절 운동 초기부터 당사자들이 운동의 주체가 되어야 한다는 것을 현장에서 체득했다. 전국 단위 회의나 워크숍에 갈 때마다 당사자 운동의 필요성과 중요성을 역설했다. 그것을 실현할 수 있는 프로그램을 개발하고 실천했다. 그 결과 당사자 여성들은 힘을 얻어 전국연대나 뭉치의 행사나 시위 등이 열리면 달려가서 앞장설 수 있었고 자신들의 목소리를 낼 수 있었다.

성구매자 수요 차단 운동

인천여성의전화는 성매매 근절을 위해서는 대중, 특히 남성들

---

63 성매매경험당사자네트워크 뭉치, 2021
64 최강미라 인터뷰

의 의식이 바뀌어야 한다고 판단하고 2003년부터 「성매매 안 하기 약속 캠페인」을 시작했다. 성매매라는 주제를 가지고 대중 앞에서 말하는 것은 쉬운 일이 아니었지만 그래도 공론화해야 효과가 있다고 보았다. 캠페인 대상도 불특정 다수가 아니라 대중 인식 변화에 영향을 줄 수 있는 사람들로 목표를 분명히 했다.

    그 첫 번째 대상은 공무원이었다. 세계 여성폭력 추방 주간을 맞이하여 부평구청 여성과와 함께 부평구청 소속 공무원 대상으로 구청 로비에서 성매매 안 하기 서명, 스티커 배부, 뱃지 달아주기 등을 진행했다. 성매매란 단어에 주춤하던 공무원들은 인천여성의전화 활동가들의 진심 어린 설명에 서서히 다가와 서명하기 시작했다. 그 밖에도 인천시 공무원과 주민 800여 명의 서명을 받았다. 2004년에는 일회성이 아닌 연중 캠페인으로 발전시켰다. 인천대공원, 부평구청, 부평 롯데백화점, 여성의 광장, 부평역, 남동경찰서, 인천시청 로비 및 민원실 등에서 캠페인을 벌여 2,066명의 서명을 받았다.

    2007년에는 성매매방지법 시행 3주년을 기념하여 성 구매자를 대상으로 심야 캠페인을 시도했다. 9월 6일부터 14일까지 1주간 매일 밤 숭의동 집결지에 나가 수요자를 차단하기 위한 침묵 캠페인을 전개했다. 택시를 타고 들어오던 성 구매자들과 업주들은 폭언을 퍼붓거나 위협적인 몸짓을 하기도 했다. 업주들은 캠페인 중에는 불을 끄고 영업을 중지하는 척하다가 활동가들이 돌아가면 다시 불을 환하게 켜고 영업을 시작했다. 밤새 폭언과 위협에 시달리며 긴장 속에 보낸 활동가들은 캠페인이 끝나자 완전히 탈진하고 말았다.

낮에는 남성들의 의식 전환을 위해 강의를 했다. 2007년 한 해만 해도 민간기업, 대학, 경찰, 병원, 복지관 등 18곳에서 1,088명을 교육했다. 그야말로 밤에는 캠페인, 낮에는 교육을 불철주야로 벌이는 활동이었다. 그러나 강의를 받겠다는 기관을 섭외하기가 너무 어려워 교육을 지속하기 힘들었다. 강의를 들은 남성들을 모아 성매매 안 하기 자조 모임을 조직하겠다는 야심 찬 계획도 세웠으나 사실은 꿈같은 얘기였다.

적극적으로 성 구매자를 차단하기 위하여 2007년 인천여성의전화는 전국 10개 지역과 공동으로 성매매 집결지를 고발했다. 동시에 모든 성매매업소에 대해 조사를 실시하여 토지, 자금, 건물제공자, 실질적인 업주를 밝혀내고 이들에 대한 처벌을 강화할 것, 불법 수익에 대한 몰수와 추징을 철저하게 집행할 것, 여성에 대한 보호조치를 최우선으로 보장할 것, 검찰은 철저하게 수사할 것 등을 강력히 요구했다. 2008년 전국 대부분의 지역에서 '증거 없음'으로 기각되었다. 그러나 인천은 경찰이 고발 건 외에도 추가로 조사하여 33건을 처분하는 적극성을 보여주어 큰 성과를 거둘 수 있었다.

이에 대해 인천일보는 "갈 곳은 숭의동 뿐이네요", "군대식 보호 자립 못하고 다시 집결지로" 등의 기획기사를 실어[65] 여성단체

---

65 인천일보, 2007. 9. 17/18.

활동을 비하하고 명예를 훼손했다. 인천여성의전화는 인천일보에 항의 방문하고 인천여성의전화와 자활 참여자 일동의 명의로 입장문을 발표했다. 입장문에서 인천여성의전화는 기사 한 줄 한 줄에 대하여 조목조목 반박하면서 사실에 근거한 기사를 쓸 것, 성매매 현실에 대해 정확한 정보를 파악할 것, 정정 기사를 낼 것, 자활참여자들과 활동가들에게 사과할 것 등을 요구했다. 인천일보는 정정 기사는 냈으나 사과는 하지 않았다.

성매매 근절 거버넌스

2006년 인천여성의전화는 관계 기관들을 설득하여 인천 지역의 성매매를 근절하기 위한 거버넌스 인천 지역 성매매 척결을 위한 연석회의이하 인성척연을 결성했다.

성매매 근절 사업은 처음에는 인천시의 제안으로 시작되었으나 인천시가 인천여성의전화에 사업을 지시한 것이 아니라 인천여성의전화의 역량을 높이 평가했기 때문에 전적으로 믿고 요청한 것이에요. 인천여성의전화 역시 성매매 여성들에게 필요한 것을 앞서서 주도적으로 인천시에 요구하고 그것을 만들어내게 했습니다. 인

천시를 계속 움직인 것이죠. 대표적인 것이 인성척연이에요.[66]

인성척연에는 인천시, 남구청, 경찰청, 남부경찰서, 소방서 등 관련기관들이 참여하여 성매매 근절을 위한 각 기관의 활동을 보고하고 대책을 논의했다. 한해에 7~8회의 모임을 열었다. 법적 근거도 없는 회의를 민관이 합동으로 1년에 7~8회씩 연다는 것은 결코 쉬운 일이 아니다. 참여 기관들이 성매매 근절에 동참할 수 있도록 인천여성의전화가 각고의 노력을 기울여 얻은 성과다. 이렇게 관계 기관들이 유기적으로 성매매 근절 활동을 벌인 결과 2006년 행정자치부가 시행한 지방자치단체 성매매 예방 및 보호 평가에서 인성척연이 우수사례로 선정되었다.

인권단체 강강술래의 탄생

성매매 관련 활동은 구조 요청이 오면 한밤중에도 뛰어나가야 하고 업주들의 위협에 방패 없이 노출되는 등 극한직업 수준이어서 활동가들은 늘 번아웃 상태였다. 또 규정상 사회복지사 자격이 있는 사람을 채용해야 해서 인천여성의전화 활동가는 점차 여성운동

---

66   김성미경 인터뷰

가보다 복지서비스 전문가들로 채워지게 되었다. 상담소 폐소 당시의 상황과 비슷해진 것이다. 과중한 활동, 여성주의와 사회복지 사이의 가치충돌 등을 감당하지 못하고 이직하는 활동가가 많아졌다.

기관사업 중심의 운동을 하는 것에 대한 이견이 다시 제기되었다. 인천여성의전화는 2007년 총회를 준비하면서 부설기관 분리에 대한 논의를 본격적으로 시작했다. 활동가들은 성매매 사업의 역량이 확장, 축적되었기 때문에 사업을 분리하고 독립할 준비가 되었다고 평가했다. 인천여성의전화의 성매매 사업은 조직이나 예산 규모에 있어 성폭력, 가정폭력 사업에 비해 거의 10배나 되었고 사업 방식도 아주 달랐기 때문에 성폭력·가정폭력 사업과 성매매 사업을 분리하여 각자 집중할 필요가 있었다.

그러나 이사회는 성매매 사업을 분리하기에는 이르다고 판단하고, 2년 후에 분리하기로 의결했다. 대신 회장과 부회장이 역할을 분담하여 회장은 성매매 근절 사업을, 부회장은 이주여성 인권 사업을 전담하기로 했다. 2009년 배임숙일 회장 퇴임에 맞춰 성매매 관련 4개 기관을 모두 독립시킨다는 전략이었다.

독립 준비 1단계로 2008년 초 4개 기관을 통합하여 성매매 피해자 인권지원센터 강강술래를 조직하고, 산하에 사무국을 따로 두었다. 대신 인천여성의전화의 사무국은 사무처사무처장 최박미란으로 승격시켰다. 그리고 한 독지가의 도움으로 제물포 남부역 앞 9층 건물에 200평 공간을 얻어 분가했다. 모든 준비를 마치고 2008년 12

월 6일 사단법인 인권희망센터 강강술래 창립 총회가 열렸다. 대표에 배임숙일, 사무국장에 최강미라가[67] 선임되었고 인천여성의전화 이사 중 2명박인혜, 김성미경이 이사로 취임했다. 조직은 분리되지만, 운동 정신은 하나라는 것을 반영한 조치였다. 드디어 인천에 성매매 여성 인권운동을 전담하는 독자적인 조직이 탄생했다. 이것은 성매매 근절 운동사에서 중요한 의의를 지닌 것이다.

    군산 화재 사건 이후 집결지 폐쇄는 성매매 근절 운동의 핵심 목표가 되었는데 이는 지역 사회, 업주 등과 계속 싸워야 하는 어려운 일이었다. 모두가 못한다고 할 때 인천여성의전화가 조직의 역량을 총동원하여 지역에 기반한 성매매 근절 운동 공간과 인력을 만들어냈다. 특히 숭의동은 전국적으로 유명하고 상징적인 의미를 지닌 곳이어서 큰 영향력을 확보할 수 있었다. 나아가 성매매 근절 운동의 특수성을 파악하고 신속히 독립적인 조직으로 분리했다. 인천여성의전화가 조직 확장의 욕심을 과감히 버리고 인천에 여성단체를 하나 인큐베이팅하여 지역의 여성연대를 확장하고 전국적인 성매매 여성 인권운동 단체를 만들어낸 것은 크게 평가받을 만하다.[68] 이렇게 인천여성의전화는 성매매 근절 운동의 소임을 다하고, 그 역할을 새 모습으로 거듭난 인권희망 강강술래에게 넘겨주었다.

---

67   최강미라는 2012년 인천에 미등록 이주여성 미혼모 지원시설 '여성인권 동감'을 설립했다.
68   정미례 인터뷰

3 이주여성 공동체 운동

**한국에 살러 온
결혼 이주여성과 연대하다**[69]

2000년에 들어서자, 인천여성의전화에 조선족 여성들의 직장 내 성희롱이나 임금체불 등에 대한 상담이 한두 건씩 들어오기 시작했다. 그러나 준비가 되어 있지 않았기 때문에 상담을 직접 받지는 않고 인천여성노동자회 고용평등상담실로 연계만 해주었다. 인천여성의전화는 이때 이주여성의 존재를 처음 알게 되었다.

본격적인 이주여성 폭력 피해자 지원활동은 콜롬비아에서 온 한 여성을 만나면서 시작되었다. 2003년 부평구청 앞으로 이사한 직후였다. 동네 할머니들이 아기를 안은 외국인 여성을 데리고 왔다. 할머니들 말에 의하면 한국말도 못 하고 갓난아이를 데리고 있

---

69 이하 김성미경 인터뷰를 토대로 작성

어 일도 할 수 없는 딱한 여자가 동네에 있어서 매일 우유와 기저귀를 챙겨주었다고 한다. 그러다 월세가 밀리자 집주인이 화장실 문도 잠그고 전기도 꺼버렸다고 한다. 더 이상 돕는 일이 막막해질 무렵 구청 옆에 "여성단체 같은 게" 하나 생겼다는 소문을 듣고 이 여성을 데리고 온 것이었다.

이 여성은 스페인어 밖에 할 줄 몰라 의사소통이 어려웠다. 한국어, 영어, 스페인어 삼자 통역을 하느라 2시간 통역에 30만 원이나 되는 통역비를 지불해야 했다. 비용이 부담되어 그다음에는 활동가들이 사전 찾아가며 손짓발짓으로 이야기했다. 이 여성은 연예인비자E6로 들어와 여러 업소에서 공연을 했는데 임신하자 브로커가 버리고 도망갔다고 했다. 이 여성의 가장 큰 문제는 거주할 곳이 없다는 것이었다. 우선 급한 대로 샘터교회 담임목사 김성복에서 운영하는 쉼터에 안내했지만, 개방적인 공간이라 여러 사람이 드나들어 환경이 좋지 않았다. 그래서 급히 모금행사를 해서 방 한 칸을 구해 쉼터를 만들었다. 그렇게 이주여성 쉼터가 갑작스레 탄생했다. 연이어 필리핀 여성이 2호 입소자가 되었다.

마침 2001년 여성연합은 사회복지공동모금회 이하 공동모금회에 기탁된 복권기금으로 '폭력 피해 여성에 대한 긴급 지원 사업'을 하기로 결정했다. 여성연합은 그 일부를 이주여성 쉼터에 지원하기로 하고 인천여성의전화와 천안의 모이세를 선정했다. 그런데 인천여성의전화는 대형 사고를 치고 말았다. 2003년 인천여성의전화는 공동모금회로부터 공간 임대 비용과 설비 비용, 1년 동안의 운영비 등을 합쳐 1억 5천만 원가량 받았는데 그 돈으로 방을 임대하는 대신 부평에 9,500만 원짜리 3층 빌라를 통째로 구입해버린 것이다. 쉼터가 있으면 주변에서 문제 삼기 쉬워 자주 이사 다녀야 할 것을 염려했기 때문이었다.

부족한 비용은 고스란히 빚이 되었다. 공동모금회에서는 1년만 운영비를 지원해 주었기 때문에 운영비 문제를 해결하기 위해 2004년 1월 이주여성 쉼터소장 김성미경를 인천시에 등록했다. 폭력피해 여성들이 포근한 쉼터에서 우울한 기분을 날려버리고 행복해지길 바라는 마음에서 프랑스어 감탄사를 빌려 울랄라oolala로 이름 지었다. 첫해 총 입소자는 25명이었고 이듬해에는 3명의 아기들이 태어났다. 울랄라는 가정폭력방지법에 의한 가정폭력 피해자 보호시설이지만 내국인 대신 이주여성만 대상으로 한 쉼터로 특화했다.

콜롬비아 여성과의 우연한 만남은 인천여성의전화로 하여금 이주여성 인권 문제에 대하여 진지하게 생각하게 했다. 이주여성 문제는 내국인 피해자처럼 상담만 하고 끝낼 수 있는 것이 아니었다. 상담 이후의 삶도 함께 고민해야 했다. 이주여성은 우리도 모르는 사이 곁으로 와 함께 살고 있는 우리 사회의 구성원이었다. 인천여성의전화가 이주여성을 지원한다면 그것은 이주여성과 연대하고

함께 살겠다는 의미여야 했다.[70]

먼저 이주여성의 삶을 공유하고 친해지기 위한 사업들을 시작했다. 2003년에 발간한 「이주여성사례집」은 인천여성의전화와 이주여성의 첫 만남과 연대의 기록이다. 이 사례집에는 필리핀 배우자, 재한중국여성회 회원들의 생활수기, 콜럼비아 여성 인권 사례, 이주여성 가정폭력 사례 등을 소개하고 여성 외국인노동자의 권리와 건강, 전국 이주노동자 관련 상담단체 연락처 등 필요한 정보를 수록했다.

한국 사회가 이주여성을 피해자로만 바라보지 않도록 직접 자신들의 모국 문화를 알리고 그들 간의 연대와 친목도 도모하기 위한 문화행사도 기획했다. 매년 인천여성문화회관현 인천여성가족재단 대강당이나 인천종합문화예술회관을 빌려 재한중국여성회, 한국필리핀배우자협회이하 한필배우자협회 회원들이 직접 자신의 문화를 알릴 수 있는 노래와 춤, 피아노 연주 등을 공연했다. 남동공단에서 일하고 있던 이주여성들도 참여시키고 싶었지만 일하는 여성들이라 시간을 낼 수 없었다. 이후 이 사업은 이주여성과 연대하고 이주여성의 모국 문화를 알리는 인천여성의전화의 중요한 행사로 자리 잡았다.

---

70 점차 가정폭력 이외의 폭력을 당한 여성들과 미등록 이주여성과 그 아동들로 확대되었다.

15년간 지속된 한국어교실[71]

어느 날 쉼터에 입소해 있던 한 여성이 자신이 속해 있던 한필배우자협회 회원들을 데려와서 "우리가 너희에게 영어를 가르쳐 줄 테니 너희는 우리에게 한국어를 가르쳐 달라."라고 제안했다. 그때까지만 해도 한국 남자와 결혼한 이주여성들은 한국어를 배울 수 있는 곳이 마땅치 않았다. 한국어는 주로 이주노동자 지원 단체에서 가르치고 있었는데 결혼 이주여성들은 같은 국가 출신의 남성들이 자신들을 은근히 비하하는 것이 기분 나빠 그곳에 가길 꺼렸다. 한국인 남편들 역시 남자들이 많은 곳에 자기 아내를 보내지 않으려고 했다.

영어로 한국어를 가르칠 수 있는 사람들이 필요했다. 독일계 한국 회사인 유니레버코리아에 다니던 김성미경 회장의 남편이 교장을 맡아 영어를 잘하는 회사 직원들을 자원봉사자로 모집해 왔다. 2003년 9월, 3명의 교사와 23명의 이주여성 학생, 2명의 자원봉사자로 주 2회 운영하는 한국어반이 시작되었다. 한국어반 소문이 나자 학생이 점차 늘고 교사와 자원봉사자도 늘었다. 연 수강생이 2004년에는 441명, 2005년에는 618명으로 늘었다. 고정 등록 학생은 2005년 58명에서 2009년 177명이 되었다. 교사 포함 자원봉사

---

71 이하 김성미경 인터뷰를 토대로 작성

자가 가장 많은 때는 2007년으로 17명이나 되었다.

다행히 성매매 근절 사업을 하기 위해 부평구청 부근에 사무실을 크게 확대한 터라 학생수가 증가해도 충분히 수용할 수 있었다. 한국어반은 주말에만 열리기 때문에 주중에 이루어지는 성매매 근절 사업과 겹치지 않아 공간을 효율적으로 사용할 수 있었다. 주말이면 사무실 여기저기 흩어져 수업이 진행되고 자원봉사자들은 아이들을 돌보느라 한바탕 북새통이 벌어졌다. 그래도 충분한 교사 수와 넉넉한 교육 공간이 뒷받침되어 학생들은 소규모, 수준별, 국적별 분반 수업을 받을 수 있었고 일 대 일 수업도 흔한 일이 되었다.

학생들은 처음에는 한필배우자협회 회원이 대부분이었지만 점차 알음알음 여러 나라의 여성이 찾아왔다. 수강생이 많아지자 출신 국가별로 커뮤니티가 만들어져 유대감과 자신감, 소속감이 형성되었다. 그뿐만 아니라 소풍, 남편 교육과 부부 캠프, 학예발표회, 이주여성과 지역 여성 간의 자매결연, 자국인 멘토링 등 다양한 사업이 진행되었다. 2009년에는 한국어가 향상된 여성을 대상으로 검정고시반을 운영했다. 베트남 출신 여성 2명이 도전하여 고등학교 입학 과정과 중학교 졸업 과정 자격을 취득했다. 그중 한 명이 장지연이다.

장지연은 2003년 한국 남성과 결혼하여 입국한 베트남 여성이다. 한국어를 전혀 몰랐던 장지연은 한국어를 배울 만한 곳이 없어 너무나 답답해하고 있었다. 하루는 EBS 방송을 보다가 인천여성의전화에서 한국어를 배울 수 있다는 것을 알게 되었다. 남편을 졸라 2005년 한국어반에 등록했다. 얼마나 재미있던지 일주일 내내 한국어반이 열리는 토요일만 기다렸다. 한국어가 늘자 베트남 소모임 궁남따이의 중심이 되는 한편 검정고시 프로그램에 지원하여 고등학교 입학 자격을 얻었다. 갑자기 남편이 병으로 실직했을 때는 집안의 가장이 되어 노래방을 운영하여 돈도 제법 벌었다. 그러나 이렇게 살아서는 안 되겠다고 생각하여 과감히 노래방을 정리하고 2012년부터 이주여성 긴급 지원 센터에서 통역사로 일했다. 2019년 인천이주여성센터 살러온이하 살러온이 개소할 때 한 걸음으로 달려와 현재 이중 언어 상담사로 활동하고 있다. 살러온에 와서 사회복지를 만나고 상담과 사례 관리라는 새로운 영역을 알게 되었다. 지금 사이버대학에서 사회복지를 공부하고 있으며 곧 졸업한다.[72]

학생들도 열심이었지만 교사들의 열성도 대단했다. 2009년의 교사 14명 중 5명은 활동 연수가 3~6년에 이를 정도로 장기적으로 꾸준히 자원 활동을 했다. 특히 김경호 교장은 개강 때부터 폐강 때까지 15년을 개근했다.

인천여성의전화는 교사들에게 자원봉사 기회를 주는 데서 그치지 않고 교사들의 팀워크와 성장을 위한 프로그램도 제공했다. 1년에 두 번 상하반기 워크숍을 반드시 진행했다. 그 목적은 첫째로 이

---

72 장지연 인터뷰

주여성에 대한 인식을 깊게 하고 그들에게 한국어를 가르치는 이유를 고민하게 하는 것이었다. 교사들에게 요청된 가장 큰 가치는 이주여성에 대한 존중이었다. 그 다음이 한국어 교수 기술 향상인데 수업의 질을 높이기 위한 것이다. 마지막으로 팀워크 형성이었다. 한 번은 놀러 가고 한 번은 워크숍으로 교사들이 직접 준비해서 발표했다.

2011년의 워크숍 주제를 보면 현행 커리큘럼에 대해 평가한 '커리큘럼 분석과 개선안', '한국어반 리노베이션 구상', '중국인 학습자의 시각에서' 등이다. 세미나 발표문 제목도 '이주여성 한국어 교육에 대한 몇 가지 단상', '언어 교육에 대한 이해', '한국어 교수 방법론과 주요 어휘 목록', '용언 활용표 및 간접화법에서의 존댓말 교수 활용', '한국어 문장의 기본 문형 및 연결어미에 대한 고찰', '멀티미디어 교육론 및 영상 교육자료 예시' 등으로 그 수준이 상당함을 알 수 있다. 워크숍의 성과는 고스란히 학생들에게 돌아갔다.

자원봉사자는 네이버에 공지해서 뽑았다. 공지가 나가면 많은 사람이 지원했다. 교사들이 직접 면접을 해서 자원봉사자를 선정했는데 면접 첫 번째 질문이 남녀를 막론하고 애인이 있느냐 하는 것이었다. 지금 같으면 인권 침해적인 질문이겠으나 이런 질문을 했던 이유가 있었다. 한국어 강좌는 토요일에 하는데 애인이 있으면 토요일에 데이트하느라 결석할 우려가 있기 때문이었다. 한 번은 애인이 없다고 답하고 자원봉사 활동을 하던 사람이 함께 자원봉사하던 사람과 연애를 하게 되었다. 그 일로 팀워크가 깨지며 한국어반이 요동친 적이 있었다. 그래서 다음부터는 사내 연애 금지라는 전통이 만들어졌다는 '웃픈' 얘기가 있다. 그만큼 교사들 스스로 팀워크를 중요하게 생각했던 것이다.

교사들의 인생도 변했다. 디자인과 기획을 전문으로 하는 엔지니어 이종진 선생이 있었다. 그는 자신이 소극적이고 부끄러움도 많이 타서 사람들 앞에서 발표하는 것을 굉장히 힘들어하는 사람이라 소개했다. 그래서 연구 발표를 할 때마다 엄청난 스트레스를 받곤 했다. 그런 그가 사람들 앞에서 한국어를 가르치고 프레젠테이션을 하면서 자신감이 생겼고 말도 잘하게 되었다. 후에 회사를 그만두고 사업체를 차려 영업을 잘 할 수 있게 된 것이 한국어 교육 자원봉사 덕분이라고 두고두고 고마워했다.

인천여성의전화가 15년이라는 긴 세월 동안 한국어반을 계속 운영했던 이유는 단 하나 이주여성들을 만나기 위해서였다. 폭력 피해를 입은 이주여성이 사회문제화되고 있는데 인천여성의전화에게는 이들을 만날 통로가 없었다. 그런데 한국어반에서 자연스레 폭력 피해 이주여성을 만날 수 있었다. 수업 중 목에 상처가 있거나 유난히 기운 없어 보이는 이주여성을 보면 한국어를 잘하는 이주여성을 통해 사정을 파악하게 했다. 이주여성들은 좀처럼 입을 열지 않았다. 이주여성들은 국제결혼을 한 것도, 한국 와서 맞고 사는 것도 창피해서 모국 친구들에게도 얘기하지 못했다. 그때 한국어반은 자연스럽게 당신이 당한 것이 폭력이고 이곳은 폭력 피해 여성들을 돕는 곳이라고 알려줄 수 있었다.

한국어반은 이주여성의 가족을 만나는 통로가 되기도 했다. 이주여성들이 한국어반에 올 때 남편이나 시어머니가 따라와 수업 마칠 때까지 기다리는 경우가 많았다. 이주여성을 보호하려는 것이 아니라 감시하려는 것이었다. 의도치 않게 가족들이 이주여성을 어떻게 대하는지 볼 수 있었다. 남편이나 시어머니는 이주여성을 유치원 보낸 아이처럼 대했다. 교실에서는 아이들이 바닥이나 책상 위를 기어 다니며 난장판을 만들고 자원봉사자들은 우는 아이를 달래느라 안고 업고 정신이 없는데 남편은 밖에서 빙빙 돌고 시어머니는 수업 중에 불쑥불쑥 들어와 언제 끝나느냐고 물었다. 그래서 남편들을 모아 다른 문화권에서 온 아내들을 이해하고 자신들의 어려움을 함께 나눌 수 있는 자조모임을 만들었다.

성황이던 한국어반은 인천여성의전화가 2015년 동구로 이사하면서 활력을 잃게 되었다. 학생들 대부분이 부평에 거주하고 있었기 때문에 동구까지 가기 어려워 자연스레 학생 수가 줄었다. 그래서 쉼터 입소자만 대상으로 수업을 하게 되었는데 이들은 한국어를 배우려는 의지가 그리 크지 않았다. 비공개 시설인 쉼터 입소자를 대상으로 하니 학생을 공개모집 할 수도 없었다. 학생 수가 감소한 데다 배우겠다는 의지도 적은 학생들을 대하면서 한국어 교사와 자원봉사자들의 마음도 식었다. 게다가 처음 한국어반을 시작할 때와 달리 다문화가족센터 등 주변에 한국어를 배울 수 있는 곳도 많아졌다. 한국어반의 규모가 확 줄었다. 2017년 부평구로 다시 사무실을 이전하고 옛날 학생들이 다시 찾아와 조금씩 회복되는 듯했으나 2018년 남동구로 이사하면서 15년간 진행한 한국어반을 완전히 접게 되었다.

아이다마을,
아시아 이주여성 공동체[73]

이주여성들이 한국어로 잘 소통할 수 있게 하기 위해 한국어반을 개설했지만, 궁극적인 목적은 이들이 스스로 힘을 키워서 자기를 보호할 힘을 갖게 되고 조직화, 의식화를 통해 리더로 성장하는 것이었다. 그 방법은 이주여성들이 모여 공부도 하고 재미있게 노는 것이었다. 2008년 우정사업본부와 한국여성재단의 도움으로 '살만나신살리고 만나고 나누어 신나게'란 교육 프로그램을 개설했다. 결혼 이주 가족의 상호 이해를 증진하고 평등하고 평화로운 가정을 만들기 위해 이주여성 남편을 대상으로 동화를 통한 소통 수업, 인권교육과 성교육, 문화체험 등 다양한 프로그램을 진행했다.

---

73   이하 김성미경 인터뷰를 토대로 작성

그러면서 좀 친해지면 모국별로 멘토-멘티 활동6개 팀이라고 하는 자조 모임을 만들어 마음을 열고 다가설 수 있게 했다. 인천여성의전화는 그것을 우스갯소리 삼아 '5호 담당제'라 불렀다. 이주여성들이 노는 동안 남편들을 모아서 별도의 프로그램을 진행했다. 그 담당은 경찰이었던 최박미란 사무국장의 남편이었다. 남편들도 스스로 모임을 만들었는데 그 이름을 '인천여성의전화 남편 모임'인천여성의전화에게 남편이?이라 했다.

그런데 성매매 사업이 독립하자 당장 교실이 절대적으로 부족해졌다. 그 중에서도 보육공간이 가장 필요했다. 처음에는 엄마들이 공부하는 동안 돌봄 자원봉사자들이 교실 한쪽에 돗자리를 깔고 아이들을 돌보았다. 남편들도 와서 아이들을 돌보았다. 날이 좋으면 아이들을 밖으로 데리고 나가기도 했다.

이주여성들은 넉넉한 교실과 함께 엄마들이 공부할 동안 아이들이 놀 수 있는 공간, 모국 음식을 해 먹을 수 있는 공간을 그리워했다. 이주여성들은 자신의 집에선 모국 음식을 해 먹기가 어려웠다. 어떤 여성은 혜화동까지 가서 정말 먹고 싶었던 모국 음식을 사와서 고이고이 두었는데 시어머니가 냄새 나고 더럽다고 버려서 서러워 운 적이 있다고도 했다. 마음껏 웃고 떠들며 아이도 돌보고 음식도 만들어 먹을 수 있는 친정이 필요했다. 그 밖에도 쉴 수 있는 공간, 필요한 정보와 지식을 얻을 수 있는 곳, 아이들의 돌봄과 양육 지식을 얻을 수 있는 곳, 교육과 상담을 받을 수 있는 곳, 경제활동을 할 수 있는 곳, 한국민과 소통할 수 있는 곳이 필요했다. 바로 모국 센터였다.

그러나 공간이 너무 좁아서 이를 확장하는 데 전세금 5천만 원이 필요했다. 김성미경 회장은 이주여성들의 꿈을 이루어 달라고 후원자들에게 편지를 썼다. 5백만 원씩 무이자로 1년만 빌려주면 5천만 원 전세 공간을 빌려 이주여성들의 모국센터를 만들 수 있다고 호소했다. 누가 전화만 하면 "5백만 원만, 5백만 원만"하고 애걸했다. 그러자 3명이 5백만 원을 보내줘서 순식간에 천 오백만 원이 만들어졌다.

2008년 어느 날 우연히 한국여성재단 강경희 사무총장에게서 전화가 걸려 왔다. 김성미경 회장은 예외 없이 "5백만 원만"을 외쳤다. 조용히 듣고 있던 강경희 총장은 "그것이 바로 삼성이 원하는 사업"이라고 하더니 생명보험 사회공헌위원회를 통해서 삼성의 후원을 받을 수 있게 연결해 주었다. 그때 삼성에 제출한 프로젝트의 명칭이 '아시아 이주여성과 함께하는 다문화공동체', 아이다마을 사업이었다.

마을이라고 이름 붙인 것은 단순히 교육만 받고 돌아가는 기존의 교육 기관이나 자활 기관의 기능에 더하여 이주여성과 선주민 여성이 함께 능동적으로 필요를 채워 나가고 창조해 나가는 공동체의 기능을 더 중요하게 생각했기 때문이다. 그런데 마을이란 이름을 붙이자, 아이다마을을 지리적으로 실제 존재하는 장소로 착각하여 주소를 묻는 해프닝이 일어나기도 했다.

    2009년 첫해에 프로그램비 외에도 공간과 인력 확보를 위한 비용까지 포함하여 4억 5천만 원이 지원되었다. 보통 지원금은 프로그램에만 주어지는데 공간비와 인건비까지 지원된 것은 이주여성들의 필요를 충분히 이해한 결과였다. 인천여성의전화는 곧 부평5동 성당 뒤편의 한 건물로 이사했다. 2층은 인천여성의전화에서 사용하고 3층에는 아이다마을을 만들었다. 교육실, 놀이방도담도담방, 주방 등을 만들고 재봉틀소담방, 컴퓨터, 비디오와 오디오 시설아이다영상실, 그리고 각종 주방 기기아이다 카페를 채워 넣었다.

    아이다마을의 문은 항상 열려 있었다. 이주여성들이 아무 때나 이용할 수 있도록 사무실의 열쇠를 커뮤니티 리더들과 공유했다. 다마얀DAMAYAN[74] 등 여러 나라 커뮤니티가 자유롭게 공간을 이용했다. 이주여성들은 남편과 싸우고도 달려오고, 모국 명절에도 달려왔다. 아이들 생일 잔치도 모여서 함께 했다.

---

74   다미얀은 필리핀어로 서로 돕기란 의미로 2005년 만들어진 60여 명 회원의 필리핀 여성 커뮤니티

지역 사회 주체로
성장한 이주여성들

인천여성의전화는 아이다마을을 통해 본격적으로 이주여성들의 모국센터 역할을 할 공간을 만들고 이주여성을 지역 사회 주체로 성장시키기 위한 사업들을 기획했다. 그 목표는 다음과 같다.

1. 국가, 인종, 성별의 경계와 차이를 넘어 서로 배려하고 함께 살아가는 문화를 일구는 장을 만든다.
2. 아시아 이주여성들의 활발한 교류를 통해 모국 센터로서의 기능을 갖춘다.
3. 이주여성과 가족들의 소통을 도움으로써 다문화 가족의 한국살이를 돕는다.
4. 아이다마을 이용하는 사람들이 언어적, 심리적, 경제적인 역량 강화를 통해 지역 사회의 주체로 성장하도록 돕는다.

이 같은 목표 아래 2009년도 진행된 사업은 다음과 같다. 가장 역점을 둔 사업은 이주여성들의 역량을 강화하기 위한 각종 교육 사업이었다. 한국어반은 아이다마을의 대문이자 토대였다. 인권 감수성과 여성주의에 대한 이해를 바탕으로 한 다문화 강사 양성 교육에는 김현미, 김영옥 등 최고의 여성학자들이 기획과 교육 과정에 참여하고 현장 연구도 진행했다. 이 교육을 수료한 이주여성들에게는 이주여성과 한국 여성을 대상으로 강의할 수 있는 자격을 주었는데 이미 유치원이나 어린이 학원에서 강사 활동하는 사람들도 참가할 수 있었다. 한국인과 토론할 정도의 실력을 갖추게 한다는 야심 찬 목표도 세웠다. 이렇게 배출된 강사들은 지역단체, 공공기관, 학교 등 29개 기관이나 단체에 가서 2,130명에게 강의했다.

언어 강사 및 번역사 과정도 인기 있는 과정이었다. 영어, 중국어 강사 과정과 통·번역 과정에 90여 명이 참여했는데 모국어를 활용하여 능력을 키우는 기회가 되었다. 특히 영어 강사 과정은 다마얀의 리더들이 기획부터 종결 단계까지 참여하면서 모니터링했다. 정보화 사회에 대처할 수 있도록 미디어 교육도 진행되었다. 컴퓨터 영상교육 73명 참여, 웹 제작 훈련 39명 참여 등을 제공했고, 한글 MS워드 자격시험에서 80% 이상 자격증을 획득했다. 수강생들은 영상을 통해 자신의 관심사를 표현하고 대중 앞에서 발표하여 자존감을 얻었다고 소회를 밝혔다.

홈패션 교육은 30명을 목표로 했으나 99명이 참여할 정도로 인기가 대단했다. 홈패션 특성상 작품이 바로 나와 만족도가 높았다. 참여자들이 이주여성 보조 강사와 통·번역사로 활동하면서 일대 일 교육이 가능했고 연구반을 만드는 결과로 이어졌다. 홈패션 매장과 강강술래 공방 견학으로 의욕을 높인 것도 성공 요인 중의 하나였다.

다음은 공동체성 강화를 목표로 한 국가별 자조 모임을 지원하는 아름다운 동행 멘토링 사업이다. 국가별 자조 모임은 2007년 6월 한국인 남편의 폭력에 의해 베트남 여성이 사망한 사건이 계기가 되었다. 그녀의 죽음은 개인적인 일이 아니라 한국 사회가 마땅히 책임져야 할 일이었다. 김성미경 회장은 그녀가 한국에 왔을 때부터 그 존재를 충분히 환대하고 관계를 맺어주었다면 이런 비극을 예방하는 것이 가능했을 것이라는 생각에 이주여성들 사이에 끈을 만들어주려고 했다.

국가별 자조 모임으로 베트남 궁남따이22명, 필리핀 다마얀33명과 스윗비바14명, 중국 올림픽16명 등이 만들어졌는데 이주여성의 정착에 도움을 줄 수 있는 멘토 교육을 받은 멘토 7명모국 멘토 3명, 한국인 4명이 배치되었다. '배워서 남 주자'는 모토로 한국어를 먼저 습득한 이주여성이 초기 입국자에게 한국어를 가르쳤다. 자조 모임별로 활동 계획을 세워 가까이 살고 있는 여성끼리 동네도 돌아보고, 시장도 가보고, 관공서 및 우체국, 찜질방을 이용하는 법도 배우고, 통장 개설하는 법도 배우는 등 실생활에 필요한 정보를 얻는 활동을 주로 했다.

마을 운영과 사업들에 대해 주민들이 모여 의논하는 의결기구인 마을회의가 정기적으로 열리고 3개국 언어로 마을신문이 발행되었다. 아이들을 대상으로 한 도담도담 놀이방은 상시 운영되었는데 0~11세까지 이용할 수 있었으며 연간 167명이 이용했고, 교사 3명에 연간 자원봉사자 78명이 함께 했다. 부정기적이지만 이주여성들이 시민적 권리와 인권의식을 향상시키기 위한 인권교육도 이루어졌다.

가족과 아이들을 위한 프로그램도 진행되었다. 가족 미디어 워크숍은 처음에는 부부 간의 소통을 목적으로 한 부부 카메라 일기로 시작했는데 이들이 만든 영상물은 제11회 서울국제여성영화제와 인천여성영화제에서 상영되었고 한국일보, 동아일보, 오마이뉴스, 이주노동자방송 등 각종 언론에 소개되었다. 긍정적 결과에 힘입어 남편만 대상으로 한 2차 미디어 워크숍을 열었다. 그 결과물 또한 아이다마을 축제에서 상영되었다.

가족 캠프는 남편들이 자신을 객관적으로 이해할 수 있게 되었으면 좋겠다는 이주여성들의 강력한 요청으로 시작되었다. 물론 남편이 안 와도 무방했다. 무려 100여 명의 이주 가족들은 일상에서 벗어난 휴식과 재충전의 시간을 보낼 수 있었다. 여름캠프에 참가했던 15명의 아버지는 아버지 교실을 열어달라고 요청했다. 인천여성의전화는 월 1회 자기표현과 상호소통 훈련을 위한 연극과 영상 교육 등으로 응답했다.

인권 지원 사업은 상담을 통해 이루어졌다. 상담 전화를 개설한 것이 아니라 아이다마을 주민들이 자신의 문제나 친구의 문제를 소개하는 방식이었다. 이때 인천여성의전화가 쉼터와 아이다마을을 운영하는 것이 이주여성들에게 상당한 지지가 되었다. 김민예숙 여성주의상담연구실과 함께 철저한 준비를 거쳐 「이주여성 상담을 위한 여성주의상담 워크숍」을 열고 이주여성 상담을 위한 여성주의상담 매뉴얼 「초국가적 자매애를 향하여」도 발간했다.

이 매뉴얼에서 김민예숙은 이주여성 상담자를 위한 교육 매뉴얼을 만든 것은 한국의 여성주의상담 역사상 한 획을 긋는 것이라 평가했다. 그리고 이주여성 상담 지침 두 가지를 제시했다. 첫째는 상담자가 "문화가 다른 내담자를 깊이 이해"하는 것인데 그 방식은 결혼 이주여성들의 거시적, 미시적 조건을 파악하는 것이다. 둘째는 "한국인과 다를 수 있는 내담자의 시각을 존중해주는 것"으로서 결혼 이주여성들을 자기 문제의 전문가로 여기는 평등한 관계를 실천하는 것이다.[75]

이주여성 인권운동에 관한 다양한 지식도 생산했다. 현장의 1차 자료들이 담긴 방대한 연간 사업보고서, 『이야기조각보』, 『카멜레온의 눈』은 이주여성들과 활동가들의 생생한 경험과 생각이 가득 담긴 보물창고다. 홈페이지는 물론이며 「이주여성 상담을 위한 여성주의상담 매뉴얼」, 「다문화강사 자료집」, 「아이다마을 활동백서」 등 활동 내용을 정리한 각종 자료집과 보고서들이 발간되었다. 이주여성이 자신들의 삶을 직접 기록하고 그림을 그려 넣은 그림책 『이야기조각보』는 아이다마을이 생산한 출판물의 백미였다. 연구자들에게 현장을 개방하여 도움을 받았을 뿐만 아니라 많은 영감을 주

---

[75] 김민예숙, 2009

었다. 김영옥은 아이다마을을 소재로 학술지에 논문을 발표했고[76] 일본 릿쿄대학의 삼본마츠 마사유키 교수는 아이다마을을 방문하여 인터뷰하고 결혼 이주여성에 대한 일한 비교연구를 하여 그 보고서를 보내왔다.[77]

한국 사회와 문화로 소통하다

이주여성 인권 활동 초창기부터 중요하게 생각한 것은 이주여성의 문화를 지역 사회에 알리는 것이었다. 작은 규모로 시작한 문화 축제가 2009년이 되자 적극적으로 지역 사회로 진출했다. '(만나) 놀자! (경계를) 넘자! (마을을) 살리자!'라는 슬로건을 가지고 부평 문화의 거리6.27에서 열린 축제에서 국가별 자조 모임의 공연, 이주여성들이 만든 영화 상영, 전시, 음식, 포옹 등이 진행되었다. 모두 이주여성들이 직접 기획한 것이었다.

시장이라는 열린 공간에서의 새로운 경험은 이주여성들에게 긴장감도 주었지만, 한국 사회의 일원이라는 자긍심도 갖게 해주었

---

76 김영옥(2010), 인정투쟁 공간/장소로서의 결혼이주여성 다문화공동체: '아이다'마을을 중심으로, 『한국여성철학』 제14권
77 삼본마츠 마사유키(2014) 『이주 생활자의 생활지원과 이민정책에 있어서의 복지과제의 위치에 관한 일한비교연구』, 릿쿄대학

다. 부평시장 상인회는 이 행사의 공익성을 높이 인정하여 적극 협조해 주었고 "나의 삶을 다시 돌아보게 되었다.", "이주민들을 이해할 수 있겠다."라고 평가했다.[78] 그 후 문화축제는 2010년에는 인천여성연대와 함께하는 축제로, 2011년에는 나라 문화 체험 축제로 다양하게 변주되었다. 그 밖에도 다양한 문화 활동을 했다. 2010년 UCC 교육을 통해 만든 4편의 작품을 인천여성영화제 이주여성 미디어파트 부문에 출품했다. 이를 계기로, '꿈꾸는 나비'라는 영상제작 소모임을 만들었다.

다마얀은 '트루퍼스'라는 댄스팀을 조직하여 공연 활동을 다녔다. 자녀들을 모아 리틀 다마얀도 만들어 리틀 다마얀 페스티벌을 개최했다. 다마얀과 리틀 다마얀은 문화 전도사로 성장했다. 천안의 ○○백화점, 서울 국립민속박물관, 구로 이주민영화제 등 다양한 행사에 초청되어 공연 활동을 했다. 부평종합사회복지관이 주최한 제9회 홀로 외로이 사시는 어르신을 위한 PPCWC 패션쇼에서 대상, 한국문화예술위원회와 구로문화재단이 주최한 2011 다문화인 '끼' 경연대회에서 우수상, 사단법인 한국예총 경기도연합회가 주최한 지구촌 예능 경연대회에서 최우수상, 2011 경기 다문화 연극제에서 리틀 다마얀이 최우수연기자상과 최고작품상 수상 등을 수상하는 등 이주여성과 그 자녀들은 맹활약했다.

---

78 제17차 총회보고서: 100

다문화 강사과정 후속 모임으로 만들어진 나라 문화 체험반 강사팀 5개국 6명은 웹진 이프 '이주여성 이야기-카멜레온의 눈' 코너에 정기적으로 기고했다. 카멜레온처럼 다양한 정체성을 가질 수밖에 없는 이주여성의 다양한 이야기를 담아냈다. 그 이야기 중 하나를 소개한다.

어느 날 수업이 있어서 지하철을 타고 가고 있었는데 어떤 아주머니가 아이를 안고 앉아 있었어요. 그 옆자리가 나서 앉았는데 두세 살쯤 된 아이가 나를 계속 쳐다보더군요. 나는 그 꼬맹이를 안 보고 휴대전화를 만지작거리고 있었는데, 아주머니가 '이모~ 나 좀 봐줘~, 계속 아가씨를 쳐다 보잖아…'라며 말을 걸어왔어요. 나는 '아~ 네~ 안녕? 아가야~~'라고 인사해 주었죠. 당연히 대화가 이어졌어요. '저기, 우리나라 사람 아닌가? 아니면, 혼혈? 부모 중 누가 외국인가벼?' 전철 안에서 여러 시선이 집중되는 것을 느끼며 당황스러웠지만 대답을 안 할 수가 없었어요. … 근데 가끔 이런 생각이 들어요. 질문하는 사람은 거의 한국 분이고 대답하는 사람은 나인 것은 왜 그럴까, 왜 나는 먼저 물어볼 수 없는 것일까, 뭐 이런 궁금함? 어쩌면 질문할 수 있는 것도 힘이라는 것을 알 것 같아요.[79]

---

79   손타냐, 2012: 75

마침내 이주여성들이 한국사회에 주체로 서게 되었다. 2007년 베트남 여성 살해 사건, 2010년 탓티황옥 사망 사건에 이어 비슷한 사건이 수없이 발생했다. 임신한 몸으로 갇혀 있다가 9층에서 밧줄을 타고 탈출하다 사망한 여성, 입국 한 달 만에 남편의 폭력으로 갈비뼈 18개가 부러져 사망한 여성, 입국 일주일 만에 14층에서 떨어져 사망한 여성, 보험금을 노린 남편이 수면제를 먹이고 방화하여 사망한 여성, 폭력에 시달리던 친구를 보호하다 친구 남편에게 죽임을 당한 여성, 출산한 지 19일 만에 남편의 칼에 난자당해 죽은 여성 등 이루 열거할 수 없을 정도였다.

이 소식을 접한 중국 자치조직 슈퍼우먼이 먼저 일어섰다. 그동안 이주여성들은 폭력 피해에도 저항하거나 인권 존중을 호소하거나 주장한 적이 없었다. 그러나 이제 유입국에서 안전한 삶을 보장받을 권리를 환기하고 중개업자들의 비인권적 상업주의에 합법성을 부여한 정부에 책임을 묻기로 했다. 슈퍼우먼은 자신들의 생각을 "한국 사회에 말하기로" 결의하고 커뮤니티 회의를 소집했다. 비가 억수로 쏟아지는 날 자치조직의 리더와 회원 20여 명이 아이까지 데리고 모였다. 모두 흔쾌히 함께 하기로 약속했다. 한국 이주여성 인권 센터와 연대하여 7월 20일 국가인권위원회 앞에서 이주여성 추모제를 주최했다. 이주여성들은 분노를 표현하며 자신들의 언어로 한국 사회에 "더 이상 억울한 죽음이 없"게 해달라고 외치며 당당히 정책을 세우도록 요구했다.

아이다마을이 널리 알려지자 여러 단체에서 찾아오거나 연락이 왔다. 인천남구장애인복지관, 인천장애인복지관, 성공회대학교, 방글라데시, 미얀마의 여성운동가들, 논문을 쓰는 외국인 연구자들과 학생 등 수많은 기관과 단체, 사람들이 아이다마을을 찾아왔다. 이주여성들은 아이다마을 통해 한국 사회와 소통하고 한국 사회의 일원으로 살고 있음을 느낄 수 있었다.

씨스터푸드, 실패에서 배우다[80]

아이다마을이 승승장구한 것만은 아니었다. 아시아마켓 '씨스터푸드'는 실패한 사례이다. 아이다마을은 2008년부터 2011년까지 3회에 걸쳐서 삼성으로부터 총 9억 5천만 원의 지원을 받았다. 지원이 끝나갈 무렵 교보생명 사회공헌위원회에서 연락이 왔다. 1억 5천만 원을 줄 테니 이주여성 사업을 함께 하자는 것이었다. 그런데 이 돈은 삼성 지원금과 달리 운영비와 인건비는 없이 사업비만 편성되어 있었다. 어떤 사업을 할 때 가장 비용이 많이 들어가는 부분은 인건비인데 인건비를 주지 않으면 일할 사람을 구하기 어렵고 사람이

---

80 이하 김성미경 인터뷰를 토대로 작성

없으면 사업을 할 수가 없다.

이주여성들과 논의했다. 아이다마을에서는 매일 생망고, 라면, 생선 소스 등을 가지고 와서 서로 직거래를 하곤 했는데 이것을 발전시켜 보자는 아이디어가 나왔다. 여기에 샵 앤 샵 형태로 식자재도 팔고 베트남 쌀국수 같은 모국 음식도 파는 작은 가게를 운영해 보자는 아이디어가 더해졌다. 보증금 5천만 원으로 사무실 건물 1층에 비어 있던 가게를 임대했다. 가게 이름은 '씨스터푸드'로 정했다.

운영을 위해서는 협동조합 방식을 도입했다. 정식으로 협동조합을 설립하려면 절차가 복잡해서 형식만 빌렸다. 이주여성들과 함께 협동조합에 대해 공부하고 직접 출자도 하게 했다. 인풋만 있고 아웃풋이 없는 복지 지원이 아닌, 인풋과 아웃풋이 순환되어 사람과 리더십을 키우는 재생산 복지 철학을 내세운 사업계획서를 교보생명에 제출했다.

그런데 씨스터푸드 운영은 김성미경 회장 혼자의 몫이 되었다. 이주여성들은 처음에 시작할 때는 재미있어하면서 신나게 참여하더니 시간이 지나면서 하나둘 사라지기 시작했다. 가게에 묶여야 되고 음식의 품질관리에 대한 책임이 따르게 되자 힘겨워진 것이다. 여럿이 공동 운영을 하다 보니 책임소재도 분명치 않은 경우가 많았다. 결국 임기를 마친 김성미경 회장이 씨스터푸드를 떠맡게 되었다.

기업 지원을 받은 처음 1년은 문제가 없었어요. 월세 걱정이 없으니 조금이라도 이익금이 생기면 나눠줄 수 있었어요. 그러나 기업 지원이 끊기면 사정이 달라지죠. 매달 월세 걱정을 해야 하니까. 그런데도 이주여성들은 자신들의 일이 먼저였어요. 가족 지원 센터 행사에 가고, 교회 캠프에 가고, 가족 여행 가느라 나타나지 않기 일쑤였어요. 심지어는 당번도 지켜지지 않았고. 결국 극약 처방을 썼죠. 내가 씨스터푸드에서 완전히 손을 뗐어요.

다행히 다음 해에도 교보생명에서 2억 원을 지원하겠다고 했지만 사업비로만 쓰기에는 너무 큰 돈인 데다 책임지고 운영할 이주여성이 없었다. 교보생명에 이주여성들이 기업 지원 없이 자율적으로 해보겠다고 한다고 말하고 거절했다.

교보생명의 지원을 거절한 것은 이주여성 훈련이 먼저였기 때문이었다. 대신 이주여성이 스스로 할 수 있는 능력을 키울 목적으로 한국여성재단에서 500만 원짜리 프로젝트를 받았다. 필리핀 공동체에 직접 리틀 다마얀 축제 기획서를 쓰게 했다. 통장과 카드를 만들어주고 계획한 대로 자율적으로 사용하게 했다. 곧잘 영수증을 빠뜨려서 영수증 가지러 동대문 시장으로 다시 가고 하는 일들이 벌어졌다. 발표회까지 무사히 잘 마쳤지만 모두 나가떨어졌다. 필리핀 공동체는 돈을 공짜로 받는 건 좋은데 인천여성의전화가 도와주지 않는다면 더 이상 못하겠다고 포기를 선언했다. 2년 만에 씨스터푸드를 정리했다.

씨스터푸드는 이주여성 공동체의 자립을 위한 물적 토대를 얻고자 한 것이었다. 그러나 거액의 기업 후원금이라는 외부의 지원이 끊기고 도와주는 한국인이 없으면 계속할 수 없다는 것이 냉정한 현실이었다. 서로 돕는 공동체성 회복을 위한 활동으로 기획했지만 프로젝트를 수행하느라 급급해서 정작 중요한 '사람'을 놓치는 오류를 범하고 있었다. 아이다마을은 인천여성의전화의 사업이 아니라 이주여성들의 공동체를 형성하는 과정이라는 것을 잊으면 안 되었다. 이주여성의 역량을 강화하기 위해서는 활동가가 대리로 일을 해주는 게 아니라 본인들이 직접 사업을 기획하여 실행하고 그 결과를 만들어내게 해야 한다. 그런 점에서 씨스터푸드를 폐업하게 된 것은 실패라고 볼 수 있지만 사람과 조직이 남았다는 점에서는 절반의 성공이라고 볼 수 있다.

아이다마을, 비영리 단체가 되다

김성미경 회장이 완전히 손을 뗀 후 2012년 이주여성들은 필리핀 이주여성을 중심으로 인천여성의전화에서의 독립을 준비했다. 성매매 사업과 달리 기관 독립이 아니라 당사자 조직을 만드는 방식을 선택했다. 2013년 총회를 열어 대표를 뽑고 '아이다마을'이라는 이름의 비영리 단체를 인천시에 등록하고 새 공간을 마련하여 이사했다. '아이다마을' 주민이 운영을 책임질 수 있는 최소한의 비용으로 얻은 방 3개, 화장실 2개, 그리고 거실까지 있는 작은 빌라였다. 아이들은 집이 좁다고 투덜거렸고 어른들은 달라진 환경에 적응하려고 베개를 들고 와 잠을 자 보기도 했다. 이 모든 것은 이주여성들이 스스로 결정하고 진행한 것이었다.

'아이다마을'은 10년이 지난 지금도 느리고 작은 걸음이지만 쉬지 않고 걷고 있다. 초기에는 필리핀 중심으로 모였지만 시간이 지나면서 스스로 구조한 베트남이나 중국 등의 폭력 피해 여성들의 공동체로 확장되었다. 한국어 교실도 열고 스스로 돕는 자조 모임이 되었다. 인천여성의전화와도 연대의 끈을 놓지 않고 있다. 인천여성의전화는 아이다마을 회비 관리를 돕고 있으며 아이다마을 현제인 회장은 가정폭력 피해 이주여성 자립홈 언니네이하 언니네의 운영위원과 살러온의 소스콜 상담원으로 활동하면서 후배 이주여성을 위해 강의와 상담을 하고 있다.

2023년 11월 26일, 아이다마을 15주년[81] 홈커밍데이가 열렸다. 필리핀 공동체 멤버들이 주도하여 한국어반 교장과 교사들, 베트남, 중국, 필리핀 공동체 멤버들, 당시의 활동가 등 30여 명이 모였다. 아이다마을에서 만들어진 커뮤니티가 15년간 살아 움직이고 있었

---

81 아이다마을 프로젝트가 처음 시작된 2009년을 기준

다. 이주여성들은 나름대로 직업을 갖고 사회활동을 하면서 한국 사회에 일원으로 자리잡고 있음을 확인할 수 있었다. 그 원동력이 아이다마을에서의 성장 경험이었음은 두말할 나위도 없다.

4 성평등한 지역 사회를 만들기 위한 문화 운동

'지역 여성의 조직화·정치세력화 운동'으로 정의되었던 지역 여성운동의 개념은 2000년대에도 그대로 유지되어 지역 여성운동은 회원 조직화 관점에서 이해되고 있었다. 여성의전화의 회원들은 대부분 상담회원이었고 회원 유입 통로도 상담사업이 거의 유일했다. 그래서 2000년 설치된 지역 여성운동센터는 상담을 기반으로 한 '상담 사업의 지역 운동화'와 '생활상담'이라는 지역 여성운동론을 도출했다.

이에 의하면 지역 여성운동이란 "여성주의적 가치를 가지고의식화, 지역의 여성들이 주체가 되어조직화, 여성문제와 지역의 문제를 지역에 맞게 풀어내는세력화"운동이다. 생활 상담은 "상담회원들이 상담실이 아닌 일상 생활과 지역 사회에서도 상담가로서의 자세를 실천하고 여성운동가로서 사는 것", 다시 말해 "상담을 매개로 하는 생활 속에서 실천하는 여성운동"을 의미했다. 지역 여성운동의 주체는 지역 여성이었다.[82]

그러나 이 시도는 성공하지 못했다. 운동과 상담을 통합하려는 이 목표를 이루는 데에는 많은 시간이 필요했는데 그때 상담소의 제도화가 가져온 후폭풍이 들이닥쳤기 때문이었다. 이에 따라 여성의전화는 지역 여성운동의 목표를 '성평등한 지역 사회 만들기'로 수정하고 그 전략은 '지역 생활문화 운동'으로 조정했다. "여성의전화는 제도화 이후 여성운동의 새로운 실천 방식으로 평가받던 여성정책 모니터링 활동을 지역 운동과 접목시켜 '지역 여성정책 모니터링'이라는 과제로 잡아냈다."[83]

인천여성의전화는 두 상담소 폐소와 함께 새로운 회원 가입도 줄었고 상담회원의 활동도 약화되었다. 성매매와 이주여성 인권운동에 전념한 결과 새로운 운동 모델의 창출이라는 큰 성과는 얻었지만 회원을 교육하고 지역 여성을 묶어내는 지역 여성운동은 축소되었다. 지역 여성정책 모니터링 사업을 할 여력이 없었다. 대신 성매매 여성·이주여성 인권에 기반한 성평등한 지역 사회를 만들기 위

---

82 박인혜, 2011: 372~376
83 박인혜, 2011: 376~377

한 문화 운동에 집중했다.

회원 조직의 약화

인천여성의전화 초기에는 회원 조직에 대한 중요성을 인식하고 회원 관계 사업부도 두고 담당 활동가도 배치하였으며 소수정예 회원에 대한 강도 높은 의식화 교육도 꾸준히 했다. 이것은 조직이 안정되고 확대되기 위해 필수 요건이기도 했다. 그러나 2000년대 들어서면서 회원 조직화에 대한 관심이 느슨해졌다. 대신 회원 조직에 대한 훈련이나 교육보다도 일반 여성을 대상으로 하는 교육이 더 많아지기 시작했다. 여성상담학교도 대중적인 여성학 강좌로 방향을 전환하여 여성주의 학교라고 명명했다.

회원 조직화에 대한 관심이 줄게 된 주된 이유는 변화한 정책 환경이었다. 특히 법 제정 이후 상담소에 국가의 재정이 지원되자 여성폭력 관련 상담소들은 여성들에게 하나의 일자리로 여겨지게 되었다. 상담학교를 비싼 수강료를 내고 자격증을 따는 기회로 인식하게 된 여성들은 교육 이후 상담원이란 일자리를 얻으리라고 기대하게 되었다. 이는 인천여성의전화 여성주의상담 운동의 정신과 맞지 않았다.

한편 인천시는 직접 자원봉사 상담원을 모집하거나 '행복가정도우미' 교육을 진행하고 그 수료생들을 유급 상담원으로 각 동사무소에 배치했다. 자원활동이라는 의미가 퇴색할 수밖에 없는 환경이 만들어진 것이다. 그전까지만 해도 여성들이 여성단체에서 상담 자원활동을 하는 것은 자신들의 삶에 있어 무척 의미 있는 일이었고 자긍심을 갖는 일이었다. 더구나 인천여성의전화가 인천의 타 상담소와 다른 여성주의상담 교육을 하고 있었기 때문에 회원들은 인천여성의전화 활동에 참여하려고 노력했다. 그러나 점차 상담 활동이 줄어들고 급기야는 상담이 펑크나는 경우가 많아졌다.

게다가 상담소를 폐소하고 여성상담학교를 운영하지 않게 되자 안정적이고 핵심적인 회원 유입 통로를 잃게 되었다. 기타반, 영화모임 '려신'慮 scene, 상담원 모임, 인권정책단 회의 등 다양한 회원 소모임과 활동가 교육 프로그램으로 회원들을 조직하고 리더십을 키우고자 애를 썼으나 회원들의 활동 공간은 점차 축소되었다.

설상가상 성매매 여성 인권 관련 부설기관이 늘어나면서 부설기관의 활동가가 많을 때는 28~30명에 이르렀다. 웬만한 일은 회원의 도움 없이 늘어난 활동가가 다 해낼 수 있게 되었다. 아이러니하게 활동가는 많아졌지만 회원을 돌보고 조직화하는 일은 소홀해졌다.[84] 그러나 선주민, 이주민 가리지 않고 교육이나 프로그램을 운영한 결과 이주여성 회원이 증가했다. 회원 조직화를 이주여성에게만

---

84 김성미경 인터뷰

한정하여 본다면 성공적이라고 할 수 있을 것이다.

성교육 활동가로 살다

이런 상황에서 눈에 띄는 회원 활동은 성교육 강사 소모임 '안드로지니' 활동이었다. '안드로지니'는 2001년 가장 나중에 만들어진 소모임이다. '씨줄날줄'이 가정폭력상담소 폐소와 더불어 활동을 접게 된 것과는 달리 '안드로지니'는 성폭력상담소 폐소 후에도 성교육 활동을 도맡아 하면서 인천여성의전화 중간 리더십으로 성장했다.

'안드로지니'란 "생물학적 양성성이 아니라 의식으로서 남성성과 여성성을 고루 갖춘 고도의 적응력을 가진 사람"이란 의미로 당시 여성운동 안에서 지향되던 양성성을 새롭게 해석한 것이었다.[85] '안드로지니'는 2002년 한 해만 해도 30회나 모여 공부하고 강사훈련을 하는 한편 성교육 활동을 하였다. 학습 결과를 묶어 「평등 신혼부부를 위한 작은 책」 2003, 「사회 초년생을 위한 작은 책」 2004으로 묶어내면서 성교육 강사양성 과정을 주도적으로 기획하고 운영하였다.

---

85   제9차 총회보고서: 32

'안드로지니'는 활동가로서의 정체성을 키워 나갔다. 이주여성 자치조직 지원 활동이나 성매매 쉼터, 이주여성 쉼터 입소자들을 대상으로 성교육을 하면서 성인 교육에 대한 비전을 키웠다. 그리고 2010년에는 성인 성교육반을 개설하여 성인 성교육을 준비했다. 또한 구성원들은 대학원에 진학하여 공부하거나 성문화센터 등에 취업하는 등 다양한 진로를 개척하기도 했다.

2011년에는 10년의 활동을 결산하는 워크숍을 갖고 '안드로지니'의 정체성을 새롭게 정의하고 도약을 꿈꾸었다. 즉 '안드로지니'는 지식을 파는 강사가 아니라 성교육 활동가이자 "생활 속에서 사람들을 만나며 안드로지니 철학을 전파하는 사람"들이며 "섹슈얼리티를 중심으로 한 성평등적인 내용을 습득하고 실천해 갈 사람들의 공부 모임"이 되었다.[86]

이어서 2012년 최박미란 회장의 주도하에 성교육 강사의 전문성을 강화하기 위한 심화 과정—로 섹슈얼리티 아카데미가 개설되었다. 이 과정은 생물학적, 사회적, 영적 영역에서 24강좌로 구성된 장기적이고 체계적인 교육이었다. 초창기 멤버 외에도 전현직 활동가들이 다수 참여하여 '안드로지니'는 새롭게 구성되었다.[87] 이런 훈련을 통하여 '안드로지니'는 성인 대상 강의를 할 수 있는 역량을 키

---

86   제19차 총회보고서: 68
87   김혜경 인터뷰

우고 활발하게 강사로 활동했다.

그러나 이런 노력도 무색하게 '안드로지니'는 활동을 시작한 지 14년 만인 2015년 12월 31일 자로 1명만 남고 모두 탈퇴하여 사실상 해체되었다. 신임 회장이 취임하면서 조직의 지원을 받지 못했기 때문이었다. 그 후 친목 모임으로 유지하다가 2017년 활동을 재개했다.

평화를 위하여 안아주세요

포옹 운동 '살포시 안아주세요'는 평등 가족 평화 마을을 만들기 위한 문화 운동으로 기획되었다. "억압과 폭력을 경험하고 있는 여성들의 몸과 마음을 돌보며 치유하는 과정을 통해 스스로 길을 찾을 수 있도록 함께 걷는다"는 취지였다.[88] 인천여성의전화는 1999년부터 가정폭력 추방 운동의 일환으로 여성주의 가족 담론을 만들고 의식개선 운동을 해 왔지만, 교육이나 캠페인 위주로 전개한 운동에서 한계를 느끼고 있었다. 그러던 중 김민예숙 회장이 소개한 『안아주세요』라는 소책자에서 '포옹'이라는 실천적인 문화 운동의 아이디어를 얻게 되었다. 저자인 캐들린 키팅은 간호사 출신의 심

88　물꼬 77호: 9

리상담가인데 이 책에서 포옹을 심리치료 방법의 하나로 제시했다.

키딩은 포옹의 치료적 효과에 대하여 "포옹은 기분 좋게 해주고 외로움을 없애주며 두려움을 이기게 해주고 여러 가지 감정을 느낄 수 있도록 마음의 문을 열어준다. 그리고 자신에 대한 긍지를 갖게 해주고 이타심을 키워주고 늙지 않게 해준다."라고 안내했다. 평등하고 평화로운 관계에서 이루어진 포옹은 위로와 우정의 표현이 되지만 그렇지 않을 경우 폭력이 된다고 소개하면서 상황에 따른 다양한 포옹법을 소개했다.[89]

인천여성의전화는 이 책의 아이디어와 그림을 사용하기 위해서 키딩에게 직접 연락하여 취지를 설명했다. 키딩은 흔쾌히 무료 사용을 허락했다. 포옹 운동은 2001년부터 2016년까지 16년 동안 재정사업을 겸한 포옹 카페, 포옹 캠페인, 포옹 전령사 교육 및 대중 교육 등 다양한 방식으로 진행되었다.

처음 시작한 사업은 2001년의 포옹 카페였다. 포옹 카페는 그 자체로 문화 충격이었다. 인천여성의전화 활동가들은 카페 문 앞에 서 있다가 방문하는 사람 하나하나를 포옹했다. 후원자들은 난데없는 포옹에 어색해서 어쩔 줄 몰라 했다. "어색한 표정으로 엉덩이를 뒤로 빼고 엉거주춤하는 사람, 온몸으로 기대어 응석부리는 사람, 엉겁결에 포옹하고 뒤늦게 기뻐하는 사람, 집단 포옹으로 눈물을 글

---

[89] 캐들린 키팅, 1992

썽이는 사람" 등 가지각색이었다.[90]

성 고정관념을 써놓은 에어백을 밟고 지나가게 하여 성 고정관념을 깨는 퍼포먼스를 경험할 수 있는 통로를 지나면 벽면에 걸린 곰 포옹 인사법과 디스플레이 된 포옹하는 곰인형을 보면서 자연스럽게 포옹의 정신을 이해하도록 했다. 그러나 염려했던 대로 지나치게 가슴을 밀착하거나, 입가에 묘한 웃음을 흘리면서 부담스럽게 하거나, 계속해서 해달라고 조르는 남자들도 있었다. 이런 남자들에게는 포옹의 윤리 및 규칙이 적힌 옐로우 카드를 나눠주고 100번 읽게 하는 벌을 주었다.[91]

캠페인은 독자적인 계획을 세워 일 년 내내 진행하는 것 외에도 각종 행사의 부대행사로 하기도 했다. 독자적인 캠페인은 많이 할 때는 1년에 6회씩 했다. 여성의광장, 인천대공원, 부평역사 롯데마트 연수점, 부평역사 2층, 동암역 남부 광장 등 사람이 많이 모이는 곳이라면 어디든 찾아가서 자리를 펴고 캠페인을 벌였다. 2005년에는 전국의 롯데마트 10개소와 손잡고 전국적인 캠페인을 하기도 하고, 2007년에는 서울 인사동 한복판에서 포옹 운동을 펼치기도 했다. 5월 가정폭력 없는 평화의 달, 이주여성 문화축제 등과 같은 인천여성의전화 행사는 물론 배다리축제, 여성 주간 행사, 수원

---

90 물꼬 77호: 9
91 물꼬 77호: 9

시 건강가정지원센터 3주년 기념식, 계양산 살리기 릴레이 단식 농성 등 행사가 열리는 곳을 찾아다니며 포옹 그림을 전시하거나 체험부스를 열었다.

포옹 정신과 방법을 알리는 교육도 병행했다. 나아가 2007~2008년에는 포옹 강사를 '포옹 전령사'라 이름하고 이들을 훈련하는 교육을 하여 40명이 넘는 강사를 배출했다. 이름 그대로 포옹을 널리 전파할 강사를 양성한 것이다. 그러나 이 교육은 일종의 집단 프로그램 형식이었기 때문에 강사 훈련도 어려웠고 강의 요청도 많지 않았다.

그러나 언론의 주목은 많이 받았다. 2004년에는 MBC「아주 특별한 아침」생방송에 소개되었고, 한때 연합뉴스 검색어 1위가 되기도 했다. 조선일보, 인천일보 등 일간지와 라디오에서 소개되었다. 시민들의 호응도 높아졌다. 대학생과 고등학생들이 연중 캠페인에 자원봉사자로 참여했고, 시민들은 앞다투어 포옹하고 포옹 액자 앞에서 사진을 찍었다. 전국 여성의전화 10개 지부가 동참했다. 인천여성의전화는 이들에게 직접 만든 소책자와 버튼을 보내주었다. 이런 호응에 힘입어 2005년 다음카페 살포시 안아주세요를 개설했다.[92]

---

[92] http://cafe.daum.net/pongcafe

미스 인천 대회를 폭파하라

1957년 처음 시작된 미스코리아 선발대회는 규격화된 미의 기준을 제시하고 미에 대한 사회문화적 통념을 전파하며 이윤 창출을 목적한 것이었다. 주최 측인 한국일보는 이 대회가 "전쟁 후 정신적으로 피폐하고 볼거리가 없었던 시대적 상황에서 국민들에게 축제의 장을 마련해 주었으며, 대외적으로는 국제사회에서 지위를 확보하지 못하고 외국과의 교류가 미미한 상황에서 국제 미인대회에 나가 국위를 선양할 기회를 제공했다."라고 자평하고 있다.[93]

이에 영향을 받아 미인대회는 전국적으로 번져 나가 지역 사회의 각종 상품을 홍보하기 위한 수단이 되었다. 1990년대에 이르러 여성단체들이 강력하게 성상품화 문제를 제기하여 TV 중계는 중단되었으나 유튜브나 네이버 TV에서 라이브 스트리밍으로 중계되는 등 미인대회는 형태만 변한 채 현재까지 명맥을 유지하고 있다. 공공자원이라 할 수 있는 언론사가 미인대회를 주관하고 지방자치단체가 예산을 지원하는 것은 분명 여성의 몸에 대한 국가의 폭력이다.

미스 인천 선발대회 반대 운동은 2003년 인천여성연대의 6개 단체가 선발대회 장소인 인천종합문화예술회관 앞에서 캠페인을

---

93 한국일보 홈페이지

벌이는 것으로 시작되었다.[94] 주목할 점은 미스 인천 선발대회 폐지 활동을 계기로 인천 지역 보수 여성단체인 여협과 연대했다는 점이다. 1998년 인천 지역 여성 네트워크 이후 두 번째 좌우합작(?)이 이루어진 것이다.[95]

인천여성연대는 주관사인 인천일보사의 입장을 확인하기 위해 사주 면담을 요청했으나 공식적인 답변을 듣지 못했다. 그러나 인천시와 시의회에는 예산 지원 중단을 요청하여 약속을 받아냈다. 한편으로는 ICN, 한겨레신문, 경인방송 등과 인터뷰하며 여론전을 펼쳤다. 2004년 인천일보는 기한도 명시하지 않고 막연히 미스 인천 선발대회 주관사를 중지하겠다는 입장을 발표했다. 인천여성연대는 기자회견을 열고 미스 인천 선발대회의 즉각 폐지를 요구했다.

2007년 6월에는 장소만 바꿔 부평종합사회복지관에서 미인 선발대회가 개최되었다. 미인 선발대회를 복지관에서 연 것도 문제인데 한술 더 떠 주한 외국대사 입장 시 맞이행사를 하기 위해 여학생을 동원했다. 교사가 학생들을 인솔했고 자원봉사 시간으로 인정해 주었다. 이것이 문제가 되자 모 여고 교장은 강제가 아니라 자발

---

[94] 인천여성연대는 1996년 인천여성발전을 위한 정책협의회가 그 모태로서 구성단체는 조금씩 변화했다. 2006년 구성단체는 인천여성노동자회, 인천여성민우회, 인천YWCA, 전국여성노조인천지부, 인천여성단체협의회이다.
[95] 그러나 2006년 여협의 회장이 바뀌고 2007년 여성주간행사에서 서로간의 의견차이를 좁히지 못하면서 여협이 인천여성연대에서 탈퇴했다.(김성미경, 2009a)

적이었으며 인문계 상위권 학생은 제외했다고 변명했다.

　이 발언은 불난 집에 기름을 부은 격이 되었다. 인천여성연대는 인천시민연대, 전교조 등 인천의 시민사회단체와 연대하여 기자회견, 반대집회, 공개토론회를 개최하는 등 다각도로 즉각 폐지를 촉구했다. 2008년 마침내 미스 인천 선발대회는 폐지되었다. 그러나 이슈의 초점이 여고생 동원으로 귀착되면서 해당 복지관에 자원봉사자 인증 자격을 박탈하는 것으로 끝나 여성의 몸을 상품화하는 미인 선발대회의 본질적 문제를 드러내지는 못했고 전국적인 이슈로 확장하지도 못했다.

　상담소를 폐소한 후 2000년대 인천여성의전화의 활동은 1990년대와는 아주 다른 모습이 되었다. 상담을 하고 상담회원을 훈련하고 성교육을 하는 정적인 활동에서 집결지 현장에 나가고 피해 여성을 구출하고 이주여성들이 몰려와서 놀며 공부하며 공동체를 만드는 동적인 활동으로 그 분위기가 180도로 변했다. 지역 운동에서도 성매매 여성과 이주여성이 주체가 되는 다양한 문화 운동을 개발했다. 인천여성의전화는 2000년대 성매매 여성과 이주여성의 인권 운동에 매진하면서 괄목할 만한 성과를 얻었다.

　그러나 2000년대 중후반 주력했던 사업들을 다 접게 되었다. 2005년 성폭력상담소 폐소, 2009년 가정폭력상담소 폐소와 함께 2008년 성매매 근절 사업을 독립시켰고, 이어서 2013년 이주여성

조직인 '아이다마을'까지 독립했다. 이주여성 사업은 쉼터만 남았는데 그 쉼터마저 장기적으로 폐소한다는 원칙을 세워놓고 있었다. 게다가 이 사업들을 이끌었던 리더들은 퇴임했거나 할 예정이었다.

 2011년 리더십 교체 시기를 앞두고 인천여성의전화는 발전 방향을 모색하기 위해 1년 내내 11차에 걸쳐 비전회의를 진행했다.[96] 이 비전회의에는 한국어반과 '안드로지니'와 같은 주요 자원활동가 대표, '아이다마을' 자치조직 대표, 이사들이 모두 참여했다. 전현직 회장들과 차기 회장 예정자로 일명 '마녀모임'을 만들어 한국여성의전화와의 관계, 이주여성 사업의 방향 등에 대해 숙고한 내용을 바탕으로 활동가들과 확대 비전회의를 진행했다. 새로운 운동 이슈와 운동 방식을 고민했으나 만족할 만한 결과는 얻지 못했다.

 그래도 우선 한국여성의전화와의 관계를 정리하기로 했다. 당시 한국여성의전화는 지부들의 법인 독립을 독려하고 있었다. 다른 지부들은 절차적인 어려움과 심리적인 부담감으로 망설이고 있었지만, 인천여성의전화는 과감히 법인 독립을 추진했다. 1년여 간의 노력 끝에 한국여성의전화로부터 법인을 분리하여 한국여성의전화의 지부가 아닌 독립된 법인을 새로 인천시에 등록했다. 독립된 법인의 초대 회장으로 최박미란이 선출되었다. 최박미란 회장은 까다롭기 그지없는 사단법인 등록 행정 절차를 혼자서 해냈다.

---

96 제19차 총회보고서; 79~80

차제에 단체명도 개명하기로 했다. 이미 여성의전화 내부에서는 여성의전화라는 이름이 상담소라는 이미지를 강하게 가지고 있어서 여성 인권 운동단체라는 정체성을 드러내지 못한다고 생각하여 개명하자는 주장이 여러 번 있었다. 그러나 그때마다 반대도 만만치 않았고 마땅한 새로운 이름도 찾지 못하여 논의는 원점으로 돌아가곤 하였다.

인천여성의전화는 개명에 합의하고 아이디어를 모았다. "옐로우 스카프, 아시아의 딸들, 푸른 옷소매, 아시아의 다리" 등등 "성과 인종의 경계를 드나드는 인천여성의전화 지향"을 담기 위한 기발한 아이디어가 속출했다. 결국 마땅한 이름을 찾지 못한 채 영문 단체명만 Inchon Women's hotline을 Inchon Womenline으로 변경하는 것으로 만족해야 했다. 2017년 여성혐오와 성착취라는 새로운 여성 인권 이슈와 만나 한국여성인권플러스라는 새 이름을 찾기 위해서 잠시 기다려야 했다.

새로운 운동 이슈는 찾지 못한 채 2012년 총회에서 인천여성의전화 주목적이 '영적 성장'으로 바뀌었다. 이는 한국여성의전화의 생활 문화 운동 방향에 따라 그동안 인천여성의전화가 해오던 문화 운동을 좀 더 발전시켜 보자는 방책이었다. 이후 성교육 활동과 포옹 운동을 중심으로 활동을 이어 나갔다.

이후 2015년 선출된 윤재실 회장은 여성 노인을 대상으로 한 지역 운동을 개척하고자 사무실을 동구로 이전했다. 동구에 살고 있는 여성 노인들에게 인권 의식을 넣어주는 교육 사업을 해보고자 고군분투했지만, 별다른 성과를 얻지 못했다. 그러나 열심히 지역의 여성 노인들을 만난 덕분에 윤재실 회장은 퇴임 후 2018년 동구 구의원 비례의원으로 선출되었다.

제3장

한국여성인권플러스로 도약과 반성착취·이주여성 인권 운동 2018~2023

1 넷페미와의 만남과 한국여성인권플러스로 도약

온라인 공간에 확산된 여성혐오

이 시기 운동 환경은 이전 시기와 아주 달라졌다. 1990년대 중반부터 조성된 온라인 세계가 2010년대 들어서자 급속히 확장되었고 SNS, 각종 미디어, 문화 콘텐츠 등에서 여성혐오가 급증하기 시작했다. 여성혐오란 여성 차별이자 여성에 대한 공격으로 비록 그것이 개인에게 가한 것이라도 그 영향은 그가 속한 공동체나 사회 전체에 미칠 수밖에 없는 것이다.[01]

01   야스코, 2013: 200

이러한 여성혐오 공간을 대표하는 것이 2010년 등장한 극우 성향의 인터넷 커뮤니티 '일간 베스트'이하 일베였다. 이들은 여성, 동성애자, 이주노동자 등 소수자에 대한 혐오 발언을 전방위로 쏟아냈다. 매스미디어는 각종 오락, 연예, 토크쇼 등의 프로그램에서 여성 비하와 성적 대상화를 소재 삼아 여성혐오를 확산시키고 부추겼다.[02]

2015년이 되자 여성혐오는 더욱 노골화되었다. TV, 종편, 각종 앱, 인터넷 등 온라인과 오프라인상 거의 모든 미디어에서 여성에 대한 비하, 조롱, 멸시, 위협 등이 난무했다.[03] 일례로 2015년 1월, 우리 사회를 놀라게 했던 '김군'은 "페미니즘이 싫어서" IS에 가입했다는 트윗을 남기고 사라졌고,[04] 한 남성 칼럼니스트는 김군을 옹호하면서 'IS보다 무뇌아적 페미니즘이 더 위험하다'라는 제목으로 칼럼을 발표했다.[05]

이렇게 한국 사회에 여성혐오가 범람하자 이에 맞서는 여성들의 눈물겨운 고군분투가 이어졌다. 트위터와 페이스북에서 일군의 여성이 '#나는 페미니스트다'라고 선언하면서 자신들의 경험과 요구, 이슈를 활발하게 드러냈다. 이들은 남성 온라인 유저들에게 공

---

02 한국여성재단, 2016: 22~23
03 한국여성재단, 2016: 22~23
04 한겨레, 2015. 1. 20.
05 뉴스1, 2016. 5. 20.

격을 받았으나 이에 굽히지 않고 2015년 상반기 내내 운동권 내 데이트폭력에 대한 폭로전을 이어갔다.

메갈리아와 워마드, 래디컬 페미니즘 운동의 신호탄

메르스 갤러리는 온라인 상에서 여성들이 처음 결집한 공간이었다. 2015년 5월 전염병 메르스가 발생했다. "메르스 의심 환자인 한국 남성과 같은 비행기를 탔던 한국 여성이 홍콩 당국의 격리 조치를 거부했다는 현지 언론보도가 나오자 커뮤니티 포털 디시인사이드 메르스 갤러리에서 여성 전반을 비하하는" 여성혐오가 극심해졌다.[06] 최초 전파자가 남성인 것으로 밝혀지자, 메갈리안들은 여성 성기와 관련된 욕을 남성으로 바꾸어 되받아 치는 '미러링' 전략으로 대항했다.

이런 과정에서 연대가 형성된 여성들이 독립된 사이트 메갈리아메르스와 이갈리아의 딸들의 합성어를 만들었다. 메갈리아는 많은 여성을 의식화시켰다. 미러링은 남성은 물론 여성에게도 큰 충격

---

06   김태은, 2021

을 주었다. "메갈리아 이후로 조용하던 친구들이 변했"고[07] 곧 워마드Woman과 Nomad의 합성어라는 사이트가 만들어졌다. '메갈'이나 '웜'이란 말은 급진적인 넷페미를[08] 상징하는 말이 되었다.

메갈리아의 여성들은 소라넷 폐지 운동을 벌여 결국 국내 최대 포르노 사이트를 폐쇄하고 그 운영자를 처벌하게 되었다. 그 시작은 불법적으로 여성의 몸을 찍어 올린 소위 '몰카' 영상 게시물이었다. 넷페미들은 몰카 금지법안 제정을 추진하고 화장실마다 불법 촬영 금지 스티커를 부착하는 등 불법 촬영 근절 운동을 벌였다. 미러링에 대한 수사와 처벌은 즉각적으로 착수하면서 불법 촬영에 대해서는 늑장 수사로 대응하는 경찰에 대한 항의 운동도 전개했다. 그리고 불법 영상물 촬영과 유포 행위에 대해 다소 장난스러운 '몰래 카메라'라는 단어 대신에 디지털 기기를 이용한 성범죄, 즉 '디지털 성폭력'이라고 재정의했다.

2016년 5월 '강남역 살인 사건'이 일어나자, 그것이 여성혐오 범죄임을 자각한 여성들이 모자를 깊이 눌러쓰고 마스크로 얼굴을 가린 채 오프라인에 그 모습을 드러냈다. 이 여성들은 피해자와 자신을 동일시하며 강남역만이 아니라 전국 9개 지역에서 추모 공간

[07] 이세아, 2016
[08] 이 시기 온라인 상에 등장한 2030 페미니스트들은 넷페미, 영페미, 뉴페미 등 다양한 이름으로 불렸다. 이 책에서는 넷페미로 통칭한다. 후에는 래디컬 페미니스트로 수렴되었다.

을 만들고 포스트잇에 추모 메시지를 써서 붙이며 목소리를 냈다. 언론에서도 연일 여성혐오를 공론화하고, "여성혐오 범죄를 이 사회의 수면 위로 끌어" 올렸다.[09] 추모 운동은 전국으로 확산하였고 강남역 10번 출구, 부산페미네트워크, 불꽃페미액션, 페미당당, 페미디아 등 온라인과 오프라인을 넘나들며 여성혐오에 반대하는 실천 소모임이 만들어졌다.[10]

불법촬영과 여성혐오에 대항하는 운동은 2018년 혜화역 집회에서 절정에 이르렀다. 2018년 5월 1일 '홍대 몰카 사건'이 발생했다. 경찰은 남성 모델의 나체를 찍어 유출한 여성을 신속하게 체포하여 구속했다.[11] 그동안 남성들이 여성의 몸을 찍어 유포했을 때와는 다른 신속한 조치였다. 여성들은 즉시 대응했다. 온라인 카페 '불편한 용기'가 만들어졌고, 5월 19일 혜화역에서 불법 촬영 편파 판결 규탄 시위이하 불편한 용기 시위라는 이름으로 첫 집회가 열렸다. 이 집회는 12월 22일까지 7개월간 6차에 걸쳐 개최되었고, 연 인원 30여만 명이 참여했다.

집회가 열릴 때마다 전국에서 자발적으로 참여하는 여성들로 집회장은 인산인해를 이루었다. 8월 4일 폭염 속에서 열린 4차 광화문 집회만 해도 전국에서 버스 22대에 나눠 타고 온 각 지역의 여

09　Carpe Diem, 2016
10　한국여성재단, 2016
11　후에 이 여성은 1심에서 10개월의 실형을 선고받았다.

성을 비롯해 7만여 명이 운집했다. 참가자들은 맨바닥에 앉아 한여름의 폭염과 뜨거운 지열을 견디며 물과 음식물을 나누고 서로를 돌보며 질서 있게 집회를 열었다. 윤김지영 건국대 몸문화연구소 교수는[12] 이 집회가 디지털 성폭력이라는 단일 의제를 가지고 벌인 한국 여성운동 사상 전무후무한 최대 규모의 집회로서 여성에 의한, 여성을 위한 시위이자 기존 운동권에서 독립한 새 흐름이며 디지털 성폭력에 대한 인식을 바꿔냈다고 그 의미를 부여했다.[13]

그 밖에도 넷페미들은 탈코르셋 운동, 여성 소비 총파업 운동, 임신중단 합법화 운동, 미투운동 등 다양한 실천 운동을 전개했다. 다양한 성폭력을 폭로하는 미투운동은 당사자 운동의 전형을 보여주었고, 2019년 4월 11일 낙태죄 헌법 불일치 판결을 끌어냈다. 마침내 2020년에는 여성의당을 창당하여 총선에 도전하기에 이르렀다. 여성의당은 단시간에 8,700여 명의 당원을 모집하여 5개 시도당을 창당하는 열기를 보여주었다. 인천여성의전화는 인천시당 창립 준비위원회에 임시 사무실을 제공했다. 비록 총선에서 208,697표0.74%를 얻는 데 그쳤지만[14] 언 땅속에 묻힌 페미니스트 정치의 씨앗은 언젠가 꼭 발아할 것이다.

---

12 현재는 창원대 철학과 교수
13 한겨레 2018. 12. 29.
14 여성의당 창당 과정과 선거결과에 대한 자세한 내용은 김태은(2021) 참조

신고불이,
신상과 고물상의 만남

메갈리아에 이어 워마드까지 온라인 여성운동이 한창 꽃피우던 2016년, 한국여성재단은 여성운동가들의 플랫폼인 「2016 여성회의, 페미니즘 이어달리기」와 그 후속 집담회에 이들을 초청했다. 온라인에서 나와 처음으로 모습을 드러낸 메갈리아·워마드들. 웹툰작가 마인드C 피고소자, 디지털 성폭력 아웃(DSO) 준비팀, 페미당당, 불꽃페미액션 등은 선배들 앞에 서서 조심스럽게 자신들의 경험과 생각을 내어보였다.

이어서 김현미 연세대 교수와 강남역 10번 출구, 건강과 대안 젠더건강팀, 불꽃페미액션, 성과 재생산 포럼, 여성문화이론연구소, 지구지역행동네트워크, 페미당당, 디지털 성폭력 아웃 등 새로운 페미니스트 그룹이 공동 주관한 「페미니스트 네트워크 페미광장」이하 페미광장이 2017년 2월부터 5월까지 3차례 열렸다. 페미광장이 열릴 때마다 간담회 장소로 대여한 강당은 입추의 여지 없이 들어차 신구 세대의 만남에 대한 뜨거운 관심도를 보여주었다.

한편 '여성운동 연구활동가 네트워크 젠더고물상'이하 젠더고물상은[15] 여성회의에서 만난 페미니스트들과 2017년 한 해 동안 매달

---

15 2016년 성공회대 실천여성학과 졸업생들로 결성된 연구모임으로 2022년까지 활동했다.

한 번씩 10차례에 걸쳐 만났다. 제도화, 정치, 몸, 교육, 노동, 문화 등 페미니즘의 여러 주제를 가지고 서로의 경험과 생각을 나누고 언어를 공유하고자 노력했다. 서로의 모습이 너무도 달라 말하기 전에 자기 검열을 해야 했고, 말하고 나서는 통역이 필요했지만, 점차 서로가 다르지 않음을 알게 되었다.[16]

여성폭력에 대한 여성들의 고통과 분노는 변한 것이 없으며 여성폭력으로 유지되는 가부장제를 깨버리겠다는 여성운동의 목표도 변한 것이 없었다. 그래서 이 좌담회의 이름을 '신고불이新古不二'라고 지었다. 다만 시니어 페미들이[17] 가부장제라는 구조에 초점을 맞추고 법과 제도를 바꾸는 것을 목표로 운동했다면, 넷페미들은 여성혐오를 자행하는 남성들을 겨냥한다는 것이 다른 점이었다.[18]

그런데 이 차이는 작은 것이 아니었다. 이전 세대는 구조를 겨냥하기 때문에 활동 중에 개인적인 타격은 크게 입지 않았다. 그러나 넷페미들은 개인 남자들을 직접적으로 공격하기 때문에 감당해야 하는 상처와 손실이 엄청났다.[19] 이들은 명예훼손과 무고로 고소당하고, 이 과정에서 가족과 사회로부터 강제 격리되고, 온라인

---

16 박인혜(2018), 추천사
17 넷페미 등에 반하여 기존의 여성운동가들은 스스로를 시니어 페미, 올드 페미 등으로 불렀다. 이 책에서는 시니어 페미로 통칭한다.
18 박인혜(2018), 추천사
19 그 이전에 있었던 성폭력을 고발한 피해자와 그 지원단체에 대한 명예훼손 역고소 사건이나 운동권 내 성폭력을 최초로 실명으로 고발한 '운동사회 성폭력 뿌리뽑기 100인 위원회' 활동(2000. 7 ~ 2003. 10)도 남성 개인에 대한 공격이라 할 수 있다.

상에서도 죽음femicide을 경험했다. 같은 페미니스트들로부터도 말과 행동이 거칠다고 비난받으며, 지원해 줄 여성단체나 시스템이 전무하다시피 한 상황 속에서 전투의 결과를 각자 개인적으로 책임지고 있었다. 이들은 위축되고 두려워하고 외로워하고 절망하고 분노했다.[20]

그래서 페미니스트 신구 세대의 만남은 순조롭지 않았다. 낯선 것들의 부딪힘은 새로운 갈등을 가져왔다. 대표적인 균열은 리버럴 대 래디컬 논쟁과 분리주의 논쟁이다. 메갈리아에서 워마드가 분리되어 나올 때 일부 여성들은 미러링을 사용하는 워마드를 남성과 연대하지 않으려는 남성혐오자, 분리주의자라고 비난하며 '래디컬'이라 불렀다. 이에 워마드는 자신들을 '래디컬'이라 부른 여성들을 '리버럴'이라 응수하며 '쓰까'섞어 쓰다라고 이름 붙여 비판했다. 시니어 페미들도 낯설고 위험해 보이는 언어를 사용하는 소위 래디컬 페미니스트들에게 점차 거리를 두기 시작했다.[21]

2018년 초봄 신고불이를 마칠 때쯤 신고불이를 함께 했던 래디컬 페미니스트들이 책을 한 권 출판했다. 메갈리아를 통해 페미니스트로서 각성하게 되는 과정과 온라인에서 경험한 차별과 폭력의

---

20 박인혜(2018), 추천사
21 이에 대해 김태은(2021)은 "10, 20대가 주축이 되는 '래디컬 페미니스트'와 40대 이상의 '쓰까 페미니스트'" 혹은 "기존 주류인 상호교차성 페미니스트" 간의 세대 갈등이라 본다. 그러나 이는 세대 문제라기 보다는 운동론의 차이라 해야 할 것이다.

경험을 담은 『근본 없는 페미니즘』이었다.22 이 책을 홍보하기 위해 북콘서트를 열게 되었는데 사회를 맡겠다던 사람들은 약속을 취소하고 사회를 봐주겠다고 나서는 시니어 페미가 없었다. 돌고 돌아 젠더고물상 멤버이며 마침 인천여성의전화 회장으로 다시 돌아온 김성미경이 사회를 맡게 되었다.

그런데 북콘서트 홍보가 나가자마자 난리가 났다. 김성미경에게 왜 성소수자를 혐오하고 분리주의적인 '나쁜 페미니스트'와 함께 하느냐는 비난이 쏟아졌다. 그들을 "멀리하라", "사회를 맡지 말라"는 노골적인 요구도 있었다. 마치 '빨갱이', '종북주의자'라고 낙인을 찍는 것 같았다. 한국여성의전화도 북콘서트의 사회를 맡는 것은 혐오주의자들에게 동조하는 것이라며 철회를 요구했다. 그러나 이는 시작에 불과했다.

옛 리더십과 회원들이 돌아오다

온라인에서 자생적으로 성장한 2030 넷페미의 활동으로 "페미니즘 리부팅"이23 일어나고 있던 이 시기 인천여성의전화는 이런

---

22   김익명, 강유, 이지원, 이원윤, 국지혜, 히연, 정나라 외 1인 공저, 이프, 2018. 이 책에는 신고불이 멤버 일부가 필자로 참여했다.
23   김태은, 2021

역동에 아무 반응하지 않는 무풍지대였다. 2017년 인천여성의전화에는 위기감마저 감돌고 있었다. 2018년 임기총회를 앞두고 다음 회장 후보를 찾지 못했기 때문이다. 2012년 이후 새로운 여성폭력 이슈를 발굴하지 못했고 성교육 활동도 부진해졌고 이주여성쉼터 울랄라 외에는 이렇다 할 사업도 없었다. 자연스레 회원들의 활동이 부진해지고 새로운 회원 유입도 뜸해졌다. 회원 중에서 리더가 성장할 수 있는 환경도 만들지 못했다. 새 회장을 선출하지 못한다면 인천여성의전화의 지속가능성에 빨간불이 켜지는 것이었다.

이사회는 심사숙고 끝에 총회에서 전 회장 김성미경을 회장 후보로 추천했다. 이것은 굉장히 어려운 결정이었다. 이미 할 일을 마치고 떠난 회장이 다시 돌아온다는 것은 역사적인 흐름을 거스르는 것이라고 볼 수도 있었다. 그런데도 김성미경 전 회장을 추천한 것은 그가 존폐위기에 놓인 인천여성의전화를 되살릴 수 있을 것이라는 믿음 때문이었다. 솔직히 말하면 달리 뾰족한 대안이 없었다.

2017년 가을 동구에 있던 사무실을 축소하여 다시 부평구로 이전했다. 회장이 무급으로 홀로 상근하고 박인혜 이사가 자원활동가로 합류했다. 사업은 최소화하고 울랄라는 동구에 그대로 남겨 독자적으로 운영하기로 했다. 말 그대로 생존을 위한 사무실이었다. 김성미경 회장은 이때의 심정을 이렇게 말한다. "솔직히 인천여성의전화를 접으려고 돌아온 거예요. 마무리라도 잘하려고. 사명을 다한 조직을 유지하려고 안간힘을 쓰는 것은 억지로 생명 연장 치료를 하는 것과 같다고 생각했어요."

그런데 인천여성의전화가 부평으로 돌아오자 옛 회원들이 찾아오기 시작했다. 부평에 살고 있던 옛 이주여성 회원들은 한국어반을 다시 열어달라고 요청했다. '아이다마을' 아버지 모임은 자녀들에게 바둑을 가르치는 교실을 열었다. 인천여성의전화는 CMS 시스템을 이용하여 '아이다마을'의 후원금을 관리해주기로 했다. 친목 모임으로 명맥을 잇고 있던 '안드로지니'도 다시 월 1회 학습 모임을 시작했다.[24] 그리고 신고불이를 함께 했던 젠더고물상과 넷페미들도 회원이 되어 회장과 동행했다.

이렇게 인천여성의전화 전 리더십이 복귀하면서 그들과 함께 온 넷페미들이 인천여성의전화와 연결되었다. 인천여성의전화를 끝내려고 했는데 뜻하지 않게 새로 시작할 동력을 얻게 된 것이다. 김성미경 회장은 인천여성의전화가 넷페미들의 문제의식을 경청하고 함께 토론할 수 있는 공간이 되어야 한다고 생각하고 그들과의 연대와 역할 분담을 적극 고민했다.[25]

2018년 제25차 정기총회를 준비하면서 '페미니즘 영향력 확대

....

24 구성원은 김혜경, 신승옥, 우혜정, 양옥선, 유영애, 홍영인, 홍희애 등이다.
25 김성미경과 박인혜는 2016년 강남역 살인사건 이후 넷페미들의 등장을 예의주시하면서 이들과 만날 수 있는 기회를 놓치지 않았다. 여성회의, 페미광장, 혜화역 집회에도 빠지지 않고 참여했고 젠더고물상 모임도 주도하면서 이들의 열정과 분노, 자매애를 고스란히 공유했다. 그러면서 새로운 여성운동의 주체가 싹텄고 한국의 여성운동이 새롭게 재탄생하리라는 희망을 보았다.

를 통한 성평등한 도시 인천 만들기'를 비전으로 세우고 이를 연대활동을 통해서 실천한다는 전략을 세웠다. 연대활동에 방점을 두기로 한 이유는 두 가지였다. 첫째는 인천여성의전화는 물론 인천 지역 여성단체들의 역량이 상당히 저하된 상태였기 때문이었다. 연대를 통해 인천 여성운동의 전체 역량을 모으고자 한 것이다. 인천여성의전화는 인천 여성단체들의 연대체인 인천여성연대에서 주도적으로 활동하며 운동 방향을 제시하고 추동했다. 그 결과 인천여성연대 활동이 다시 활발해졌고 운동 역량이 강화되었으며 인천 지역에 페미니즘의 영향력을 높일 수 있었다. 인천여성의전화 또한 연대를 통해 단독으로 수행하기 어려운 이슈를 해결할 수 있었다.

둘째는 인천여성의전화는 물론 여성운동의 지속가능성을 위해서 젊은 여성운동 주체들과 연대해야 한다고 판단했기 때문이다. 2030 페미니스트들과의 연대는 새로운 이슈를 신속하게 파악할 수 있게 해주어 여성운동의 현장성을 놓치지 않게 해주었다. 2030 페미니스트 또한 오프라인 조직의 힘을 지원받아 조금씩 활동가로서 성장하게 되었다. 상담 자원활동 공간이 사라지면서 회원들이 유입되고 활동할 수 있는 공간은 좁아졌지만, 대신 SNS 홍보활동과 교육사업을 통해 전국의 2030 여성들을 만날 수 있게 되었다. 이들은 기존 관점에서 보면 회원이라고 볼 수 없지만 때론 강력한, 때론 느슨한 지지 세력이 되었다. 자연히 운동 방법도 기관 운영 방식의 운동에서 '담론 투쟁'으로 바뀌었다.

페미니즘 담론 투쟁의
최전선에 서다

『근본 없는 페미니즘』 북콘서트 사건을 시작으로 인천여성의전화는 리버럴과 래디컬의 두 대륙판이 만나는 충돌의 최전선에서 래디컬 페미니스트들이 말할 수 있는 공간을 열기 위해 고군분투해야 했다. 이 싸움은 필연적이었다. 1980, 90년대에는 여성 폭력이라는 단어 하나로 여성에 대한 구조적인 억압과 불평등을 설명할 수 있었다. 그러나 2000년대 이후 무엇이 여성 폭력인지가 지워지고 은폐되는 일들이 빈발하는 동시에 기존의 여성폭력 프레임으로는 설명할 수 없는 현상들이 나타났다. 페미니스트들조차 여성 폭력을 여성의 선택과 자유로 받아들이는 일이 일어났다. 인천여성의전화는 그것이 여성에 대한 폭력임을 설명하고 입증하고자 했다. 그중 몇 가지 중요한 사건을 살펴본다.

* **대리모**[26]

2019년 페미니스트들이 대리모에 관심을 기울이게 된 사건이 일어났다. 서울 퀴어 퍼레이드(이하 퀴퍼)를 앞두고 퀴어문화축제 조직위원회(이하 조직위)가 중국의 대리모 업체 '블루드베이비'의 후원을

---

26 이하는 성명서 「대리모는 인권침해이며 여성착취입니다」를 토대로 작성했다.

받았다는 사실이 알려졌다. 래디컬 페미니스트들이 이를 비판하자 조직위는 "한국 사회에서 대리모와 관련된 복잡한 맥락에 대한 논의나 담론이 본격적으로 이루어지지 않은 상태이기 때문에" 합의된 입장을 제시할 수 없다고 밝혔다. 이에 "페미니스트들은 더 크게 비판하고 나섰으며 퀴퍼에 참여하기로 했던 한 레즈비언 단체는 참가를 철회"했다.

당황한 조직위는 여성단체와 전문가들의 조언이라며 "'대리모는 무조건 나쁘다'라는 입장을 낸다면 오히려 향후 한국에서 보다 깊이 다루어져야 할 대리모 관련 담론을 선과 악의 구도로 단순하게 축소해버리는 악영향을 줄 수도" 있으며 "대리모 관련하여 매우 복잡한 맥락이 있어서 우리도 단순히 하나로 잘라 말할 수 없고 앞으로 논의를 확장해 나가야" 하므로 "만약 조직위가 스폰서십 중단을 결정한다면, 자세히 입장을 밝히지 않는 것이 오히려 운동에 도움이 된다"는 추가 입장문을 발표했다. 조직위에 참여하고 있던 여성단체들은 이 상황에 대해서 아무 입장도 내지 않았다.

인천여성의전화는 추가 입장문과 여성단체들의 침묵을 보고 가만히 있을 수 없었다. 조직위가 대리모와 관련해 의견을 유보한 것을 비판하고, 대리모 관련 담론이 "향후 한국에서 보다 깊이 다루어져야" 할 이슈라면, "바로 지금, 여기에서 깊이" 다루자고 제안하는 성명서 「대리모는 인권침해이며 여성착취입니다」를 발표하였다.

대리모 사업은 자본주의와 가부장제가 결합하여 만들어낼 수 있는 가장 극단적인 여성 착취 중 하나입니다. '부자 나라의 불임 부부에게 꿈에도 소원인 예쁜 아기를, 가난한 나라의 빈곤층 여성에게 온 가족을 먹여 살릴 수 있는 일확천금을'이라는 슬로건 아래 대리모 사업은 '여성이 여성을 돕는 일'로 아름답게 선전되기도 합니다. 이런 관점은 대리모 산업이 거대한 시장을 이루고 있으며 초국적 기업 형태로서 사업가와 투자자들에게 막대한 수익을 올려준다는 현실을 지웁니다. 이는 마치 상업적 성착취에서 성착취 피해 여성이 자발적으로 '성매매'를 함으로써 수입을 얻으며 이를 '구매'한 남성은 욕구를 해소할 수 있으니, 쌍방 이득이라고 해석하는 관점과 흡사합니다. 이런 식의 '성노동론적' 논의는 성착취가 사실상 거대한 산업이라는 것과 여성의 몸을 시장에 '유통'시키면서 막대한 수익을 올리는 포주가 존재한다는 사실을 지웁니다. 또한 성착취 피해 여성이 성매매를 통해 버는 돈보다 그 몸과 정신에 입는 피해가 막대하다는 사실 역시 지웁니다. 또 여성의 몸을 돈 몇 푼에 권력 확인과 욕구 분출의 도구로 삼는 문화가 모든 여성의 인권을 침해하고 있다는 사실도 지웁니다. 그래서 여성의 몸에 대한 가부장적 착취 구조를 '자발적 거래'와 '상호 교환'으로 해석하는 이런 관점에 대항해 많은 페미니스트들이 가열차게 투쟁해 나가고 있습니다. (중략) 여성의 몸을 도구화하고 모성을 착취하며 생명을 거래하는 '대리모' 관행은 반인도주의적이고 비윤리적인 심각한 인권침해 사례에 해당합니다.

결국 블루드베이비가 스스로 후원을 철회하는 것으로 이 논쟁은 끝났다.[27] 그러나 성명서에서 지적한 대로 대리모 이슈는 어떤 모습으로 재등장할지 알 수 없다. 국제적인 운동 흐름을 파악하고 대리모에 대한 관심을 놓치지 않기 위해 인천여성의전화는 2022년 대리모 철폐를 위한 국제연합ICASM International Coalition for the Abolition of Surrogate Motherhood이라는 국제단체에 가입했다.

★ 성 정체성[28]

인천여성의전화는 2019년에 페미니즘 출판사 열다북스와 공동으로 「젠더박살 프로젝트」를 주최했다. 『젠더는 해롭다』 출판 기념으로 책의 저자인 쉴라 제프리스를 초청하여 2019년 10월 3일부터 10일까지 부산과 광주, 그리고 서울에서 강연 행사를 연 것이다. 쉴라 제프리스는 『래디컬 페미니즘』, 『코르셋』과 같은 책으로 메갈리아 이후 등장한 래디컬 페미니스트들에게 큰 호응을 받고 있었다. 인천여성의전화가 이 행사를 공동주최한 취지는 한국 페미니스트 사이에서 갈등을 일으키고 있는 "'젠더'에 대한 의미를 다시 묻고

---

27 이 사건이 있은 후 얼마 지나지 않아 블루드 베이비는 사라졌다. 2021년 불법 대리모 사건으로 대리모 업체에 대한 중국 정부의 대대적인 단속이 있었다.
28 이하는 「'젠더박살 프로젝트를 열면서' 취지문」을 토대로 작성했다.

트랜스젠더리즘에 대한 비판적 성찰의 공간을 만들기 위함"이었다. 한국 사회에 트랜스젠더 이슈가 등장하고 자신의 성별을 스스로 결정할 수 있다는 성 정체성 권리가 논란이 되자 영국 출신의 레즈비언이자 래디컬 페미니스트인 쉴라 제프리스를 초청하여 트랜스젠더가 합법화된 영국과 호주의 상황을 들어보고 젠더에 대한 복잡한 논의를 정리하고자 한 것이다.

강연 소식이 알려지자, 일부 페미니스트는 쉴라 제프리스의 이론이 '한물간 이론'일 뿐이라며 그 의미를 폄하하고 인천여성의전화가 트랜스젠더를 혐오한다고 비난했다. 그러나 쉴라 제프리스는 국제적인 인신매매와 성산업에 반대하는 운동과 저술 활동을 활발하게 펼치고 있는 래디컬 페미니스트로서 이미 두 번이나 한국에 초청되어 "한국 '성매매방지법'의 중요성과 가치를 역설한 바" 있었다.

인천여성의전화는 「젠더박살 프로젝트를 열면서」로 시작되는 취지문에서 젠더의 정의를 "여성의 몸을 '여성성'이라는 성 역할에 가두는 것으로 '여성에 대한 억압과 종속, 차별'을 의미하는 것"이라고 확인했다.

> 페미니스트들은 생물학적 성별에 덧씌워지는 '성 역할' 즉, 여자에게 강요되는 여성성과 남자에게 주어지는 남성성을 '젠더'라고 불러왔습니다. 우리 페미니스트들은 오랫동안 젠더를 성차별로 규

정하고 싸워왔습니다. 여자에게 여성의 성적 역할을, 남자에게 남성의 성적 역할을 할당하여 여자가 감히 남자의 영역을 넘보지 못하도록 막는 것이 바로 젠더입니다.

또한 인천여성의전화는 충분한 논의 없이 여성폭력을 젠더 폭력이라고 바꿔 부르는 현상과 서로 의견이 다르다는 이유로 일방적으로 상대를 혐오주의자라고 낙인 찍는 상황에 대하여 우려를 표했다. 이는 단지 관점이 달라서 문제인 것이 아니었다. 젠더를 둘러싼 갈등은 이론과 현장의 괴리를 보여주는 현상으로써, 현장을 반영하지 못하고 현장을 압도한 이론은 여성운동가에게 도움은 커녕 방해만 될 뿐이었다.

최근 들어 '젠더'라는 용어는 오랫동안 페미니스트들이 사용해 온 용법에서 벗어났고, 이제는 여성폭력이라는 말 대신에 '젠더 폭력'이라는 단어를 쓰도록 분위기가 달라졌습니다. 젠더가 성역할이며 그 자체로 성차별이라는 인식을 갖고 있는 페미니스트들에게 이는 의아한 일이 아닐 수 없습니다. (중략) 젠더라는 단어가 모호하기 때문이기도 하고, 어렵게 느껴지거나 여성의 몸과는 거리가 먼 것으로 느껴졌기 때문일 수도 있습니다. 이제 새로운 세대 페미니스트들이 그 질문을 던지고 있습니다. '젠더'가 대체 무엇입니까?'

한국여성의전화도 인천여성의전화가 '트젠 혐오'를 하고 있다는 공격을 멈추지 않았다. "한국여성의전화와 지부들은 이미 90년대 후반에 남성을 상담원으로 받아들일지에 관해 토론한 바 있으며 여자로서 살아온 여자의 경험이 없는 사람, 남성의 목소리와 외모로 피해자의 트라우마를 일으킬 수 있는 사람은 아무리 선한 의도라 할지라도 받아들일 수 없다는 원칙을 세운 바" 있는데도 말이다. 2021년에 열린 「조직강화 워크숍」에서 인천여성의전화 활동가들은 한국여성의전화 대표에게 성별 정체성 개념에 의문을 제기하면서 여성의전화 목적에 명기되어 있는 여성은 어떤 여성인지를 물었다. 한국여성의전화 대표는 대답하지 않았다.

이런 연장선에서 인천여성의전화는 2022년 차별금지법제정연대가 마련한 차별금지법 도입을 촉구하는 성명서에 서명을 보류했다. '트랜스젠더'를 혐오해서가 아니라, 한국여성의전화가 지역여성의전화들과 아무런 토론 없이 무조건적인 서명을 요구하고, 이 법안에 서명하지 않으면 반인권, 반진보, 트랜스 혐오로 낙인 찍는 행태에 저항하기 위해서였다.

* **여성 정치 세력화**[29]

---

29   이하는 성명서 「관성과 침묵을 깨고 통절히 반성하여 새 길을 가자」를 토대로 작성했다.

마지막은 여성 정치 세력화에 관한 것이다. 2020년 고 박원순 서울시장이하 박 시장의 성폭력 사건이 일어났다. 여성연합 상임대표 출신으로 국회의원이 된 남○○ 의원이 박 시장의 성폭력 사건 피소 사실을 박 시장 측에 유출한 것이 언론에 보도되었다. 이 과정에서 "여성연합과 좌파 정치권의 부패한 관계"가 드러났다. 이에 인천여성의전화는 "여성 정치 세력화 운동 30년의 관성과 여성단체의 침묵을 깨고 반성하자"라는 내용으로 성명을 발표했다.

인천여성의전화가 가장 분노한 지점은 여성운동의 성과로 국회에 진출한 여성의원들이 "여성과 연대하기보다 남성 권력과의 연대를 선택"한 것이었다. 민주당 여성 의원들이 여성의 입장보다 당의 입장과 남성 정치인의 입장을 우선한 것이다. 지난 30년간 여성 정치 세력화 운동을 통해 여성 할당제를 통과시키고, 여성 대표들을 제도정치권으로 보낸 것은 여성의 입장, 여성의 경험과 관점에서 법과 제도, 구조를 재편하기 위함이었다. 그러나 몇몇 여성 의원이 보인 행태는 다름 아닌 '줄서기'와 '복종'과 '내 식구 감싸기' 등 남성 정치의 완벽한 복제였다. 여성운동 단체는 반성폭력 염원을 담은 여성들의 권한을 위임받은 조직이다. 그 운동의 성과로 정치인이 되었다면 그 권력은 여성들의 것이지 특정 개인의 것이 아니다. 그리고 만약 그 역할을 하지 못한다면 권한 위임은 파기되어야 한다.

그리고 여성연합의 과대 대표성을 지적하면서 여성 의원들과 여연에 대한 권한 위임 철회를 선언했다. 동시에 회원 단체들에게도 여연에 위임했던 권한을 회수할 것을 제안했다.

여연의 회원 단체로서 인천여성의전화도 그 책임에서 자유롭지 않음을 직시하고 면밀히 대처하지 못한 것에 대해서도 통절히 반성했다. 회원 단체들이 자괴감으로 침묵할 수밖에 없음도 공감했다.[30] 그러나 새로운 여성운동의 물결과 여성들의 변화와 성평등한 민주주의라는 비전에 도달하기 위해 "관성과 침묵을 깨고 통절히 반성하여 새 길을 가자!"고 제안했다. 이는 주류 여성운동, 여성운동의 기득권에 대한 선전포고였다.

새로운 이름,
한국여성인권플러스

2021년 3월 남성으로서 입대하여 복무하던 중 성별 정정 과정을 거쳐 여군으로 편입되기를 요구하던 '트랜스젠더' △△이 극단적인 선택을 한 사건이 일어났다. 그러자 이 사건이 래디컬 페미니스

---

[30] 당시에 이 사안에 대해 성명서를 발표한 여성단체는 젠더정치연구소 여세연과 인천여성의전화 단 두 곳뿐이었다.

트 탓이라며 SNS상에서 래디컬 페미니스트에 대한 도를 넘는 혐오와 비난 발언들이 난무했다. 이에 분노한 인천여성의전화의 정회원 ○○는 자신의 페이스북에 반박의 글을 올렸다. 이 글은 전후 맥락이 삭제된 채 여기저기로 옮겨지면서 혐오 발언으로 오도되고 ○○는 혐오주의자로 낙인 찍혔다. 그러자 한국여성의전화는 그 글이 인천여성의전화와 한국여성의전화의 목적에 위배된다고 통보하면서 ○○을 징계할 것을 요구했다.

인천여성의전화는 목적에 위배될 만한 혐오 활동을 한 적이 없다는 점을 분명히 하고 오히려 혐오의 실체를 밝히기 위해 전국의 25개 여성의전화와 함께 대화와 토론의 장을 열 것을 제안했다. 그러나 한국여성의전화는 대화의 장을 열지 않고, 대신 임시총회를 열어 인천여성의전화에 ○○을 제명하고 한국여성의전화 목적에 부합되는 활동을 하기 위한 시행 계획서를 제출하라고 요구할 것을 결의했다. 그리고 이를 이행하지 않으면 인천여성의전화를 사고지부로 지정하고 제명하겠다는 공문을 보내왔다.

그러나 이는 명백한 월권이었다. 전국 25개 여성의전화가 하나의 법인체로 묶여 있긴 하나 여성의전화는 종속적인 상하 관계가 아니며, 조직이나 회계, 인사 등 모든 면에서 독립적이고 자율적인 수평적 연대체이다. 이는 1999년 한국여성의전화연합을 결성할 때 치열하게 고민하여 합의했던 정신이다. 게다가 인천여성의전화는 2011년 여성의전화 중에서 가장 먼저 법인을 독립하여 한국여성전화와 법적인 관계를 청산했고, 비록 실행은 못했지만 단체명 변경도 진지하게 고민하여 영문명이라도 바꾼 바 있다. 따라서 한국여성의전화와 인천여성의전화는 본부, 지부 관계가 아닌 말 그대로 동등한 입장에서 맺은 동지적 연대로서 제명권이 성립되지 않는 관계이다. 하물며 회원을 제명하라는 요구는 어불성설이다.

인천여성의전화는 현재의 한국여성의전화의 구조와 가치로는 더 이상 함께 여성폭력에 저항하는 운동을 전개하기 힘들다고 판단하고 총회를 거쳐 한국여성의전화와의 연대관계를 해소하기로 결정했다. 그리고 2022년 2월 공모를 통해 한국여성인권플러스라는 새 이름을 짓게 되었다.[31] 그리고 이 새로운 이름에 여성의 힘power, 열정passion, 더하다plus라는 가치를 담았다. 인천여성의전화가 한국여성의전화의 첫 번째 지부로 시작했으나 가장 먼저 독립하여 단체명까지 바꾼 것은 단순히 조직 갈등 때문이 아니다. 페미니스트 담론 투쟁 과정에서 운동론의 차이로 생긴 필연적인 결과였다.

한국여성의전화와의 연대 해소와 개명으로 회원이나 후원금이 축소되지 않을까 걱정했으나 기우였다. 새 이름 공모에 참여한 사람만 해도 499명516건이었고 후원 회원도 급증했다. 사실 회원이

---

31 제3장은 2018년 이후의 활동을 다루고 있고 한국여성인권플러스라는 명칭은 2022년부터 사용된다. 이하의 글부터 한국여성인권플러스 이름으로 기록한다.

증가하기 시작한 것은 2018년 2030 여성들과 연대한 이후부터였다. 2019년에 새로 가입한 회원의 46%가 2030 회원이었는데 2020년에는 70%가 넘어 전체 회원의 58%를 차지하게 되었다. 자연스럽게 한국여성인권플러스는 2030 회원이 관심있어 하는 이슈에 주목하게 되고 그들을 위한 사업을 구상하게 되었다. 동시에 온라인에서 활동하는 2030 회원들의 자원활동도 늘었다. 그 결과 한국여성인권플러스는 온라인의 열린 조직과 오프라인의 닫힌 조직이 공조하는 형태로 변모했다. 한국여성인권플러스의 부설기관은 오프라인을 기반으로 운영되고 있지만 홍보 미디어 사업, 국제 연대 사업 등 일부 핵심 사업은 온라인에서 활동하고 소통하는 자원활동가들이 수행하고 있다.

**자매애의 힘으로
세상을 바꾼다**

2020년대 한국여성인권플러스가 마주한 세상은 이전과는 완전히 다른 세계였다. "만인 대 만인의 투쟁"이라 할 만큼 극도의 경쟁이 일상화되었다. 여성폭력은 사라지기는커녕 세계성의[32] 지위를 획득했다. 그 속에서 개인들은 더욱 파편화되고 고립되어 간다. 이런 환경 속에서 성장한 2030 여성들과 교류하면서, 한국여성인권플러스는 지속 가능한 여성운동을 위한 비전과 미션을 탐색했다. 기존의 연대를 부수고, 여성폭력에 맞서 세상을 바꿀 수 있는 새로운 연대를 생각하게 되었다.

새로운 연대란 바로 자매애다.[33] 가부장제가 남성연대라면 자매애는 여성연대다. 자매애는 래디컬 페미니즘을 묶어준 핵심 개념으로, 한물간 관념적 유산이 아니라 현재에도 끊임없이 재해석되는

---

[32] 세계화가 세계가 통합되어 가는 과정에 초점을 맞춘 용어라면 세계성은 세계화의 최종상태이다(Yergin, 2002). Sirkin et al. (2008)은 세계성이란 경쟁 구도가 극적으로 변한 환경으로 종래와는 완전히 다른 환경이라 말한다. 세계성은 모든 사람이 "도처에 있는 모든 사람들과 경쟁"하는 극심한 경쟁의 일상화와 그로 인한 부단한 이동(구조적 변화), 기존 리더십이 영향력을 상실하는 재래식 계층구조의 변화, 새로운 비즈니스와 거버넌스 방식의 출현"이라는 특징을 갖는다. 다시 말해 "성공을 위한 궁극적인 모델은 없고 혁신과 성장을 위한 확실한 전략이 없지만 신흥 시장의 도전자는 새로운 경영자와 새로운 경쟁 현실에 이상적으로 적합한 거버넌스 구조를 진화"시킨다. https://ko.wikipedia.org/wiki

[33] 1960년대 후반 남성, 흑인들과 함께 반전운동, 민권운동에 참여했던 백인 여성들은 그 운동 속에도 성차별이 존재함을 자각하고 백인 여성만의 독자적인 조직 '시카고여성해방그룹(Women`s Liberation Movement)을 결성했다. 이들은 제도개혁을 통한 남녀평등, 여성의 사회진출을 통한 경제적인 남녀평등 실현에 주력한 자유주의 페미니즘과 구별된 급진주의 페미니즘이라 불렸다. 1968년 1월 반전시위 중 여성의 연대를 강조하는 "자매애는 강하다(Sisterhood is powerful!)"이라는 구호가 등장했다. 1970년 케이트 밀레트는 자매애를 "계급, 종교 또는 민족에 관계없이, 여성들의 사회적 통합"과 "세계 여성의 단결!"을 염원하는 의미로 사용할 것을 제안했다. 인류학자인 마르셀라 라가르드는 이 개념을 다듬어 "함께 일하기 위해 서로 함께 하는 여자들의 우정", " 함께 자유롭고 강하게 성장하여, 함께 성공하자는 것"으로 발전시켰다. https://wonderfulmind.co.kr/sisterhood-value-women-together/

유물론적인 개념이다. 자매애는 "여성들 사이의 사회적, 윤리적, 감정적 협약과도 같다. 그것은 우리가 혼자보다, 여럿이 뭉치면 더욱 강하다는 기본적인 이해에 기초하고 있다. 그 능력을 증진하기 위해서는, 우리가 모여서, 서로 단순한 타인으로서가 아니라, '자매'로서 마주할 수 있어야만 가능하다. 그것은 세상에서 진정한 변화를 이루기 위해, 결심하고 모인 집단으로서 우리의 가치에 기초한, 새로운 인간관계와 같다."[34] 또한 여성연대는 경쟁과 연대가 동시에 일어나는 관계를 말한다. "여적여가 아니라 여돕여"여자의 적은 여자가 아니라 여자가 여자를 돕는다를 의미한다.[35] 서로를 발전시키는 선의의 경쟁으로 통해 함께 성장하는 것이 자매애다.

한국여성인권플러스 안에서 자매애는 세 방향에서 형성되고 있다. 먼저 당사자주의가 자매애로 전환 중이다. 성매매 여성이나 이주여성의 경우, 당사자 운동은 이전까지 "그들이 원했다기보다는 활동가들이나 선주민 여성이 당사자를 운동의 중심에 세우겠다고 계획한 것"이었다.[36] 다시 말해 '대상화된 당사자'라고 할 수 있다. 이제 한국여성인권플러스 활동 속에서 이주여성과 선주민 여성 사이에, 그리고 이주여성 간에 서로를 온전하고 아름다운 나의 자매로 마주하고 새롭게 관계를 맺자는 의식이 나타나고 있다. 이때 당사자

---

34 https://wonderfulmind.co.kr/sisterhood-value-women-together/
35 임지영, 2022
36 김성미경 인터뷰

는 '주체화한 당사자'라고 할 수 있다.

다음으로 인천여성의전화 창립 시기 모든 여성을 품겠다는 대중성은 새로운 여성주체, 2030 래디컬 페미니스트들과 연결되며 자매애라는 새 옷으로 갈아입고 있다. 이 대중성은 외부에 있는 객체를 향해 고정된 것이 아니라 그때그때 붙잡는 이슈에 따라 형성되었다가 해소되기를 반복하는 유동적인 연대이다. 한국여성인권플러스는 이 새로운 여성 주체들이 피해자도, 대상도 아닌 세상의 진정한 변화를 위해 뭉친 자매들이라는 것을 경험하고 있다.

마지막으로 세계화한 여성폭력은 전세계에서 고통받는 모든 여성을 자매로 호명하게 했다. 1990년대 가정폭력·성폭력 추방 운동은 지역 사회에 여성폭력의 심각성을 알리고 피해자를 지원하고 여성폭력과 싸울 수 있는 지역의 여성 주체들을 만드는 것을 목표로 삼았다. 2000년대 이후 세계화 과정에서 여성폭력은 이주여성의 얼굴로 나타났고, 인천여성의전화는 여성폭력이 전지구적으로 연결되어 있는 성착취 시스템이라는 것을 자각했다. 2020년대에 들어서면서 세계 여성, 페미니스트, 자매들과 연대하기 위해 단체명에 '인천'이란 지명을 떼고 '한국'을 붙였다.

2 여성혐오 근절, 반성착취 운동

여성폭력은 래디컬 페미니즘이 발견한 핵심 이슈다. 여성의전화는 오랫동안 래디컬 페미니즘의 이슈를 다루면서 법과 제도를 바꾸어 여성의 사회적 지위를 향상시키려는 리버럴 페미니즘의 방법으로 운동해 왔다. 그러나 래디컬 페미니스트들은 문화 페미니즘이라 불릴 만큼 여성을 의식화하고, 여성만의 공간을 만들고, 여성의 언어, 문화, 역사를 드러내고 길러내어 여성들의 힘을 키우는 것을 중요하게 생각한다. 물론 목적을 위해서 필요한 수단과 방법을 적절히 활용하는 지혜가 필요하다. 한국 여성폭력 추방 운동의 발전은 이런 방법론에 힘입은 바가 크다.

제도화한 기관이나 시설을 운영하고 피해 여성을 지원하다 보면 어쩔 수 없이 남성적 국가, 법, 제도 등에 포섭될 수밖에 없다. 남성들이 규정한 제한선을 넘을 수 없다는 것도 이미 경험했다. 그렇다고 문화 운동에 어려움이 없는 것도 아니다. 개인의 자발성에 기대어야 하기 때문에 순간적인 확장성은 있으나 지속성이 적다. '생물학적인 여성'만을 외치기 때문에 국가의 지원을 받기도 어렵고 자원 동원이 어려울 때가 많다. 그러나 한국여성인권플러스는 여성들의 힘을 믿고 한 번 해보기로 했다. 2030 여성과 연대함에 따라 이들의 주 이슈인 여성혐오, 성착취에 대해 학습하고 운동 방법도 달라져야 했다.

페미니즘 교재, 카드뉴스 물꼬

2030 여성들이 주로 머무는 온라인 공간은 한국여성인권플러스에게는 아주 낯선 곳이었다. 그러나 2030 여성들과 소통하고 연대하기 위해 이들이 선호하는 카톡 플러스, 페이스북, 인스타그램과 같은 SNS를 적극적으로 활용해야 했다. 대부분의 시민사회단체가 SNS를 일상적으로 활용하고 있으니 당연한 일이지만 문제는 콘텐츠였다. 매일매일 발생하는 사건과 쏟아지는 이슈를 어떻게 선별하고, 어떤 관점으로 어떻게 표현하고 나눌 것인가가 문제였다. 또한 2030이 공감하고 연대하는 이슈와 생각을 기성세대에게 효과적으로 전달하는 것도 쉽지 않았다.

제일 먼저 시작한 SNS 소통은 카톡 플러스였다. 몇 년간 잠잠했던 한국여성인권플러스의 활동내용을 회원들과 지역 사회에 널리 알리는 것이 시급했다. 회장 스마트폰에 저장되어 있던 회원, 단체, 기관, 지역 사회 인사들의 연락처를 총동원했다. 2018년 205명으로 시작한 카톡 플러스 구독자는 2022년 417명으로 증가했다. 그러나 소통 방법이 일방적이어서 받는 이들의 반응을 알 수 없다는 문제가 있었다. 당연히 자발적으로 카톡 플러스에 가입하는 사람도 없었다.

이를 답답하게 여긴 2030 회원들은 SNS 소통은 문자보다 이미지가 더 효과적이니 카드뉴스를 제작하자고 제안했다. 종이 회보였던 「물꼬」를 계승한다는 의미로 '카드뉴스 물꼬'라고 이름 붙였다. 2018년 2030 자원활동가 웹툰 작가 덕분이 제작한 제1호 카드뉴스의 제목은 '여성에게 안전한 곳은 없다: 부평역 화장실 폭행 사건'이었다. 강남역 살인 사건 이후 인천에서 발생한 여성혐오 사건을 다룬 콘텐츠였다. 카드뉴스 마지막 페이지에는 구독자들이 작은 행동이라도 실천할 방법을 제시하고 '지금 아니면 언제? 내가 아니면 누가?'라는 구호를 덧붙였다. 첫해에는 자주 발행하지 못했지만, 사건이 발생할 때마다 시의적절하게 카드뉴스를 발행하자 삽시간에 전국에 회자되기 시작했다.

카드뉴스는 다양한 여성폭력 이슈를 잡아내어 문제의 핵심을 여성의 눈으로 재해석하고 효과적으로 전달하여 페미니즘 교재 역할을 톡톡히 하고 있다. 살러온이 발행하는 폭력 피해 이주여성 상담 현장의 이슈를 소재로 한 카드뉴스는 전국의 이주 관련 단체나 사회복지 교수들에게 필수 교재가 되었다. 월 1회 정기적으로 발간하는데 2023년 말 기준으로 한국여성인권플러스 카드뉴스 63호가 발간되었으며 살러온 카드뉴스는 34호가 발간되었다.

한국여성인권플러스의 사업 안내나 성명서도 수시로 카드뉴스로 제작되었다. 그리고 이런 콘텐츠를 더 확산하기 위해 페이스북과 인스타그램을 운영한다. 페이스북 팔로워는 2018년 첫해 470명에서 2019년 1,025명으로 200% 이상 증가했고 2023년에는 1,200여 명이 구독하고 있다. 인스타그램 팔로워는 2019년 시작 첫해에 200명이었고, 2020년 345명으로 173% 증가했다. 2022년 세계 여성 뉴스 큐레이션 채널 '여성뉴스'를 개설하자 구독자는 871명으로 급증했다. 2023년 한 해 동안 103회를 게시했고 팔로워는 1,874명이다.

여성뉴스는 주 1~2회 전 세계에서 일어나는 여성폭력과 차별 관련 뉴스들을 요약, 번역하여 소개하는 채널이다. 2021년부터 시작된 국제연대 사업 '프로젝트 사파구하기'를 운영하면서 모금 운동을 소개하고 세계 여성인권 이슈를 확산하기 위해 개설했다. 그 밖에도 2030 회원들의 제안과 시대 흐름을 반영하여 온라인 공간 게더타운후에 '젭ZEP'에 '자매의 숲'이란 공간을 건설했다. 코로나 시기 오프라인 만남을 대신하여 온라인 행사를 열거나 교육을 하는 공간으로 톡톡히 활용하였다. 3·8 여성대회와 세계 여성폭력 추방 주간에 온라인 국제 강연 영상자료를 게시하거나 영화제데저트 플라워를 열기도 하고 부설 기관 홍보와 자료 전시행사도 진행했다.

카드뉴스 물꼬와 여성뉴스는 늘 현안 이슈를 소개하고 페미니즘 관점으로 해석하여 구독자들에게 페미니즘 학습의 기회를 제공하고, "그 시대의 여성 문제들을 스틸 사진처럼 찍어서 저장"하는 아카이브의 역할을 하고 있다. 그 뿐만 아니라 한국여성인권플러스가 활발하게 활동하는 단체라는 이미지를 심어주어 새 회원들이 들어오는 포털의 역할을 톡톡히 하고 있다.[37]

잃어버린 여성 서사를 찾아서, 여성역사발굴단

페미니즘 인문학 교육 강좌 '여성역사발굴단'은 영화 '1987'에 대한 분노에서 기획되었다. 영화에서는 1980년대 민주화 운동과 박종철 고문 사망 사건을 묘사하면서 여성의 활약을 지우고 주변화하였다. 여성역사발굴단은 드러나지 않은 여성의 이야기를 발굴해 알리고, 여자들이 힘을 합쳐 여성혐오에 저항했던 역사를 교육하여 대중 여성의 페미니즘 의식을 향상하고 실천력을 높이고자 했다.

운동에 직접 참여했던 운동가나 현장을 연구한 연구자를 수소문하여 강의를 의뢰했다. 또 강좌를 마치고 나서는 관련 현장 한 곳을 선정하여 수강생들이 함께 여행하는 프로그램으로 재미를 더하고 자매애를 돈독하게 했다. 이론 중심이 아닌 다양한 여성의 경험

---

37 김성미경 인터뷰

과 현장 중심의 강의와 여행은 쉽고 재미있어 매년 수강생이 증가했다. 특히 강좌마다 보편적인 주제 속에 인천 여성의 역사를 포함한 것은 지역 운동의 정체성을 살리는 신의 한 수였다.

2018년 봄, 여성역사발굴단은 일제 강점기부터 근대 산업화 시기 한국 역사 속의 여성을 발굴하는 내용으로 강의를 시작했다. 1980년대 민주화운동 시기 여성, 산업화 시대 어린 여공, 민주노조 운동에 앞장선 인천 여성노동자, 5·18 민주화운동에서 활약한 여성의 이야기를 들었다. 강좌가 마무리되는 5월에는 수강생들과 함께 광주를 기행하며 민주화운동 역사와 여성의 서사를 찾아 공부에 깊이와 현장감을 더했다.

한편 '파란 여성'이란 그룹은 2018년 5월 18일부터 6월 10일까지 크라우드 펀딩 텀블벅 프로젝트 「여성 민주열사를 기억하는, 파란 여성 프로젝트」를 열어 1,392명으로부터 모금했다. 이 후원금을 전달할 곳을 찾던 중 여성역사발굴단 강좌 소식을 접하고 한국여성인권플러스가 선정하는 여성에게 후원해 달라고 요청했다. 한국여성인권플러스는 5·18 민주화운동의 여성 주역 차명숙 선생에게[38] 전달했다.

하반기에는 정신대, 일제 강점기 인천 여성, 해방 후 미군정기

---

38 차명숙 선생은 광주항쟁 마지막 날까지 가두방송을 한 3인의 여성 중 한 사람으로 한국여성인권플러스는 광주기행 중 직접 만나 당시의 상황에 대한 증언을 들었다.

여성, 한국전쟁 속 여성의 이야기를 들었다. 마무리 활동으로 11월에 인천의 동일방직 등 근대 여성 노동운동 현장과 성착취 집결지 옐로하우스를 답사했다. 이 강좌는 성평등연구교사회의 관심을 끌어 초등학생을 대상으로 교육해 달라는 의뢰로 연결되기도 했다.

2019년 상반기에는 제주 특집으로 제주 4·3 항쟁과 여성, 제주 해녀와 항일투쟁, 제주 여성 농민운동, 제주 여신과 모계 문화에 관해 공부하고 제주도로 여신 기행을 했다. 하반기에는 여성소비자운동, 포르노와 성 상품화, 비정규직의 여성화, 사이버 성폭력 등 2030 여성들의 반성착취 투쟁 활동과 역사를 공부했다. 답사지는 군산의 아메리카 타운으로, 성착취 집결지 대명동·개복동 화재 참사로 숨진 여성들을 추모하면서 성매매 추방 운동의 의지를 다지는 민들레 순례 일정에 맞추었다.

2020년, 갑작스러운 코로나19 팬데믹으로 강좌를 열기 어렵게 되자 하는 수 없이 온라인 교육으로 전환하였다. 과연 될지 미심쩍은 마음이었다. 그런데 예상과 달리 수강생은 대면 교육 때의 4~5배에 이르는 대성황을 이루었다. 팬데믹 조치로 인해 여행할 수 없는 건 아쉬웠지만, 온라인으로 진행한 덕분에 여성들이 전국에서 참여했고, 심지어 해외에서도 수강할 수 있게 되었다. 전화위복이라고 할 만 했다. 이주여성을 주제로 1960~70년대 파독간호사, 하와이 사진신부, 러시아 이주 한인 여성, 재일 조선인 여성, 북한 여성 등 한국 여성의 해외 이주 역사를 다루고, 캄보디아, 필리핀, 인도네시아 등 아시아 이주여성의 모국 이야기를 들었다.

2021년에는 '국경 없는 여성착취, 국경 없는 여성연대'라는 주제로 이슬람 근본주의 국가의 여성인권, 인도의 성폭력 실태와 여성운동, 국제 인신매매 퇴치 운동, 일본의 여아 성착취와 포르노 반대 운동, 유럽의 대리모 철폐 운동 등 세계의 성착취 현장 활동가를 초빙하여 이야기를 들었다.

2022년에는 회원들의 신청을 받아 함께 나누고 싶은 주제로 회원들이 강의하는 '품앗이 강좌' 형태로 진행하였다. 탈성착취 여성들이 경험하는 세상, 한반도 젠더 체제: 북한은 어쩌다 한 자녀를 선호하게 되었나, 대리모를 정상화하려는 국제적 움직임과 페미니스트의 저항, 왜 일베인가? 『보통 일베들의 시대』 함께 읽기, 스몰 비즈니스 시대 방구석 사장님 되기 등의 다양한 강좌로 회원들의 관심사를 나누었다.

이렇게 여성혐오와 성착취 이슈를 주제로 성공적인 교육 강좌를 개설하며 큰 호응을 얻었지만, 초반에는 안타깝게 실패한 프로그램도 있었다.

결과보다 빛나는
여성운동의 과정, 탈코캠프

2016년 강남역 살인 사건에서 가장 큰 영향을 받은 것은 2~30대에 이르는 젊은 여성들이었다. 이들의 성평등 의식은 놀랍게 성장했고 탈코르셋 운동, 임신중단합법화 운동, 여성 소비 총파업 운동에도 적극 참여했다. 그러나 중·고등학교에는 여전히 여성혐오가 만연해 있었고 여학생들의 불만이 한 번에 터져 나왔다. 스쿨미투 운동이 시작되면서 페미니즘 운동은 10대 여성들에게도 불이 붙었다. 이제 각성하기 시작한 청소년들을 위한 프로그램이 필요했다.

고등학교 여학생을 위한 성교육 프로그램 '탈코 캠프'를 기획했다. 그러나 시작 단계에서부터 장애물을 만났다. 홍보가 나가자마자 트위터 등에서 캠프에 가지 말라는 글이 엄청나게 리트윗되었다. '탈코, 힘조!'라는 프로그램명이 퀴어를 비하하는 표현이라는 것이었다. 인천퀴어축제기획위원회는 직접적으로 사과를 요구했다. 한국여성인권플러스는 정중하게 사과를 거절했다.

이런 와중에도 카드뉴스를 페이스북에 올려 홍보하려 했으나 페이스북은 여성 상반신 노출 그림을 문제 삼아 광고 승인을 거부했다. 30여 명의 여성 중에 단 한 명이 상의를 탈의하고 있는 만화였는데, 이것을 선정적인 노출이라는 이유로 검열한 것이다. 인천여성의전화는 즉각 항의하는 성명을 발표했다. 그런데 의도하지 않게 SBS 8시 뉴스에서 이 내용을 페이스북을 비판하는 입장으로 비중 있게 보도하였고, 페이스북의 성차별적인 행태를 가감 없이 드러내는 기회가 되었다. 탈코 캠프는 비록 단 한 명의 참가자만으로 진행해야 했지만 엉뚱한 데서 예상치 못한 성과를 얻었다.

교내 성폭력 퇴치 운동,
스쿨미투

2018년 초 미투운동이 한국 사회를 강타했다. 미투운동이란 2017년 10월 미국의 영화제작자 하비 와인스타인의 성폭력 및 성희롱을 폭로하고 비판하기 위해 여배우들이 해시태그 운동#Me Too을 시작한 데서 붙여진 이름이다. 한국에서는 2018년 1월 29일 서지현 검사가 검찰 내부 통신망에 자신이 검찰의 고위 간부들에게 성추행 당하고 인사 불이익을 받았다는 글을 올린 다음 JTBC 뉴스룸에 나와 공개 인터뷰하여 큰 파장을 일으켰다.

이를 계기로 각계각층에서 자신이 성폭력을 당했다고 공개 증언하는 미투운동이 시작되어 문단, 연극계, 영화계, 정계, 학계, 교육계 등으로 확산되었다.39 인천여성의전화도 즉각 서지현 검사 지지 성명을 내고 그 추이를 지켜보았다. 3·8여성의날을 맞이하여 인천여성연대와 함께 부평역 광장에서 「부평역 화장실 폭행 사건 규탄과 #미투 캠페인」을 전개했다.

  미투운동은 스쿨미투라는 이름으로 청소년들에게 전이되었다. 스쿨미투는 이미 2016년 '#문단 내 성폭력' 온라인 해시태그 운동을 통해 밝혀진 △△예고 문예교사 배모 시인의 성폭력에 대한 졸업생들의 고발에서부터 시작되었다고 볼 수 있다. 그러나 재학생들의 미투운동은 2018년 5월 서울 ○○여고에서 시작되었다. 온라인에서 여성 인권 문제에 대해 자각한 학생들이 창문에 포스트 잇 '#With You', 'We Can Anything', '#Me Too' 등을 붙인 것이다. 곧 학교 성폭력 문제는 세계적인 이슈가 되었다. 유엔 아동권리위원회는 스쿨미투를 아동 인권의 문제로 보고 2019년 한국의 청소년 페미니즘 모임을 초청하여 이야기를 들었다. 위원회는 한국에서 "교사에 의한 성희롱뿐 아니라 온라인 아동 성매매와 그루밍의 증가

---

39 한국사회의 성폭력 고발 운동은 이번이 처음은 아니다. 1984년 11월 16일 경희대 여학생이 연행과정에서 경찰의 성추행을 당했다고 공개 폭로한 데 이어 1980년대 내내 경찰의 성추행 폭로는 지속적으로 이어졌다. 그 절정은 1986년 6월 26일 폭로된 소위 '부천서 성고문사건'이다. 1990년대 초반 일본군 위안부 여성들의 외침은 1993년 비엔나 인권회의에서 전시 중의 비인도적인 행위, 즉 여성폭력으로 인정받게 하였다. 서울대 신교수 성희롱 사건에서 우조교의 증언으로 직장 내 성희롱이란 개념이 정립되었다. 2000년대 들어 온라인 공간에 여성혐오가 만연하면서 2016년 '#oo 내 성폭력' 운동이 있었으며, 여성들의 분노와 연대는 미투운동에서 폭발했다.

를 포함해 성폭력 및 성적 학대가 여전히 만연하다"고 지적했다.[40]

비슷한 시기에 인천에서도 일부 교사의 성희롱과 성차별적 혐오 발언들이 도마에 올랐다. 2018년 5월 ○○여고 계단 거울에 교사의 성희롱, 성차별적 발언들을 고발하는 포스트잇이 붙었다. 이에 학생들이 응답하면서 교내 공론화에 불이 붙었다. 학교 측에서는 학생들의 입을 막기에 바빴고 문제 제기한 학생들을 비난하는 학생들도 있었다. 학교 측에서 포스트잇을 떼어내자, 학생들은 남교사가 출입할 수 없는 여자 화장실에 포스트잇을 부착하고 학생들의 의견을 모았다.

7월에는 일명 '구지가' 교사 사건이 발생했다. 여성연대는 "교사의 수업 의도가 아니라 교사의 성희롱성 태도와 맥락이었다. 또한 성적 불쾌감을 호소하는 학생들의 목소리를 무시한 교사의 자만심이었다. …교사의 의도가 옳았다고 하더라도, 성평등 교육을 위한 공인된 자료라고 하더라도" 학교 내 성불평등한 권력관계에 대한 이해와 "성인지 감수성이 결여된 교사의 교육을 성평등 교육이라 인정할 수 없다."라는 내용을 담아 「성적 수치심을 밝힌 10대 여성들의 용기에 응원한다」라는 성명을 발표했다. 교육청은 해당 교사를 파면 조치했다. 그러자 시민사회에서는 가해 교사를 옹호하는 움

---

40 프레시안, 「유엔이 한국정부에 무엇을 권고했는지 살펴봤다」, 2019. 11.17

직임이 나타났다. 비슷한 일이 광주의 한 중학교에서도 일어났다.[41]

9월이 되자 ○○여중, ◇◇여중, ☆☆여중, △△중, ◇◇여고 등으로 스쿨미투가 확산되었다. 2018년 5월부터 2019년 1월까지 외부로 알려진 것만 해도 12개교중학교 7개교, 고등학교 5개교에 이르렀다. 교사에 의한 학생 성희롱, 성차별적 언행이 대부분이었다.

○○여고 스쿨미투가 알려지자 청소년성문화센터는 곧바로 기자회견을 열어 스쿨미투를 지역 사회에 알렸다. 한국여성인권플러스는 인천여성연대와 함께 학생들의 외침에 적극 응답하기로 했다. 한국여성인권플러스, 인천여성민우회 등 15개 단체는 「스쿨미투에 인천은 적극 응답하라!」는 제목으로 공동 성명을 내고 온라인 서명운동을 전개하고, 총 2,118명의 서명을 받아 교육감에게 전달했다.

한편 인천여성연대와 인천성평등정치네트워크는 인천시 교육감을 면담하고 "민간이 포함된 스쿨미투비상대책위원회를 신설할 것, 가해 교사와 피해 학생들을 분리할 것, 성폭력 예방, 성평등 교

---

41 광주의 한 도덕교사(50대 남자)가 진행한 성윤리 단원 수업이 논란을 일으켰다. 해당 교사가 수업에서 사용한 수업자료와 발언 등으로 학생들이 성적불쾌감을 느꼈고, 이를 스쿨미투 민원을 통해 교육청에 신고했기 때문이다. 광주시교육청은 해당교사를 직위해제하고 피해자와 분리시켰다. 이에 해당 교사 측은 지지 모임을 결성하고 성평등 교육을 한 교사를 성범죄자로 매도했다며 수업 배제와 경찰수사 의뢰를 철회할 것을 요구했다. 가해 교사를 옹호하는 시민사회의 목소리가 더 커 피해 학생과 이를 지원하는 여성단체는 위협을 느끼기까지 했다. 한국여성인권플러스는 즉각 광주에서 일어난 스쿨미투 운동에 대해 공감하며 광주여성민우회가 발표한 성명에 연대의 의지를 밝히는 성명(「성평등 교육을 말하며 스쿨미투 피해학생들의 목소리를 지우지 마라」)을 발표했다.

육은 집체 교육과 방송 교육을 금지할 것" 등을 요구했다. 인천 지역 페미니스트 그룹 '폐악'은 후배들의 스쿨미투를 지지하며 등굣길 캠페인을 펼쳤다.[42]

학생들은 트위터 해시태그 운동과 같이 온라인 공론화 방식을 사용하여 대응했다. 기존의 여성운동에서는 볼 수 없었던 새로운 세대의 낯선 운동 방식을 이해할 필요가 있기 때문에 좀 길지만 인천 스쿨미투 운동을 담은 책 『우리 목소리는 파도가 되어』에 소개된 부분을 인용해 보기로 한다.

> 학생들은 스스로 문제를 인식하고 공론화했는데 공론화는 보통 트위터 계정을 통해서 하고 동시에 교내에 포스트잇이나 대자보를 붙이는 식으로 이원적으로 진행했다. 누군가 트위터에 공론화 계정을 열고 말을 시작하면 재학생과 졸업생들이 해당 계정으로 정보를 붙이는 식으로 제보하는 식이었다. 제보를 모아 한 채널로 공개하는 게 원칙이고, 가끔 잘못된 제보로 생길 수 있는 문제 때문에 여러 번의 확인 절차를 거쳐 공개되었다.
>
> 트위터에서 이슈를 끌어 모아 해시태그 총공, 네이버 검색어 총공, 국민신문고 및 교육청 민원 총공, 전화 총공, 팩스 총공이라는

---

42 2018년 인천여성민우회가 개최한 페미니즘 강좌 후 결성된 그룹, 이들의 활동은 문지혜(2019) 참조

식으로 다양하게 학교와 교육청을 압박했다. 공론화 계정이 생기면 교내에서 포스트잇 액션을 시작하는 사람들이 있었는데 많은 학생이 동참함으로써 공론화 계정주를 지지하고 보호했다. 학교 측에서는 보통 이런 사태를 무마하고 은폐하려는 목적을 가지고 있기 때문에 초기에 계정주 색출에 열을 올리는 경우가 많았다.

공론화 계정과 별개로 이 문제에 깊이 공감한 학생들이 모여 대책위원회를 구성하고 학교, 학부모, 학생으로 구성된 교내 비상대책위원회 참석을 요구했다. 교사들이나 다른 의견을 가진 학생들에 의해 포스트잇이 훼손되기 시작하면 대자보가 붙기도 했고, 대자보를 혼자 쓰기 어려우면 가까운 인권단체의 조언을 받기도 했다. 간혹 가해자로 지목된 교사가 학생을 대상으로 역고소하겠다고 공표하는 경우가 있었는데 고소당할 것에 대비해서 여러 절차를 알아두고 도움받을 곳을 수소문하기도 했다.

어린 학생들이 법적 자문을 구하는 일이 빈번했다. 도움을 받기 위해 여성단체에 연대요청을 하고, 교외에서 학교를 압박할 수 있는 여러 방법을 찾고, 교육청을 움직이고, 공식적인 자리에 참여해 목소리를 냈다. 성명을 발표하고 집회를 열고 비슷한 활동을 하는 다른 학교 학생들과도 친구가 되었다. 학생들의 이런 활동에 비하면 학교와 교육청은 조직화하지 못하고 우왕좌왕하며 어쩔 줄을 몰랐다. 여성단체들의 활약이 없었다면 교육청은 아직도 갈피를 잡

지 못했을 것이다.[43]

그러던 중 10월 어느 날, 인천여성의전화로 ◇◇여고 학부모회 어머니들로부터 만나고 싶다는 연락이 왔다. 늦은 밤 ◇◇여고 근처 카페에서 10여 명의 어머니들을 만나 이야기를 들었다.

학부모회는 트위터에 공론화 계정이 생긴 이후에 교장 선생님을 즉각 찾아가고 학교와 대화하면서 최대한 학생들을 보호하고 학생들이 피해 사실을 말할 수 있도록 직접 나서 전수조사까지 진행했다. 어머님들은 이후 진행되는 상황에서 학교 측의 부적절한 대응과 학생 이차 가해에 관한 문제를 인식하고 아이들을 위해 더 나은 방법을 찾기 위해서 여성단체를 수소문했던 것이다. …어머님들은 미투라고 하는 것이 정확하게 무슨 뜻인지 궁금해했고, 이런 상황이 사회적으로 유례가 없는 일인 데다 개인적으로도 처음 겪는 사태라 갈피를 못 잡고 있다면서 답답한 마음을 토로했다. …어머님들의 용기에 화답하여 우리가 할 수 있는 것을 최대한 돕겠다고 약속했다. 그렇게 인천은 학부모님들의 활약으로 학생-학부모-페미니스트의 삼각 전선을 구축할 수 있었다.[44]

---

43   국지혜, 2019: 268~269
44   국지혜, 2019: 250~251

밤늦도록 머리를 맞대고 의논한 결과 한국여성인권플러스는 학부모들이 참석하는 집담회를 마련하기로 했다.[45] 10월 12일 긴급 집담회 「스쿨미투를 통해 성평등 만들기」가 열렸다. 졸업생, 학부모, 교사, 시의원, 여성단체, 기자 등으로 집담회장이 가득 찼다. ◇◇여고 운영위원장은 학부모를 대표하여 ◇◇여고의 실태를 알리고 학생 지지를 선언했다.

집담회가 끝날 무렵 ○○여고 피해 학생들이 「우리에게 부모는 없습니다」라는 제목의 글을 낭독했다. 그 절절함에 참석자들 모두가 눈시울을 붉히고 말았다. ◇◇여고 학부모들은 ○○여고 학생들의 손을 잡고 껴안으며 연대를 약속했다.

우리에게 부모는 없습니다

학교와 선생님들의 부당한 언행을 폭로하고 나선 우리에게 부모는 없습니다.
부모님은 우리가 학업에만 집중할 것을 원합니다.
내신 성적에서 불이익을 당했을 때는 불같이 화를 내며 마스크를

---

[45] ◇◇여고에서는 두 번째 스쿨미투가 발생하자 학부모들이 직접 나서서 집담회를 열었다.

쓰고 거리로 나오는 부모들이 학교에서 당한 인권침해를 호소하면 무관심합니다.
오히려 딴짓하지 말고 공부나 하라며 혼이 나기도 합니다.
무엇이 중요한 겁니까? 무엇이 진짜 공부입니까? 우리가 페미니즘을 배우면 안 되는 이유가 뭡니까? 무엇이 두려우신 겁니까?
미투운동은 우리를 성장시켰습니다. 나 자신뿐만이 아닌 다른 사람들의 아픔에 공감하고 그들을 위하는 방법을 배웠습니다.
우리들의 언니가 겪었을 아픔을 호소하고 동생들이 겪을 수도 있는 피해를 예방하기 위해 목소리를 내면서, 여성들이 자신의 피해를 보상받기 위해 미투운동에 나서는 것이 아님을 알았습니다.
우리 역시 여성 인권이 발전하는 거대한 흐름의 하나임을 배웠습니다. 우리가 목소리를 낼 수 있기까지 앞서 많은 이들의 노력이 있었고, 우리의 노력이 후에 여성들이 자신의 인권을 지키는 데 디딤돌이 되어야 함을 알았습니다.
친구들과 뜨거운 연대에 감동했고 두려움을 지울 수 있었습니다.
혹자는 우리들이 학교의 위신을 망치고 있다고 합니다.
하지만 우리는 학교를 사랑합니다. 학교를 진정 사랑하기에 부당한 폭력을 근절하는 것이 학교의 위신을 살리는 일이라고 자부합니다.
우리의 목소리가 학교를 변화시키기 위해서는 당신들의 지지가 필요합니다.
그러니 당신들이 우리의 부모가 맞다면 일어나 주세요. 우리의 호소에 귀 기울이고 우리의 인권을 지키는 일에 지지를 보내 주세요.
이제 나는 엄마 아빠에게 묻고 싶습니다.
당신들은 우리의 부모님이 맞나요?

집담회를 연 지 일주일 만에 여성단체들의 요구가 받아들여져 인천스쿨미투 비상대책위원회가 열렸다. 비대위는 교육청 13명, 여성단체 3명, 성폭력 예방 교육기관 대표 2명, 경찰, 변호사, 학부모, 교사, 교장, 시 공무원, 시의원 등 25명으로 구성되었고, 김성미경 회장이 인천시교육감과 함께 공동위원장을 맡았다. 스쿨미투 발생 학교 현황과 경과가 보고되었고, 피해자 및 제보자 지원 방법 및 실태 파악을 위한 전수조사 방식 등이 논의되었다. 이어서 시민 모니터링단을 구성하고 성 인권교육 프로그램을 논의했다. 스쿨미투 비상대책위원회는 논의 결과를 정리하여 「인천형 스쿨미투 대응 매뉴얼」을 만들어 배포했다.

이 매뉴얼에 따르면, 학교 성폭력이 발생하면 교육청이 해당 학교에 들어가서 전수조사 후 경찰에 고발할 것, 해당 학교 학생과 교사에 대한 성인식 교육을 실시할 것, 피해자에게 상담 및 치유 프로그램 지원할 것, 가해 교직원 재발 방지를 위한 교육 및 상담 의무화(20시간 이수), 시민 모니터링단 운영 등의 지침이 들어있다. 청주에서 스쿨미투 운동을 하던 여성들은 인천 스쿨미투 비상대책위원회가 만든 매뉴얼을 참조하여 자신들의 매뉴얼을 만들었다.

여성단체들은 여기에서 멈추지 않았다. 교육청에 스쿨미투 전담팀 신설을 요구하는 437명의 서명을 받아 시의회 교육위원회 위원들과 교육감에게 전달했다. 그 결과 교육청에 스쿨미투 전담팀인 성인식 개선팀을 만들고 산하에 성인식개선위원회를 설치했다. 스쿨미투 비상대책위원회가 그대로 성인식개선위원회로 전환해서 피해자, 제보자, 가해 지목 학생 등을 지원하기 위한 체계를 논의했다.

그 와중에도 스쿨미투는 계속 번졌다. 12월 15일, 이번에는 학부모들이 직접 주도하여 인천 스쿨미투를 지지하는 학부모 집담회를 열고 스쿨미투 활동 청소년 및 학부모가 함께 스쿨미투 현황을 파악하고 성평등한 학교를 만들기 위한 과제를 논의했다.

12월 21일 정부는 사립학교 교원이 성범죄를 저지르면 국공립 교원 수준으로 징계하겠다는 '교육 분야 성희롱·성폭력 근절 대책'을 발표했다. 12월 27일 스쿨미투 활동가들은 인천 교육청 앞에서 기자회견을 열고 자신들의 요구를 담은 성명서를 교육감에게 전달했다. 이어 총 27개 단체가 모여 인천 스쿨미투 지지 집회 「스쿨미투가 학교를 바꾼다」를 개최하고 "학생 인권 조례를 제정할 것, 학교 및 교육청 내 스쿨미투 대책위에 학생 당사자를 포함할 것, 인천 지역 전 학교에 교내 성폭력·성차별 전수조사를 실시할 것" 등을 요구했다.

2018년이 저물어가며 치열하게 싸웠던 스쿨미투는 체계적인 해결 방안을 찾았고 학교는 안정되기 시작했다. 인천여성의전화는 어린 여성들의 투쟁과정을 기록으로 남기기로 했다. 『우리 목소리는 파도가 되어』는 중학생을 포함하여 6명의 재학생과 1명의 졸업생 당사자 혜안, 서호선, 박보현, 박소연, 손영채, 남지민, 이윤지 학생들과 ◇◇여고 운영위원장 학부모 대표 이해은, 페미니스트 그룹 페악 활동가 문지혜, 인천여성의전화 김성미경 회장, 인천여성의전화 교육팀장이자 열다북스 대표 국지혜가 활동 기록과 생각을 담았다. 부록으로 이 기간에 수집된 전국의 교내 성폭력 가해 모음, 인천 스쿨미투 운동 연표, 스쿨미투 매뉴얼 등이 실렸다. 이 책 뒤표지에는 ○○여고 박보현의 글에서 따온 감동적인 글이 실려 있다.

> 나는 스쿨미투를 통해 성장했다. 논리적으로 글을 쓰고 사람들과 대화하는 법을 배웠고 일상생활 속에서 느끼는 불편함을 짚고 넘어갈 수 있는 용기가 생겼다. 그리고 그 용기가 꼭 나만을 위한 것이 아님을, 나와 같은 일을 겪을 수 있는 다른 사람을 위한 것임을 알게 되었다. 페미니즘을 공부하기 시작했고 페미니스트를 꿈꾸게 되었다. 나는 선생님들에게 사랑받던 이전의 모습보다는 지금의 할 말은 할 줄 아는 내가 더 좋다. 다른 누구보다 스스로에게 사랑받을 수 있는 사람이 되어가고 있다.

추운 겨울을 나고 새싹이 돋는 봄을 지나 잎이 무성한 초여름에 출판기념회가 열렸다. 그 사이 대학생이 되거나 한층 성장한 학생 당사자들이 상기된 표정으로 출판기념회에 참석했다. 학부모와 친구들, 여성단체 회원들은 서로에게 열렬한 응원과 격려의 박수를 보냈다. 지금 그들은 어디서든 스스로를 사랑하며 할 말은 하고 살고 있을 것이다.

스쿨미투가 공론화되는 동안 교사들도 말하지 못할 고통을 겪었다. 학교 공동체는 분열되었고 학교의 변화는 미온적이었다. 학생들을 걱정하며 맘 아파하거나 함께 나서지 못해 미안해하는 교사들이 많았고, 한편으론 스쿨미투가 교권침해 논란으로 이어지는 것을 걱정하기도 했다. 인천여성의전화는 도서 출판으로 스쿨미투 활동을 마무리하면서 교사들을 위한 자리를 열었다.

2019년 8월 22일, 전교조 인천지부, 인천여성연대와 함께「스쿨미투, 참교육을 다시 묻다-성폭력 없는 학교를 위한 교사간담회」를 마련했다. 30여 명의 교사가 참석하여 그간의 혼란과 고통스러움을 나누고 서로를 위로했다. 그리고 얻은 것과 잃은 것을 되돌아보면서 스쿨미투가 학생과 교사 간 성장의 기회가 되길 기대하며 변화를 위해 노력하자고 다짐했다.

인천은 전국에서도 스쿨미투 운동이 매우 활발했던 곳이다. 그만큼 많은 성과도 남겼는데 가장 큰 성과는 교육청과 여성단체, 학생과 학부모가 힘을 모아 교육청에 성인식 개선팀을 신설하고 체계적인 스쿨미투 대응 지침을 만들었다는 점이다. 그리고 2020년 조선희 시의원이 발의하여 인천광역시교육청 성차별 성폭력 없는 학교 및 교육환경 조성을 위한 조례, 일명 인천 스쿨미투 조례도 제정되었다.

무엇보다 스쿨미투 운동에 학부모가[46] 참여한 곳은 전국에서 인천이 유일했다. ◇◇여고 운영위원장은 문제 해결을 위해 여성단체와 연대했으며 심각한 학교 성폭력 문제를 정확하게 인식하고 학생들을 믿었다. 자녀에게 피해가 갈 수 있다는 두려움을 극복하고 학부모의 의견을 모아서 교사 징계권을 가지고 있는 사립학교를 상대로 싸웠다. 용기있게 집담회에 나와 실태를 알리고 학생들을 지지하고 응원했다. 어머니들은 피해 학생들의 손을 잡으면서 '사회적 부모'로 변화했다.

나는 사회나 정치적인 문제에 전혀 관심도 없고 별생각 없이 살아왔다. 지금의 현실은 아이들이 바르게 커가려면 우리가 모두 사회적 부모가 되어야 한다는 것이다. …나도 아주 두렵고 불안했고 망설였다. 한 학생은 자기 부모에게 말조차 꺼내지 못했다고 했다. 솔직히 다른 아이들보다 당장 내 아이가 떠올랐다. 내가 적극적으로 나서면 나로 인해 아이가 피해를 볼까 봐 걱정되기도 했다. 그런데 내가 거절하면 누가 이 아이들을 도와주고 지켜줄지 생각했다. 그래서 함께 활동하는 학부모들에게 함께 지켜주자고 도와달라고 요청했다. …○○여고 학생들이 '우리에게는 부모가 없습니다.'라는 성명을 발표했다는 것을 들었을 때 너무나 마음이 아프고 짠했다. …

---

46 정확하게 말하면 어머니들이었다.

전교생에게 나는 마이크에 대고 '학부모 대표로서 좀 더 학교에 강경하게 얘기했어야 했는데 목소리를 크게 내지 못하고 우리 학생들에게까지 일이 전가된 것 같아 너무 미안하고 마음이 아픕니다. 앞으로 여러분의 얘기를 더 귀담아 경청하겠습니다.' …나 역시 방관자였다. 그러나 앞으로의 학부모님들은 나처럼 방관자가 되거나 지켜주지 못하는 일이 없기를 바란다.[47]

스쿨미투 운동은 어느 한 단체의 힘만으로는 해결할 수 없는 지역 사회의 이슈였다. 인천여성의전화는 인천 지역 여성운동 단체들의 역량을 끌어모으고 성과를 함께 나눌 수 있는 연대의 지렛대 역할을 했다. 지역 사회의 성인식을 바꾸고, 예방 시스템도 만들었다. 무엇보다 스쿨미투를 지원했던 모두가 학생 당사자의 목소리를 듣고 그들이 직접 말하게 하려고 노력했다는 것을 기억해야 한다.[48] 그러나 시민단체들이 스쿨미투에 무관심하거나 심지어는 가해 교사를 두둔하는 일까지 발생한 것은 여전히 스쿨미투는 여성만의 일이라는 인식의 한계를 보여주는 것이었다.

---

47 이해은, 2019: 197~198
48 1999년, 중고교 학생 56명이 사망하고 81명이 부상당하는 인천 '인현동화재참사'가 발생했을 때 교육당국은 인천시내 15개 고교 대표들이 작성하여 발표하려던 성명서를 만류하여 최소한의 의사표현조차 막은 전례가 있다.(박인혜, 2000: 52~68)

안전하고 뜨거운 여성공간,
래디컬 페미니스트 파티

2018년 5월부터 12월까지 불편한 용기 시위가 열리자, 온라인에서 개별적으로 싸우던 2030 페미니스트들이 한 자리에 모였다. 시위 현장에서 만난 여성들은 마치 오랜 동지를 만난 듯 반가워하고 뜨겁게 포옹했다. 집회가 끝나는 것이 아쉬워 쉽게 발을 떼지 못하는 것을 보고 인천여성의전화는 이들이 만날 수 있는 자리를 만들었다.

마지막 시위가 열리던 12월 22일 인천여성의전화는 1박 2일 일정으로 합정동 마리스타 수도원에서 이름하여 「래디컬 페미니스트 파티」를 개최했다. 인천여성의전화 회원들과 젠더고물상 멤버들 그리고 온라인 래디컬 페미니스트 활동가 50여 명이 오프라인에서 만나 밤새도록 만리장성을 쌓았다. 온라인을 기반으로 하는 활동가들은 쉽게 고립감을 느끼고 운동의 피로도도 크다는 것을 이 모임에서 알게 되었다. 온라인 페미니스트들이 때로는 오프라인에서 만나 교류할 수 있는 시간과 공간을 얻는다면 큰 힘이 될 것이라는 것도 확인했다. 그래서 2019년에는 두 번의 모임을 열었다. 6월에는 서울 NPO 센터에서 20여 명이 모여 간담회를 열었으며, 12월에는 2018년과 마찬가지로 1박 2일로 「래디컬 페미니스트 파티」를 열었다.

함께 공부할 수 있는 기회도 만들었다. 인천여성의전화에 드나들며 다양한 활동을 하던 래디컬 페미니스트들이 2019년 인천여성가족재단의 프로젝트 성평등 지역 환경 조성 사업에 응모하여 선정되었다. 성평등 교육 활동 모임 '세계로 가는 여자들'은 매주 모여 영어 공부를 하고, 전세계 페미니스트들에게 화제가 되고 있는 불편한 용기 시위와 탈코르셋 운동 등 한국의 페미니즘 운동을 알리는 영어 콘텐츠를 만들었다.

    2020년 텔레그램 성착취, 소위 N번방 사건이 터졌을 때는 포르노 연구 모임을 만들었다. 산업으로서의 포르노와 성착취 문제, 포르노와 섹슈얼리티, 포르노와 법적 문제, 포르노에 대한 여성주의적 대응 역사와 현재, 성 중독증 청소년과 성착취물 관련 조사 등 포르노와 관련한 주제를 총정리할 수 있었다. 그러나 2030 여성들과 민, 관, 전문가 합동으로 연구하여 포르노 관련 정책을 제안해보자는 모임의 목적은 달성하지 못했다. 참여하기로 했던 인천시 공무원의 참여가 불발로 끝나 결국 내부 인원만 남았기 때문이다.[49]

    그후 전염병 코로나19가 발생하여 대면 모임을 할 수 없게 되어 2030 여성들과의 오프라인 만남은 지속하기 어려웠다. 그렇지만 인천여성의전화는 래디컬 페미니스트에게 활동 공간을 제공하고 지원하는 활동을 중단하지 않았다. 래디컬 페미니스트와 시니어 페

---

49 N번방의 주범 조주빈이 인천 거주자라는 것이 알려지자 인천시는 긴장하면서 대응책 마련에 부심했다. 그 일환으로 한국여성인권플러스의 제안에 응했던 것인데 무슨 이유에서인지 인천시의 관심은 곧 시들해졌다.

미니스트를 연결하는 교량 역할을 자임했고 래디컬 페미니스트들을 통하여 새로운 이슈에 대한 학습을 계속했다. 그 결과 전국적인 네트워크를 가진 래디컬 페미니스트들이 인천에서 그들의 운동 기반을 창출해 내고 인천 여성운동의 한 세력으로 부상하기 시작했다.

국경 없는 여성착취, 국경 없는 여성연대

보통 국제연대라고 하면 서울 중심의 중앙 단체가 해외 단체와 교류하는 것을 의미한다. 한국여성인권플러스는 인천이라는 지역에 소재하지만, 중앙을 통하지 않고 직접 국제적인 여성폭력 이슈를 찾아 연대하고 단체만이 아니라 개인과도 연대하고자 했다. 전문가나 명망가, 지도부 중심이 아니라 회원 자원활동으로 운영팀을 조직하고 협업하여 새로운 이슈와 운동 방식, 대상을 찾아냈다.

    페미니즘 출판사 열다북스를 운영하는 회원 국지혜는 여성 성기 훼손FGM에 대해서 문제의식을 느끼면서 『사파구하기』라는 책을 출판하게 되었다. 국지혜는 여성 성기 훼손 문제가 지구화 시대에 여성들이 연대할 수 있는 이슈이자 SNS 활동으로 네트워킹 된 여성들이 실천할 수 있는 과제로 아주 적합하다고 생각하고 2022년 제29차 정기총회에서 성기 훼손 위험에 처해 있는 시에라리온의 여아들을 돕기 위한 사막의 꽃 학교 건립 모금 운동 「프로젝트 사파 구하기」를 긴급 제안했다.

소말리아에서 태어난 와리스 디리는 다섯 살 때 더러운 면도칼과 나뭇가시로 성기 훼손을 당했다. 열세 살에 60대 노인과 강제결혼 당할 위기에 처하자 맨몸으로 아프리카 사막을 건너 고향을 탈출했다. 이후 영국으로 건너가 가정부와 식당 알바로 일하다가 운좋게 미국에서 잘나가는 슈퍼모델이 되었다. 유명세를 이용하여 여아 성기 훼손을 이슈화한 와리스 디리는 피해자를 돕기 위한 '사막의 꽃' 재단을 세웠다. 그리고 와리스와 사막의 꽃 재단이 사파를 구하고, 아프리카의 더 많은 여아를 구하기 위해 고군분투하는 과정을 담은 책 『사파 구하기』를 썼다.[50]

사파는 세 살 때 와리스의 자전적 영화 '데저트 플라워'에 아역으로 출연하여 성기 훼손을 당하는 장면을 연기했다. 사파의 가족은 영화에 출연하는 대가로 사막의 꽃 재단에서 경제적 지원을 받는 대신, 사파의 성기를 훼손하지 않겠다고 약속했다. 그러나 사파의 가족들은 이웃의 비난과 멸시를 견디지 못하고 사파에게 수시로 성기 훼손을 시도했다. 사파와 그 가족이 사는 지부티는 동아프리카의 아주 작은 나라로 93%의 여성이 성기 훼손을 당했으며, 와리스가 살던 소말리아에서는 98%의 여성이 성기 훼손을 당했다. 유엔 등 국

---

50 『사파구하기』, 표지 앞날개

제사회의 노력으로 다행히 여아의 성기 훼손은 크게 줄어들고 있지만, 코로나 사태 등 생존의 위협이 가해지면 언제든 신붓값을 받고 팔리기 위해 성기 훼손의 위협에 시달리는 취약한 상황에 놓여 있다는 점이 알려졌다. 와리스 디리와 사막의 꽃 재단은 의료센터를 설립해 이미 훼손당한 성인 여성들이 평생에 걸쳐 당하는 고통을 줄여주기 위해 재건 수술 및 보건 활동을 하는 한편, 새로운 희생자가 더 이상 나오지 않도록 아프리카에서 여아와 여성을 위한 교육 활동에 앞장서고 있다.

한국여성인권플러스는 사막의 꽃 재단과 MOU를 체결하고 모금을 시작했다. 학교 하나를 세울 수 있는 1억 원을 목표로 했으나 조직적으로 역량을 투여하지 못해 3년간 5천여만 원을 모금하고 마무리하게 되었다.

프로젝트 사파구하기 팀은 여아 성기 훼손과 모금 활동을 홍보하기 위해 서포터즈단을 운영했다. 첫 모집에 89명이 지원할 만큼 인기가 많았으며 2023년 3기까지 총 56여 명을 배출했다. FGM의 이해, 캠페인의 이해, 영화 '데저트 플라워' 감상, 여성을 위한 캠페인, 캠페인의 진정성과 딜레마 등의 제목으로 온라인 교육을 진행하고 개인별 혹은 팀별로 프로젝트를 수행하는 내용으로 이루어졌다. 코로나가 끝난 2023년에는 인천 청소년수련관에서 1박 2일로 워크숍을 열었다. 전국에서 참석한 서포터즈들은 카드뉴스 제작, 동화책 쓰기, 모금, 디지털 굿즈 제작, 오디오북 제작 등 팀 프로젝트를 직접 수행하고 발표했다. 그 결과물은 메타버스 자매의 숲에서 온라인 전시회를 열고, 단체 SNS와 사파구하기 인스타그램에 게시되었다. 이 교육은 회원 자원활동으로 운영팀을 조직하고 협업한 결과 회원 리더십이 강화되었고 전국의 2030 여성들과 네트워킹하는 기회가 되었다는 점에서 의미가 있다.

2021년 한국여성인권플러스는 여성역사발굴단 국제강연을 통해 대리모 철폐를 위한 국제연합을 알게 되어 아시아 최초의 회원단체로 가입했다. ICASM은 본부가 프랑스에 있고, 주로 유럽과 북미 여성단체들이 소속되어 있다. 이 회원 단체들이 주로 반성착취 운동 및 이주여성 지원 단체들이어서 가입국 내 이주여성들의 대리모 착취 문제가 심각함을 추론할 수 있었다. 2022년 11월, 대리모를 지지하는 국제법을 추진하는 헤이그국제사법회의HCCI의 대리모 의정서에 반대하는 국제적인 서명 운동에 참여하여 국내에서 대리모 문제의 심각성을 알리는 카드뉴스를 발행하고 1,130명의 서명을 받아 본부에 전달했다. 한국 여성들의 관심이 뜨겁고 래디컬 페미니즘 운동의 성과가 크기 때문에 가장 많은 서명을 제출한 국가가 되었다. ICASM은 한국의 서명 숫자에 놀라며 회원국에 보내는 전체 메일에서 한국여성인권플러스를 특별히 언급했다. 서명운동에 그치지 않고, 법무부, 여성가족부 등 관련 정부 부처에도 반대 의견서를 전달했다.

여성 성기 훼손이나 대리모 이슈가 한국 사회에 시급하고 당면

한 문제는 아니지만, 한국 문화와도 상통한 점이 있다. 한국 여성들 사이에 성기 성형 시술이 성행한다. 여성 성기 훼손과 여성 성기 성형 시술은 여성에게 강제되는 정도에 차이가 있지만, 남성의 성욕을 충족하고 극대화하기 위한 목적으로 여성의 몸을 훼손한다는 점에서 그 본질은 같다. 한국에는 불과 얼마 전까지만 해도 '씨받이'라는 풍습이 있었다. 대리모는 현재 여러 나라에서 합법화하는 추세이며, 아기 거래는 초국적 비즈니스로 정착하고 있다. 한국에서도 인구 감소 문제와 겹쳐 이주여성과 관련한 대리모 문제가 불거질 가능성이 크다고 보고 추이를 주시하고 있다.

3 이주여성 성장 공동체 운동

**이주여성 인권 지원
원스톱 시스템**

상담소를 모두 폐소하고 '아이다마을'까지 독립한 후 한국여성인권플러스는 쉼터 울랄라소장 김계환 운영만으로 이주여성 인권 운동의 명목을 유지하고 있었다. 그러던 중 예기치 않게 이주여성 운동에 다시 활력을 불어넣을 수 있는 기회가 찾아왔다. 2019년 인천시이현애 여성국장는[51] 결혼 이주여성의 현황을 볼 때 인천에 이주여성 상담소가 꼭 필요하니 인천여성의전화가 상담소를 개설하면 좋겠다고 요청했다.

인천시의 제안을 받고 한국여성인권플러스는 제도화된 기관

---

51 이현애 국장은 숭의동 담당 주무관으로 한국여성인권플러스와 인연을 맺었으며, 여성정책 관련 부서를 두루 거친 후 여성국장으로 퇴임했다. 퇴임 전 여성과 청소년 시설 확충에 힘썼다.

을 다시 확장하는 것을 망설일 수밖에 없었다. 가정폭력·성폭력 상담소를 폐소한 후 이주여성 쉼터마저 폐소할 기회를 엿보고 있었기 때문이었다. 한국여성인권플러스가 상담소 공간을 마련할 자원이 없다고 핑계를 대자 인천시는 LH 임대주택을 임대받을 수 있도록 해주겠다며 상담소 개소에 대한 진정성을 보여주었다. 울랄라에서도 이주여성의 인권을 실효적으로 지원하기 위해 상담소가 꼭 필요하다는 의견을 피력했다. 쉼터 입소자들이 충분한 상담 지원을 받지 못하여 입소 후 문제를 해결하는 데 어려움이 많다는 것이었다.

마침내 살러온소장 김성미경을 개소하게 되었다. 살러온 개소 과정은 마치 인천여성의전화를 재창립하는 듯했다. 회장 1명과 비상근 이사 1명으로 가능한 만큼만 활동하다가 단시간에 새로 상담활동가 8명을 충원하고 사업을 세팅하는 일은 말 그대로 번갯불에 콩 구워 먹는 것 같았다. 대학을 갓 졸업하고 따끈따끈한 사회복지사 자격증을 들고 인천여성의전화에서 활동을 시작했던 조세은이 고참 경력자로 성장하여 돌아와 부소장을 맡아 개소 작업을 진두지휘했다. 이주여성 상담소답게 이주 배경 상담원도 2명을 확보했다. 그중 한 명이 한국어반에서 한국어를 배우며 성장했던 장지연이다. 개소식은 건물 1층 마당에서 인천시, 여성단체, 이주여성, 회원 등 150여 명이 참석한 가운데 떠들썩하게 열렸다. 행사 전에 미리 동네에 떡을 돌리며 인사도 했다.

이어서 2020년 가정폭력 피해 이주여성 언니네소장 신하영옥,

현재 홍영인, 이하 언니네도 개소했다. 언니네는 쉼터에서 퇴소하거나 자립이 어려운 폭력 피해 여성이 최장 2년까지 자립 준비를 할 수 있는 곳으로 인천시 주민참여예산제 사업공모에 제안하여 인천 시민 100명의 투표를 통해 채택된 사업이었다. 개소한 지 1년 만에 인천시 사회복지 시설로 등록했고 활동가도 증원되었다. 이렇게 하여 한국여성인권플러스는 상담소, 쉼터, 자립홈에 이르는 이주여성 인권 지원을 위한 원스톱 시스템을 갖게 되었다. 다시 시설 운영이라는 제도 속에 합류하게 된 한국여성인권플러스는 어떤 도전을 할 것인가?

운동이 지체되던 시기에도 한국여성인권플러스가 이주여성 인권 운동을 지속할 수 있었던 것은 쉼터 울랄라 덕분이라 할 것이다. 그리고 살러온과 언니네를 운영하게 되면서 한국여성인권플러스는 사그라지던 이주여성 인권 운동을 계속할 수 있게 되었다. 그러나 기관 운영이나 상담 사업을 재개한 것만으로는 큰 의미를 부여하기 어려울 것이다. 2000년대 아이다마을 사업의 성과를 계승하면서도 시대가 요구하는 새로운 운동을 창출해야 비로소 한국여성인권플러스 30년 역사에서 20년을 점하고 있는 이주여성 인권 운동이 의미를 얻게 될 것이다.

아이다마을 사업이 폭력 피해 이주여성을 돕는 데서 그치지 않고 이주여성 역량 강화와 공동체 지원에 초점을 맞출 수 있었던 것은 인천여성전화가 상담 사업을 하지 않았기 때문에 가능한 일이었다. 그러나 살러온은 폭력 피해 여성 상담이 주 업무인 기관이다. 울랄라나 언니네는 24시간 근무하는 시스템이다. 피해가 발생하면 즉시 지원이 필요하고 지원 내용을 개량하거나 예측하기가 어렵다. 그만큼 조직의 자원과 에너지를 끌어 모아야 하므로 다른 활동을 병행하기 어렵다.[52] 이러한 상담 업무와 이주여성들이 안전하게 살 수 있는 사회를 만들겠다는 비전 사이의 간극을 좁혀 나가려는 노력을 통해 이주여성 인권 운동의 새로운 전략이 나올 것이다.[53] 살러온과 언니네가 빠르게 자리잡고 있지만 그 활동 기간이 아직 짧고 현재 진행 중이라 역사로 정리하기에는 아직 이르나 연대와 공동체, 역량 강화 등의 지향점을 중심으로 살펴보고자 한다.

모국어 상담 서비스, 소스콜

살러온은 설립 2년도 안 되어 인천만이 아니라 전국에서 핵심적인 이주여성 인권 기관으로 빠르게 자리 잡았다. 2020년 한 해 동안 무려 3,824건을 상담하고 321명의 사례를 지원했다. 이렇게 많은 이주여성을 지원할 수 있었던 것은 다국어 전화상담실 소스

---

52 조세은 인터뷰
53 김성미경 인터뷰

콜SOS-CALL 덕분이었다. 소스콜은 국가 보조금으로 진행하는 상담이 아니다. 살러온이 독자적으로 기획하고 직접 훈련한 이주여성들이 모국어로 상담하는 사업이다. 대부분의 이주여성 관련기관에서 1577-1366이나 다누리콜센터의 통역을 이용하고 있는 현실을 감안하면 이것은 살러온만의 독특한 강점이라고 할 수 있다. 이주여성의 모국 언어로 지원할 수 있는 역량을 확보한다는 것은 쉬운 일이 아니기 때문이다.

　소스콜 활동가는 같은 모국어를 사용하는 내담자와 친밀감을 깊게 형성할 수 있다는 강점을 지녔다. 이들은 위기에 놓인 내담자를 발굴하고, 그들의 안전을 확인하고 폭력 피해 발생 시 대응법을 전화로 안내하고 필요한 정보를 모국어로 문자 발송하여 숙지하게 한다. 특히 사례 상담 개입을 거부하거나 망설이는 폭력 피해 내담자의 신변 안전을 확보하는 데 큰 역할을 하고 있다. 소스콜 상담실은 주말과 공휴일을 제외하고 일주일 내내 열려 있으며 중국, 베트남, 필리핀, 러시아, 몽골 등 10여 개국 언어로 상담이 가능하다.

　그 결과 인천 1366 상담에서 이주여성이 차지하는 비율이 높아졌다. 그것은 한국 여성보다 이주여성에게서 폭력이 더 발생하기 때문이 아니다. 살러온 활동가들이 한밤이나 새벽에도 신고 전화를 받게 되는 괴로운 상황이 발생하기도 하지만 그만큼 지역 사회에 영

향력을 미치고 있다는 방증이라고 할 수 있다.[54]

이주여성 공동체와
연대하다[55]

살러온이 개소 후 단기간에 궤도에 오를 수 있었던 또 하나의 배경은 협동조합 글로벌 에듀이하 글로벌 에듀와의 탄탄한 연대였다. 글로벌 에듀는 이주여성 공동체들의 공동체로서 자신의 모국 커뮤니티에서 인플루언서 같은 위치에 있는 10여 개국의 여성들이 활동하고 있다. 이들은 다양한 나라의 전통문화 도구들을 가지고 와서 살러온 개소식 진행을 도왔으며, 개소 초기 살러온이 확보하지 못한 언어권의 통번역을 맡기도 하고, 살러온을 자국 커뮤니티에 홍보하는 역할을 적극적으로 해주었다. 살러온은 글로벌 에듀의 도움을 받는 데 그치지 않고 글로벌 에듀와의 관계를 독특하지만 탄탄한 연대로 발전시켰다.

1996년부터 남구 다문화가족지원센터현 미추홀구 다문화가족지원센터에서는 다문화 강사 양성 과정을 수료한 이주여성들이 배출

---

54 조세은 인터뷰
55 이하 부분은 조세은 인터뷰 내용을 토대로 작성했다.

되었다. 이들은 주로 한국 사람들이 주도권을 갖는 사업체에 들어가서 월급을 받거나 소정의 이익금을 나눠 가지는 방식으로 활동했다. 그런데 한국 사람들이 이익을 제대로 분배하지 않는 것을 알고 억울함을 느꼈다. "어차피 고생하는 거 죽더라도 우리끼리 해보자" 하는 결의가 생겨났다.

 2016년 6명의 다문화 강사가 백만 원씩 출자금을 내어 협동조합을 만들었다. 이 과정에서 이들을 도운 사람이 남구 다문화센터 조세은 센터장이었다. 당시에는 보조금을 지원받을 수 있는 사회적 협동조합이 유행이었지만 자칫 보조금이 자립의 걸림돌이 될 수 있어 다문화 강사들은 자신들의 형편에 맞게 시작하기로 했다. 6백만 원을 가지고 작은 사무실을 얻고 수익을 공정하게 나눌 수 있는 규칙도 만들었다. 전국의 다문화센터를 대상으로 다문화 이해 교육 강사를 파견하거나 교구 및 교재, 다문화 축제 대행 서비스 등을 판매했다. 1~2년이 지나자 연 8천만 원 정도의 매출이 생겼고 조합원은 11명까지 증가했다.

 자립이 어려웠던 창립 초기에는 남구 다문화센터의 도움을 많이 받았으나 수익이 생기면서 2018년 10월 남동구에 사무실을 얻어 독립했다. 남구 다문화센터장을 그만두고 이들과 함께 글로벌 에듀 운영에 전념하고 있던 조세은이 살러온 부소장으로 영입되면서 글로벌 에듀와 살러온이 만나게 되었다. 그 만남이 개인을 매개로 한 사적인 만남에 머물지 않고 이주민 여성과 선주민 여성과의 연대로 발전할 수 있게 된 것은 이주여성 공동체에 '조력'한다는 살러온과 글로벌 에듀의 공통된 미션 때문이었다.

조력의 의미는 이주여성 공동체를 새로 만드는 것이 아니라 이미 형성되어 있는 공동체가 유지되고 발전할 수 있도록 함께 한다는 것이다. 글로벌 에듀는 이주여성 공동체가 경제 문제와 같은 현실적인 문제로 와해되지 않고 더 발전할 수 있도록 '뒷배'가 되겠다는 비전을 가지고 있었다. 살러온은 폭력 피해 이주여성을 지원한다는 공식적인 목적 외에 결혼 이주여성의 친정이자 모국센터가 되고 한국사람들과의 네트워크를 만들어 정보를 얻을 수 있는 가교 구실을 하겠다는 아이다마을 사업의 사명을 계승하고 있었다.

현재 글로벌 에듀와 살러온은 협약을 맺고 함께 활동하고 있다. 그 관계는 그저 평등한 연대라는 말로는 설명할 수 없는 독특함이 있다. 이들은 자매기관이나 한 기관의 부서 관계가 아닌 별도의 조직이다. 그러나 한 조직처럼 긴밀하게 협력하고, 이용자나 회원이 아니면서 인력을 공유하고 있다. 살러온은 필요시 글로벌 에듀에 공간이나 행정적인 도움을 제공한다. 소스콜 상담원 교육은 글로벌 에듀의 조합원 교육으로 이어진다. 글로벌 에듀는 살러온에서 필요한 통번역을 맡고 모국 커뮤니티에서 여성폭력 모니터링과 홍보 역할을 하고 있다. 그 밖의 일은 각자 독립적으로 한다.

살러온은 각종 이주여성 공동체에 모임을 위한 장소를 제공하거나 모임에 참석하여 공동체를 형성할 수 있도록 조력했다. 이름하여 「밥상공동체 프로젝트」다. 추석에 고향에 가지 못하는 캄보디아 여성들의 자조 모임에 참석하기도 하고 베트남 여성들의 집단 상담 프로그램 후 자조 모임 결성을 유도하기도 했다. 이주여성 가정폭력 상담원 교육 수료생을 중심으로 '여성주의상담 스터디'를 조직하기도 하고 가정폭력 상담원 교육 수료생과 이주여성, 선주민 여성의 친목을 도모하는 식사 자리를 마련하기도 했다. 그 밖에도 '아이다 마을' 아버지 모임의 요청으로 집단 상담을 진행했다.

다음으로 살러온의 인지도를 높이고 사례관리 대상 발굴을 위하여 '이주여성 홍보 리더'를 선정하고 홍보 거점을 만들었다. 글로벌 에듀와 함께 중국, 미얀마, 캄보디아, 페루 등 7개국의 이주여성을 홍보 리더로 임명하고 이주여성들이 자주 방문하는 식료품점이나 식당을 '이안'이란 이름의 홍보 거점으로 위촉했다. 이안이란 '이 안에 들어오면 안전하다'라는 의미로 이주민 사회에 살러온을 알리고 폭력 피해 이주여성의 접근성을 높이려는 의도에서 지은 이름이다. 글로벌 에듀를 비롯하여 미얀마 아시아 마트, 라오스 식당, 중국 아시아 마트, 캄보디아 식당, 필리핀 아시아 마트, 태국 음식점, 이주여성 협동조합 잇다 카페, 핸드폰 판매점, 베이커리 등 이안 협약을 맺은 곳은 다양했다. 살러온 개소 초기에는 이안의 역할이 컸으나 현재는 상담이 폭증하여 이안을 확대하지 못하고, 피해자 발굴 및 연계로 그 역할을 제한하고 있다.

이렇게 살러온은 글로벌 에듀의 '뒷배'가 되었다. 남구 다문화센터에서 독립한 후 글로벌 에듀는 차별과 편견의 찬바람을 고스란히 감당해야 했다. 조합원들도 자신의 이익을 먼저 생각하는 삶을 살게 되었다. 그런데 살러온과 만나면서 이주여성의 인권이라는 가치를 다시 생각하는 삶으로 되돌아왔다. 비록 사익을 위해 일하지만, 그것이 전부가 아니라 인권이라는 공익도 생각하면서 일한다는 자부심, 내가 정말 힘들 때 또는 나의 지인들이 폭력 피해를 보거나 부당한 일을 당할 때 내 편이 되는 '뒷배'가 생겼다는 든든함에 자신감이 생겼다. 살러온은 글로벌 에듀를 기반으로 해서 소스콜 상담원을 교육하고, 이를 기반으로 다시 글로벌 에듀의 이주여성 커뮤니티가 강화되는 선순환이 일어났다.

이주여성의 역량 강화[56]

이주여성 공동체를 유지하기 위해 살러온이 선택한 전략은 이주여성의 개인적 역량만이 아니라 공동체 역량을 키우는 것이다. 역량 강화의 원칙은 훈련을 할 때 이주여성과 선주민 여성을 다르게 대하지 않는 것이다. 이주여성에게 더 친절하게 대하거나 더 우대하거나 더 수준을 낮추거나 하지 않고 선주민과 똑같은 목표와 기준,

---

56   이하 부분은 조세은 인터뷰 내용을 토대로 작성했다.

역량을 요구하는 것이다.

　먼저 이주여성 활동가의 핵심 역량은 모국어 상담과 이중언어 능력이라 할 것이다. 살러온은 모국어 상담을 할 수 있는 소스콜 상담원과 여성폭력 상담과 사례관리를 이해하는 통번역자를 정기적으로 훈련하고 있다. 한국어 4급 이상인 이주여성을 선발하여 훈련한 결과 가능한 통번역 언어는 점차 증가하여 11여 개국어가 되었고 17여 명의 활동가가 활동할 수 있게 되었다. 쉬운 일은 아니지만 살러온은 이제 미얀마 등 소수 언어권 발굴에 역점을 두고 있으며 상담 가능한 언어를 계속 늘려가고 있다.

　나아가 다문화 이해 교육 강사로 활동한 경력이 많은 여성을 대상으로 인권 강사 교육을 병행하고 있다. 단순히 유치원이나 초등학교 학생들을 대상으로 한 다문화 이해 교육에서 그치지 않고, 성인들에게도 강의할 수 있는 역량을 키워 이주민의 인권 문제를 이해할 수 있게 돕고 성평등한 다문화 사회를 위해 목소리를 낼 수 있는 리더십을 양성하는 것이 목표다. 그러나 교육 프로그램이 부족한 데다 이주여성들도 다양한 활동으로 시간이 부족하여 교육에 전념하기 어렵고 다문화 인권 강사를 요청하는 곳이 많지 않아 인권 강사의 활동 전망이 그리 밝지 않은 것이 현실이다. 이주여성 가정폭력 상담원 교육도 하고 있다. 이 교육은 국적을 가리지 않고 이주여성을 상담할 수 있는 상담원을 양성하는 것이다. 현재는 내국인이 교육생의 다수를 차지하고 있으나 이주여성도 점차 증가하고 있다.

공동체 역량이란 공동체 안에서 공동체를 통해서 공동체와 함께 성장하는 성장 역량이다. 살러온 활동가들은 소스콜 활동가 한 사람 한 사람과 관계를 맺고 계속 대화를 하면서 그들의 상황을 파악하고 성장 과정을 모니터링한다. 소스콜 활동가가 관리 대상이 되거나 일방적, 위계적 관계에 놓이는 것이 아니라 살러온 활동가와 소스콜 활동가가 함께 공동체를 만들며 동반성장 하는 것을 목표로 삼고 있다.

소스콜 활동가들은 자신이 성장을 위한 공동체에 속해 있다는 자부심이 대단하다. 김성미경 회장은 이를 '사회적 가족'이라고 말한다. 사회적 가족은 친밀함 형성을 목표로 하지 않는다. "같은 국가에서 온 사람들끼리 서로에게 자기의 속 모습은 안 보이면서 만들어진 모습만 가지고 대하면서 자기가 겪고 있는 문제들을 터놓고 얘기하지 못하는" 위장된 친밀감을 부수는 것이 우선 목표다. 사회적 가족은 그룹 안에서 소속감과 자긍심을 느끼면서 개개인의 역량과 지식이 확대되는 것, 그리고 자기에게는 없는 역량이나 지식을 가지고 있는 사람을 만나면 그에게서 배우고 상호성장하여 탄탄한 사회적 지위와 역량을 갖는 것을 목표로 한다.

자매애로 성장하고 변화하다

피해자 인권 지원은 이주여성과 연대하는 일이다. 이것은 2000년대 초기 이주여성 인권 운동을 처음 시작할 때부터 추구했던 정신이다. 인권을 약자와의 연대라 정의한다면 연대란 약자에게 힘을 갖게 하여 평등한 관계로 만드는 일이다. 여성주의상담 역시 상담자와 내담자가 위계적인 관계가 되는 것을 가장 경계하지만, 현장에서는 이 지점은 늘 긴장 상태에 놓인다. 내담자가 이주여성일 경우에는 더욱 그렇다.

이주여성 공동체였던 아이다마을과 달리 한국여성인권플러스가 피해자 지원 시설 중심의 사업을 하게 되자 연대의 정신은 흐릿해졌고 선주민 활동가들은 어느 순간 한국 사람으로서 이주여성을 바라보게 되고 자국민 중심주의에 기반하여 생각하는 일이 종종 발생했다. 그뿐만 아니라 이주 배경 활동가나 먼저 정착한 이주여성들도 폭력 피해 이주여성을 피해자로 대상화하고 위계적으로 대하는 일도 일어났다. 한국여성인권플러스는 활동가들에게 연대의 정신을 놓치지 않도록 반복해서 환기하고 있다. 이주여성을 바라보는 활동가들의 관점을 재정립하고 이주여성의 특성을 반영하는 전문성을 키우도록 훈련하고 있다.[57]

57 김성미경 인터뷰

그런 점에서 자매애의 내용이 바뀌었다고 할 수 있다. 기존의 자매애가 "아주 루틴하고 부드럽고 아름답고 좋은 자매애", 즉 친밀감, 공감, 배려 등의 감정적인 부분이 많았다면 이제는 "좀 더 트레이닝하고 좀 더 성장하게 하고 좀 더 많은 것을 바꿀 수 있는, 그런 힘을 키우게 하는" 성장을 목표로 하는 자매애로 바뀌었다. 그리고 그 역할을 이제는 리더들이 아니라 활동가들이 직접 하면서 좋은 모델이 되어주고 있다.[58]

아이다마을 사업처럼 한국여성인권플러스가 직접 이주여성 공동체를 만드는 일은 이제 어려워졌다. 이유는 여러 가지다. 이미 모국 커뮤니티들이 다양하게 형성되어 있어 여성단체보다는 모국 커뮤니티를 통해 더 많은 자원과 정보를 얻을 수 있다. 당사자들의 욕구가 다 달라 하나로 묶어낼 수 없을 뿐만 아니라 공동체로 모여 있다고 하더라도 각자 작은 권력을 조금씩 나눠 가지고 있어 결집하기 어렵다. 공동체 활동을 할 만한 공간도 없다. 공동체는 넓고 개방적인 공간이 있어야 하는데 한국여성인권플러스의 공간이 크긴 하지만 모두 기관과 비공개 시설들이 차지하고 있다. 그리고 피해사례가 너무 많아 피해 여성 지원에 모든 자원을 집중하느라 여력이 없다.[59]

---

58 조세은 인터뷰
59 조세은 인터뷰

대신 새로운 공동체의 역할이 만들어졌다. 이전의 공동체가 다분히 폐쇄적이었다면 지금의 공동체는 개방적이라 할 수 있다. 폐쇄적 공동체에서는 폭력 피해를 말할 수 없었다. 다문화가족센터에서도 말하기 어렵다. 공동체가 소중하고 공동체에 소문날까 봐 내 얘기를 하기 어렵다. 그런데 살러온이 생긴 이후 여성폭력에 대해 말할 수 있는 곳이 생긴 것이다. 공동체 유지가 먼저인 공동체가 아니라 나의 폭력 피해를 말하고 도움을 받을 수 있는 공동체, 안전한 공동체로 변화된 것이다.[60] 이제 살러온은 만나고 연대하고 역량이 강화되고, 공동체 안에서 영향력을 확보하여 폭력에 대응하는 능력을 키우고, 폭력을 발생시키지 않는 환경을 만드는 자매공동체를 꿈꾼다.

한국여성인권플러스가 외피는 폭력 피해자를 지원하는 기관이지만 내부는 이주여성들이 한국 사회에서 안전하게 살아갈 수 있는 그런 힘을 키우는 곳이죠. 실제 이들은 한국에 가족도 없고 친정도 없지만, 어려움이 있어도 신뢰가 생긴 거죠. 힘들다거나 어렵다거나 무섭다고 느끼지 않아요. 이주여성이 우리한테 기대하는 게 뭐가 있겠어요. 이주여성들이 말하기를, 자신을 인정해 주고 자신이라는 존재가 살고 있다는 걸 느끼게 해주고 자기가 소용 있는 사

---

60 조세은 인터뷰

람이고 내가 이렇게 관심을 받고 사랑을 받고 있다는 것을 느끼신다고 하더라고요.[61]

여성주의적 사회복지 실험

제도화 초기에는 정부와 여성단체 사이에 갈등이 컸다. 양쪽 모두 제도화 이후의 실천 방법을 준비하지 못했기 때문이다. 가정폭력·성폭력 업무가 보건복지부에서 여성부로 이관된 후에도 정부는 여성폭력의 특성을 고려하지 않은 채 여성폭력 관련 시설들에 사회복지 시스템을 보완 없이 곧바로 적용했다. 사회복지 입장에서는 여성주의가 비체계적이고 비전문적이며 특히 사회복지 행정을 갖추지 못한 것으로 보였다. 여성주의는 사회복지가 시혜적이고 차별적이며 몰성적이라고 비판했다.

다시 제도화된 기관들을 운영하게 된 한국여성인권플러스는 이 문제를 정리해야 했다. 여성폭력 관련 시설들은 이미 사회복지 시설이라는 전제에 따라 그에 따른 운영 기준이 확립되어 있었다. 그러나 여성주의와 사회복지를 어떻게 연계할 것인가에 대하여 합의된 것은 많지 않았다. 일반적으로 여성복지는 아동복지, 노인복지

---

61 조세은 인터뷰

등과 같이 사회복지의 한 영역이라고 생각하거나 여성복지와 여성주의를 동일시하기도 한다. 여성들이 쉽게 일할 수 있는 기관이라는 인식이 정부에도, 여성 자신들에게도 존재한다. 그러면서도 여성폭력 관련 기관들은 여성가족부 소관으로 급여는 사회복지 시설들과 비교하여 현저히 적다.

여성폭력 관련 기관은 단지 폭력 피해자에게 사회복지 서비스를 전달하는 시설로 규정되었고 이곳에서 일하려면 사회복지사 자격은 필수가 되었다. 한국여성인권플러스 부설기관에서 일하는 활동가들도 모두 사회복지사이다. 심지어는 사회복지사 자격증을 취득하고 처음 취업한 직장이 되기도 한다. 여성주의에 대한 이해가 전무한 사회복지사들이 여성주의 가치와 사회복지와의 관계를 이해하도록 하는 것은 한국여성인권플러스의 비전을 실현하는 것과 직결되는 사안이 되었다.

한국여성인권플러스는 활동가 학습과 비전 워크숍으로 이를 해결하고자 했다. 활동가 전체가 정기적으로 모여 체계적으로 여성학을 공부했다. 그뿐만 아니라 기관별로도 맞춤 학습을 진행했다.[62] 2023년 내내 비전 워크숍을 열고 한국여성인권플러스와 각 기관의 목적과 비전, 사명을 다시 생각하는 시간을 보냈다.

---

62   살러온은 격주로 '3분 스피치'를 한다. 활동가들이 각자 관심있는 현안을 가져와서 3분 정도 개요와 자기 입장을 발표한 후 토론하는 것이다. 이런 작업을 통해 이슈 발굴 능력, 토론 능력과 함께 여성주의적 관점을 키우고 있다.

이런 작업을 통해 활동가들 사이에 여성주의와 사회복지를 접목하려는 노력이 나타났다. 조세은 부소장은 여성주의적 가치를 실현하기 위해서라도 사회복지 행정, 기술이 필요하다고 한다. 이를 '여성주의적 사회복지'라 할 수 있을 것이다.[63]

사회복지 철학과 여성주의의 철학이 같은 맥락이에요. 예를 들면 여성주의가 개인의 문제를 개인에게만 두지 않고 한 사람을 둘러싼 구조적인 문제에 관심을 가지듯이 사회복지의 생태체계 이론에서도 문제를 가진 개인을 둘러싼 구조와 환경에 관심을 많이 둡니다. 그리고 구조를 변화시키기 위해서 운동을 해요. 그런 점에서 사회복지사는 단순히 서비스 제공자가 아니라 운동가이자 혁명가이기도 하죠.[64]

---

63 사회복지학에서는 여성주의 사회복지 실천(feminist social work practice)이라 하며 1960년대 여성운동의 영향을 받아 형성되었으나 한국에서는 1990년대 후반까지도 생소한 개념이었다. "발달 및 생활 경험에서의 성차와 이의 정치사회적 맥락을 강조하는 여성주의 이론에 근거하여 사회복지 대상자들의 삶의 내용, 조건, 의식, 사회적 구조의 변환을 도모하는 실천적 접근"을 의미하며(김인숙, 2000: 99) "문제해결에 있어 개인적 노력보다 집단적 노력의 중요성을 강조"하고 "본질적으로 정치적 특성을 강조"한다.(김인숙, 2000: 102) 이런 정의에 비추어 보면 사회복지 전반에서 여성은 여전히 복지의 대상에 머물러 있고 개인으로서의 여성이 아닌 '가족 안의 여성'으로만 주목받고 있다고 할 수 있다. 자칫 사회복지가 전형적인 성역할을 재생산하고 여성을 타자화하는 한계를 지니게 된다.(성정숙・이나영, 2010) 여성주의적 사회복지는 여성관련 기관에서만 적용되는 원리가 아니라 여성주의 관점으로 사회복지 실천을 재구조화하려는 노력이어야 한다.

64 조세은 인터뷰

이 점을 잘 보여주는 것이 사례 관리이다. 사회복지도 당사자가 문제 해결의 키를 쥐고 있다고 본다는 점에서 여성주의와 마찬가지로 당사자주의를 지향한다.

여성주의 관점과 사례 관리 기술을 접목할 때 전혀 이질감이 없어요. 사례 관리에서 내담자가 여성일 때 사례 관리의 어려움이 중첩되어 나타난다고 하는데, 이 교차성도 일치해요. 즉 여성주의라는 관점이 사례 관리를 더 잘 실천할 수 있도록 해주죠.[65]

이렇게 상담과 사례 관리 간에 겹치는 부분이 있지만 다른 부분도 있다. 그것은 여성주의상담에서는 상담자가 내담자에게 직접 자원을 개발해 주지는 않는다는 것이다. 당사자 스스로 찾아내도록 힘을 주고 정보를 주지만 직접 찾아주지는 않는다. 그러나 사례 관리에서는 클라이언트를 위한 자원개발이 핵심이다.

무엇보다 사례 관리는 지역 사회의 변화라는 점에서 여성주의와 만난다. 우선 가장 어려운 경찰을 변화시켰다. 피해 여성이 처벌을 원치 않는다고 하면 가해자를 풀어주던 경찰이 이제는 피해자가 이주여성이면 일단 살러온으로 보내 상담해 달라고 요청하게 되었다. 쉼터에 있는 이주여성이 가해 남편이 있는 자기 집에 다녀와야

---

[65] 조세은 인터뷰

할 때도 경찰에 동행 요청을 하면 두말없이 출동해 준다. 덕분에 상담의 절반 이상이 경찰 의뢰로 연계된 것이며 이 비율은 점점 증가하고 있다. 경찰의 인식이 변화하여 시스템화된 것이다. "경찰이 이주여성 폭력은 개인의 문제가 아니라 구조의 문제라는 피해의 맥락을 이해하기 시작한 것"이다.[66]

다음으로 변화시키고 있는 곳은 사회복지 기관들이다. 이주여성이 한국 사회의 구성원이 되게 하기 위해서는 사회복지 조직의 역할이 아주 중요하다. 그런데 살러온과 공조할 만한 네트워크는 그리 많지 않다. 살러온은 종합사회복지관 1개소, 가족센터 2개소, 다문화센터 1개소, 사회적 협동조합 다같이 등 여섯 개 기관과 컨소시엄을 맺어서 사례 관리를 위해 협조하고 공조하며 같이 공부하는 체계를 만들었다. 그 네트워크를 통해서 이주민을 "공동 성장할 사람으로 인식하고 공동 성장을 지향"하는 것이다.[67] 이제 관련 기관들에도 여성주의 관점이 서서히 스며들 것이다.

이주여성 인권 운동은 인천여성의전화 30년 역사 중 20여 년간을 해온 사업이며 앞으로도 지속할 과제이다. 이주여성이 꾸준히 입국하고 있으며 결혼 이민자 중심에서 유학생이나 노동자, 투자 이민 등 다양한 비자를 가진 여성으로 바뀌고 있다. 그런데도 이주여

---

66 조세은 인터뷰
67 조세은 인터뷰

성 관련 기관들은 대부분 이주여성을 피해자나 복지서비스 대상으로만 접근하면서 한 사람의 인간, 여성으로 대하지 않는다. 프레임이 바뀌어야 한다. 조세은 부소장은 이것이 사회복지 전반에서 여성주의가 만나야 하는 당위성이라고 강조한다.

앞서 말한 것처럼 살러온 같은 기관이 직접 아이다마을 같은 이주여성 공동체를 만드는 일이 어려워졌다. 여성주의적 사회복지 시도는 이제 시작이다. 여성주의적 사회복지가 질적 변화를 가져와 사회적 가족, 자매애가 발현된 개방된 성장 공동체를 만들 수 있는 이주여성 인권 운동의 새로운 전략은 아직 뚜렷하지 않다.

4 성평등한 지역 만들기 거버넌스 운동

성평등정책연구소

2000년대 지역 운동은 시민 운동을 만나 그 개념이 크게 변했다. 시민 운동은 일본의 마을 만들기 '마찌쯔구리'에서 영향을 받아 "마을 디자인, 마을 가꾸기, 마을 만들기, 마을 진흥사업, 생태 마을 운동, 공동체 운동, 주민자치 운동, 마을 의제 운동 등으로 다양하게 불리면서 확산되었다." 마찌쯔구리란 김찬호의 정의에 의하면 "지역 공간을 주민들이 스스로 디자인해 나가는 과정"을 말한다.[68]

2000년대 후반 "주민 참여형 지역개발 전략에 대한 필요성이 제기되고 정치적으로 지방분권과 균형발전의 과제가 설정되면서 민간 차원의 마을 만들기 운동을 정부가 정책적 수단으로 활용"하기 시작했다. 이는 시민 운동을 통해 지방정부로 진출한 시민 운동가들의 기여도 컸다. 지방정부는 예산과 인력을 투입하며 적극적으로 마을 만들기 사업을 추진했다. 점차 "마을 만들기는 '외형적 만들기'가 아니라 '내용적 만들기'라는 개념"으로 전환되었다. 그리하여 "마을 만들기는 그 공간적 범위와 상관없이 정치적으로는 풀뿌리 자치 운동이고 다양성을 담보하는 주민 참여 문화 운동이며 계층이나 소득에 상관없이 지역 주민의 삶을 지탱할 수 있는 경제공동체 운동", 사회적 경제 운동, 교육공동체 운동으로 진화하고 있다.[69]

지역 여성단체들도 이에 적극 동참하며 주민들을 교육하고 조직하는 방편으로 삼았다. 그런데 주민을 대상으로 하다 보니 여성을

---

68 임경수, 2015: 27
69 임경수, 2015: 27

중심으로 한 활동은 하기 어렵게 되었다. 물론 마을 만들기에서 여성들의 활동이 두드러지긴 하지만 이는 지역 사회를 여성주의적 가치로 변화시키기 위한 것이 아니라, 여성들이 적극 참여하는 지역 운동이라고 하는 것이 더 맞을 것이다.

1990년대 중반 지방자치 시대가 열리고 시민 운동단체 리더들은 정책 비판이나 제안 활동을 넘어서 직접 정책을 집행하기 위해 국회의원이나 자치단체장, 지방의원, 관료 등으로 활발히 진출했다. 그러자 시민 운동에는 리더십 공백이 생겼고 리더십 재생산은 더욱 어려워졌다. 제도화로 정책주도권이 시민사회에서 정부로 넘어간 데다 정부지원금에 대한 의존성이 커진 시민단체의 정책 비판력과 견제력은 약화하였다. 여성단체들도 마찬가지였다. 아니 더욱 심각했다. 회장 혼자 혹은 자원봉사 활동가 한두 명이 단체를 겨우 꾸려 나가는 곳이 많았다. 이런 상황에서 성평등 정책을 제안하고 비판하는 활동은 엄두도 내지 못할 일이었다.

한국여성인권플러스도 비슷한 상황이었다. 한국여성인권플러스 역시 국고 지원을 받는 쉼터를 제외하고는 회장 한 사람이 겨우 단체의 명목을 유지하고 있었다. 그렇지만 여성운동의 기본 역할인 성평등 정책에 대한 견제와 비판 능력을 회복하는 것은 꼭 필요한 일이었다. 한국여성인권플러스는 2018년 '성평등한 인천 만들기'라는 중장기적 목표를 세우고 인천시의 성평등 수준 제고 활동을 주관할 성평등정책연구소소장 박인혜도 만들었다. 지역 여성을 조직화한다는 창립 당시의 지역성이라는 정신은 지역 사회를 성평등한 공간으로 만들겠다는 비전으로 거듭났다.

통계로 보는 여성 인권, 통계로 바꾸는 지역 사회

성평등정책연구소는 2018년 첫 사업으로 한국여성정책연구원 성인지예산센터와 공동주관하고 인천여성연대와 공동주최하여 인천시의 성평등 추진 기반을 서울, 경기와 비교 분석했다. 그 결과 인천시의 여성정책 추진 기반이 세 광역시도 중에서 가장 낙후되었다는 것을 알게 되었다. 이 결과를 인천시 정책에 반영하고자 했으나 인천시의 소극적인 자세로 연구는 아무 성과 없이 끝나고 말았다. 좀 더 직접적이고 구체적인 방법이 필요했다. 지표를 가지고 인천시 10개 군·구의 성평등 수준을 분석하기로 했다.

한국 사회는 성 불평등과 인식 격차로 인해 사회적 갈등이 날로 증가하고 있다. 이를 해결하기 위해 정부는 성평등 수준 격차를 줄이려는 노력의 하나로 매년 국가 성평등 수준뿐만 아니라 지역 성평등 수준을 분석하고 있다. 그러나 이는 위로부터의 거시적인 해결 방안으로서 기초지자체 차원까지 영향을 미치는 데는 한계가 있는 것이다. 이제는 기초지자체의 성평등 수준을 끌어올릴 필요가 있다.

2019년 인천여성연대와 함께 공동작업으로 민선 7기 성평등 정책 1년을 평가하고 10개 군·구의 성평등 수준을 분석했다. 인천여성연대 소속 단체들은 각자의 활동 분야와 관련된 정책을 조사하고 정책을 제안하였고, 성평등정책연구소는 여성가족부가 만든 지역 성평등 지표를 토대로 자체적인 기초지자체 성평등 지표를 만들어 인천시 10개 군·구의 성평등 수준을 분석했다. 그 목적은 기초자치단체의 성평등 수준을 비교하여 기초 자치단체별로 불평등의 원인을 분석하고 이를 개선하기 위한 정책적 대안과 지원방안을 찾기 위한 것이었다.

　　분석 후에는 인천시청 대회의실에서 공무원, 연구자, 여성단체 회원들과 이주여성까지 포함하여 100여 명이 참여하는 「성평등 정책 한마당」을 열어 현장의 목소리를 수렴하고 정책을 제안했다. 참석자들은 정책을 쉽게 이해했다, 내가 살고 있는 지역의 성평등 지표를 다른 지역구와 비교해 봄으로써 문제의식이 생겼다, 시민들이 해야 할 역할에 대해 숙고할 수 있게 되었다고 평가했다. 그러나 검증받지 않은 지표로 만들었다며 통계의 신뢰성을 지적하는 사람도 있었다.

　　2020년에는 신뢰성을 보완하기 위해 한국여성정책연구원의 통계전문가 주재선 박사를 영입했다. 주재선 박사는 지역 성평등 지표를 토대로 인천시의 특성을 반영한 지표를 새로 만들고, 국가 통계를 이용하여 군·구별 성평등 수준을 분석했다. 마침 시민사회에 기여할 바를 고민하고 있던 주재선 박사는 이 연구의 의미와 중요성에 공감하고 향후 연구에 계속 동참하겠다고 약속했다. 성평등연구소는 강화여성의전화, 인천여성민우회, 인천여성회 회원 20여 명으로 모니터링단을 조직하고 직접 발로 뛰어 동구, 미추홀구, 부평구, 강화군 등 4개 군·구의 성평등 정책을 모니터링했다.

한국여성인권플러스는 공무원과 여성단체 회원들을 초대하여 「성평등 협치 한마당」을 열고 성평등 수준 분석 결과와 모니터링 결과를 발표했다. 모니터링 결과는 조사한 여성들이 직접 발표했다. 코로나19로 영상으로 발표할 수밖에 없었지만, 여성의 눈으로 지역을 다시 보면서 자신의 인식이 어떻게 변했는지를 증언하는 열기는 영상을 뚫고 나갈 정도로 뜨거운 감동을 주었다. 통계 결과와 현장 모니터링 결과가 일치하는 것을 보고 통계가 지역 사회의 성평등 수준을 잘 반영하고 있다고 판단했다. 따라서 성평등 수준 분석을 지속적으로 한다면 통계로 지역 사회를 변화시킬 가능성이 있었다. 이 가능성을 '통계로 지역을 바꾼다'라는 구호로 표현했다.

2021년부터는 통계의 신뢰성을 더욱 높이기 위해 10개 군·구의 여성정책 담당 공무원과 사전 간담회를 열어 성평등 수준 분석에 대해 오리엔테이션하고 통계자료 협조를 구하였다. 결과에 대해서는 보고서를 만들어 인천시와 10개 군·구는 물론 시의회, 경찰, 여성단체 등에 보냈다. 이는 성평등 정책 환류까지 염두에 둔 프로세스였다. 담당자가 자주 바뀌기 때문에 매년 새로 간담회를 해야 하지만 지속해서 하다 보면 서서히 효과가 나타날 것이다.

마침내 2022년에는 인천형이라 할 만한 지표가 만들어졌다. 그동안 성평등 지표를 꾸준히 보완해 왔는데 여기에 개편이 진행되고 있는 국가 성평등 지표 내용을 미리 반영하여 성평등 지표를 완성한 것이다. 인천시의 특성을 반영한 전국 최초의 기초지자체 성평등 지표로서 인천형이라 이름 붙여도 손색이 없을 것이다. 한편으론 인천여성가족재단과 공동사업 협약을 체결하고 인천 시민 인식조사를 추가했다. 통계수치로 나온 군·구별 성평등 수준에 대한 인천 시민들의 체감 수준을 비교하여 성별, 지역별, 연령대별 특징을 알 수 있었다.

2022년 보고서에는 성평등 지표 관리와 개선에 관한 방안이 제안되었다. 첫째는 성평등 측정을 위한 통계의 생산과 관리 체계를 만드는 것이다. "기초 자치단체 성평등 수준은 지역의 인구 구성과 산업 구조에 따라 영향을 받을 수 있기에 보다 통계 품질이 확보된 생산과 관리가 요구된다. 인천광역시는 기초 자치단체 성평등 지수 관리와 더불어 이들 통계에 대해 통합 수집 관리하는 방법을 마련" 해야 한다. 둘째는 군·구별 성평등 개선을 위한 협의체를 구성하는 것이다. "종합 성평등 점수, 성평등 수준, 성평등 추진 기반 수준의 결과에 대해 인천광역시, 군·구별 담당자, 민간 전문가와 여성단체를 포함한 협의체를 구성하여 성평등 개선을 위해 필요한 방안을 찾

아가는 것이 중요"하다.70

2023년에는 인천여성가족재단이 2022년에 실시한 인천광역시 양성평등 실태조사 데이터를 활용하여 인천시민 성평등 인식조사를 병행했다. 그 결과 "지역과 성별에 따라 의식이 다르고 의식의 변화가 균질하지 않음"을 알 수 있었다. "대체로 여성들의 성평등 의식이 남성보다 높으나 남성들의 의식 수준이 여성보다 더 높은 문항이나 지역"이 있어 "성평등 의식 수준에 남성이 영향을 미치는" 것으로 나타났다. 따라서 정확한 성평등 수준 분석과 적절한 정책 환류를 위해서는 깊이 있는 지역 연구도 필요하다는 점이 역설되었다.71

2023년 군·구별 성평등 수준 분석 토론회에서는 성평등 수준 통계 생산을 위한 민관 거버넌스 및 통계 관리 시스템 구축, 그리고 지역 연구의 필요성에 대한 연구자, 전문가, 여성단체 간의 공감대가 형성되었고 성평등 수준 통계 생산을 위한 민관 거버넌스 방안 연구를 인천여성가족재단에 제안했다. 2024년에 이 연구가 이루어진다면 군·구별 성평등 수준을 분석, 비교하는 것에서 한발 더 나아가 인천시에 10개 군·구의 성평등 통계 관리 시스템을 구축하는 것을 다음 단계의 목표로 삼을 수 있게 될 것이다.

---

70 주재선·임연규, 2022: 60~63
71 박인혜, 2023: 75

중앙정부나 지방정부가 아닌 지역의 여성단체가 주관하여 기초 자치단체의 성평등 수준을 분석하는 일은 전국에서 인천이 유일하다. 그뿐만 아니라 매년 통계분석을 똑같이 반복하지 않고 모니터링이나 인식조사를 병행하여 분석 결과를 풍부하게 하고자 노력하고 있으며, 공무원의 참여를 높이고 정책 환류를 높이고자 하는 점은 주목할 만하다. 전문가의 분석으로 통계가 신뢰성을 확보하게 되자 인천시도 군·구의 성평등 수준 분석의 중요성에 공감하고 적극 협조하게 되었다. 장기적으로 함께할 전문가도 확보했다. 성평등 수준 분석이 효과가 나타나려면 적어도 10년 이상 꾸준히 해야 하는데 이제 절반이 지났고, 성평등 통계 관리 시스템 구축이라는 다음 단계로의 이행도 순조로워 보인다.

이 시기 운동을 평가하기에는 아직 이르지만, 한마디로 말하면 안정 속의 격동이라고 할 수 있다. 한국여성인권플러스는 상담소부터 자립홈까지 이주여성 원스톱 인권 지원 시스템을 갖추고 선도적이면서도 안정적으로 활동하고 있다. 또한 이전 시기와 다른 운동 환경과 이슈에 적극 대응하여 다양한 방식으로 반여성혐오, 반성착취 운동을 벌이고 적극적으로 담론 투쟁을 하는 한편 한국여성의전화와의 연대관계를 해소하고 단체명을 바꾸는 모험을 감행했다. 그러나 반여성혐오·반성착취 운동과 이주여성 인권 운동의 새로운 전략은 아직 모색 중이다.

밖에서는 페미니즘 백래시의 파고가 어느 때보다 심각하다. 여성가족부 폐지가 목전에 당도했고 각종 성평등 관련 제도와 예산이 자취를 감추고 있다. "단지 그대가 여자라는 이유만으로" 무차별 비난과 폭력, 죽임을 당하는 여성들이 여전히 있다. 페미니즘에 대한 열정은 어느덧 사그라지고 여성들은 각자도생의 삶으로 돌아가 고군분투하고 있다. 이런 빙하기에 한국여성인권플러스는 누구와 함께 어떤 운동을 할 것인가 하는 질문 앞에 다시 섰다.

미래를 여는 질문

"누구와 함께 어떤 운동을 할 것인가"

인천여성의전화가 창립하면서 처음 던진 질문을 30년이 지난 지금 한국여성인권플러스가 다시 직면하게 되었다. 이 책은 그 답을 얻기 위해 지난 30년간의 기억을 소환하는 작업이다. 동시에 한국여성인권플러스가 "이 일을 얼마나 사랑하는지, 그 기여가 얼마만큼 치열했는지"를 돌아보는 서사이다. [01]

인천여성의전화는 인천에서는 처음 등장한 여성주의에 기반한 여성단체였다. 한국에서 여성폭력 추방 운동을 시작한 여성의전화의 첫 번째 지부였고 여성의전화 운동을 전국화하는데 크게 기여

---

01 송길영, 2023: 180

했다. 그리고 여성의전화와의 관계를 가장 먼저 해소했다. 운동 과제가 바뀌어서가 아니라 여성폭력의 본질에 좀 더 충실한 운동을 하기 위해서였다.

1970년대 중반 서구에서 여성운동의 새로운 과제로 주목받기 시작한 여성폭력은 곧바로 전 지구적인 과제가 되었다. 여성폭력에 집중한 이들을 래디컬 페미니스트라 불렀다.[02] 이들은 여성 불평등의 근본적 원인은 여성과 남성 간에 불평등한 권력관계, 즉 가부장제로서 이 체계는 여성폭력으로 유지되고 재생산되며 인간을 여성과 남성으로 키워낸다는 점에 천착했다. 그리고 이런 성별을 '젠더'라고 명명했다.

한국여성인권플러스는 30년 동안 여성폭력에 대한 급진적 태도를 한결같이 유지했다. 여러 가지 사회 변화와 그로 인한 위기에 직면할 때마다 '여성폭력이란 무엇인가'를 질문하며 여성폭력의 본질을 놓치지 않고자 다양한 운동 방법을 시도했고, 그 결과 늘 여성의 편에 서서 서로 돕고 성장하는 힘을 만들어냈다.

한국여성인권플러스는 창립선언문에서 "우리의 이름은 여성"이라고 선언하고 잃어버린 여성의 이름을 되찾는 것이 운동의 목적임을 분명히 했다. 여성들이 여성의 이름으로 스스로 사는 것을 가

---

02 여성폭력은 20세기 여성운동의 핵심주제(박진숙, 2003)이다. 한국에서는 1980년대 시작되었으나 래디컬 페미니즘이란 말 대신 진보 여성운동이라 불리웠다.

로막으며 가부장제 체제를 유지하는 여성폭력, 그중에서도 아내폭력과 성폭력 근절을 첫 번째 과제로 삼고 지역 여성들과 함께 피해여성 지원, 의식개선, 지역 여성 조직화 등의 활동에 주력했다.

여성폭력 피해 여성을 지원하기 위한 가정폭력방지법 제정에 앞장섰고 가정폭력·성폭력상담소를 운영했다. 여성주의상담 지식을 생산하고 수많은 여성주의상담가를 키워내는 등 여성주의상담이라는 영역과 역량을 구축하고 전파했다. 양성평등 성교육 강사를 양성하고 교사들을 교육하여 학교 성교육이 정착하도록 힘을 모았다. 가부장제가 가족을 통해 재생산되는 점에 주목하고 여성주의 가족상을 만들고 부부관계 교육을 실험하는 등 의식개선 활동도 했다. 가정폭력, 성폭력의 심각성을 알리고 여성들이 운동의 주체가 되고 여성주의가 살아있는 지역사회를 만들기 위해 회원과 지역 여성 조직화에도 공을 들인 결과 다양한 회원 소모임이 활동했다. 10여 년이 지나자, 인천여성의전화는 인천 지역에서나 전국적으로나 명실상부한 중견 단체로 자리 잡았다.

2000년대 제도화의 문제가 여성폭력 추방 운동 단체들의 발목을 잡았다. 정부는 여성의전화가 기능적인 상담소 역할에 충실하도록 요구했으며 지역 여성들과 함께 운동하기 어려운 환경이 만들어졌다. 한편에서는 성매매 여성과 이주여성에 대한 폭력 문제가 사회적 이슈로 떠올랐다. 인천여성의전화는 과감하게 가정폭력·성폭력 상담소를 폐소하고 성매매 여성, 이주여성과 함께하는 당사자 운동, 공동체 운동으로 전환했다.

　집결지 현장으로 들어가 성매매 피해 여성을 지원하고 탈성매매와 자활을 도왔다. 비록 관련법에 기반한 제도적인 지원이었지만 제도의 한계에 갇히지 않고 성매매 피해 여성의 경험을 드러내고 스스로 자신의 문제를 해결하는 당사자 운동을 전개했다. 그리고 성매매 여성 인권 운동을 전담하는 단체 '인권희망 강강술래'를 만들어 독립시켰다. 이는 인천의 여성운동을 확장하고 전국적으로는 여성 인권 운동의 역량을 강화한 것이었다.

　이주여성 인권 운동은 이주여성들의 공동체 형성을 지향했다. 이주여성들이 모국의 문화를 잃지 않으면서도 공동체에서나 지역사회에서 존중받고 주체로 성장할 수 있도록 조력했다. 이는 제도적 지원 없이 민간의 지원과 회원들의 자원 활동으로 이룬 성과로 이주여성 인권 운동의 모델이 되었다. 이 공동체에서 성장한 이주여성들은 자신들의 단체 '아이다마을'을 만들어 독립했다.

　그러나 지역 여성, 회원들과 함께할 수 있는 공간은 축소되었다. 운동의 지향이 당사자 운동으로 전환되고 제도화가 안착함에 따라 일정한 자격 기준을 갖춘 유급 상근자가 기관의 업무를 담당하게 되었기 때문이었다. 상담소를 폐소하고 상담학교를 진행하지 않음에 따라 회원 유입 통로가 좁아진 것도 원인이었다. 성매매 여성과 이주여성 인권 과제는 잘 마무리했으나 새로운 운동 과제를 찾지 못하고 함께 운동할 여성들도 준비하지 못한 채 답보의 시간이 흘렀다.

"페미니즘 리부팅" 시기 다양한 2030 페미니스트들이 등장했다.[03] 2010년대 후반 인천여성의전화는 여성혐오, 성착취에 저항하는 급진적인 2030 여성들의 손을 잡았다. 그동안 한국 여성운동은 민주화가 이루어지면 자연스레 여성 해방도 따라올 것이라 믿고 남성들과 민주화 운동을 함께 했다. 그러나 현실은 달랐다. 여성 폭력으로 유지되는 가부장제와 그것이 발현되는 현장인 일상에서의 불평등한 권력관계, 그리고 여성 차별은 굳건했다. 개개인의 의식이 변하지 않으면 아무리 법과 제도가 개선되어도 가부장제에 균열을 낼 수 없다는 것이 드러났다. 가부장제의 법과 제도를 바꾸기 위해 권력을 쥐고 있는 남성의 힘을 빌리는 전략으로는 남성들이 그어 놓은 선을 넘을 수 없다는 한계도 분명했다.

　래디컬 페미니스트들은 남성들에게 도움을 청하거나 남성을 달래는 방법으로는 남자들이 스스로 권력을 내놓거나 의식을 바꾸지 않는다고 판단했다. 젠더를 무엇이라 정의하든 여성에 대한 폭력이 존재하며 피해 여성들은 고통을 받는다는 점을 강조하면서, 여성 폭력의 본질은 가부장제를 유지하는 불평등한 권력 체계라는 점을

03　그중에는 젠더의 의미를 다르게 이해하려는 사람들도 있었다. 이들은 교차성 페미니스트, 포스트모던 페미니스트, 제3물결 페미니스트 등 다양하게 불린다. 이들에 의하면 젠더는 가부장제 시스템에 의해서 만들어진 고정적인 것이 아니라 변화하는 것이며 유동적인 것이며 선택할 수 있는 것이자 수행적인 것이다. 다시 말해 불평등한 성별 권력관계의 결과도, 그 표지도 아니라는 것이다. 이들은 래디컬 페미니즘을 낡은 이론이며 젠더혐오라고 낙인 찍는다.

바로 보지 않으면, 여성폭력은 보이지 않게 되고 말할 수 없게 되어 근절할 수 없다는 점을 강조하였다. 그래서 필요하다면 미러링같이 남성들과 직접 맞붙는 싸움도 불사했다. 인천여성의전화는 이들을 여성폭력추방 운동의 새로운 동력으로 삼았다.

　　인천여성의전화는 세계화 시대에 등장한 대리모, 트랜스젠더 등의 성착취 이슈와 좌파 정치인과 결탁한 여성연합 출신 여성 정치인의 문제, 여성단체의 권위주의적인 연대 방식과 같은 여성 내부의 문제에 대하여 래디컬 페미니스트들이 말할 수 있는 공간을 열기 위해 싸웠다. 이 과정에서 엄청난 비난과 공격을 감수해야 했지만 물러서지 않았다. 오히려 독자적인 운동 노선을 선택하고 한국여성의전화와 연대를 해소했으며 결국 한국여성인권플러스로 개명했다. 2030 여성들과 소통하고 연대하기 위해 페미니즘 카드뉴스, 세계여성뉴스 채널 등 SNS 운동 공간을 확보하고, 페미니즘 강좌 여성역사발굴단, 탈코캠프, 래디컬 페미니스트 파티, 스쿨미투 등 다양한 연대 방식을 실험하고 있다.

　　반면 이주여성 공동체 운동은 좀 더 제도와 결합하여 상담, 긴급피난, 자립까지 지원할 수 있는 원스톱 지원 체제를 구축했다. 사회복지를 중심으로 하는 제도의 한계를 넘기 위해 여성주의와 사회복지를 융합시키는 시도도 하고 있다. 모국 커뮤니티를 형성해 주는 것에서 자매애로 성장하고 변화하는 성장 공동체로 한 걸음 더 나아가며 이주여성과의 연대를 더욱 확장하고 있다.

"누구와 함께 어떤 운동을 할 것인가"라는 질문을 다시 마주하게 된 것은 기존의 여성운동이 2030 여성들과 함께 운동하는 일이 쉽지 않은 상황이 되었기 때문이다. 그동안 페미니즘이 대중화되고 페미니스트를 자처하는 여성들이 많아졌지만, 그 여성들은 하나가 아니다. 단지 개인적인 자유를 극대화하는 것을 페미니즘이라 여기는 여성부터 여성운동에 적극 참여하는 페미니스트까지 그 스펙트럼이 다양하다. 각자 이해하는 젠더의 의미도 다르다. 온라인 운동이 중심이 되면서 전통적으로 오프라인에서 형성되었던 관계나 소통 방식이 재조정되었기 때문에 이 여성들은 사회변화를 추구하면서도 기존의 닫힌 운동 조직에는 담기지 않는다.

여성들의 삶은 여전히 힘들다. 극단적인 능력주의, 적자생존, 무한경쟁의 한국 사회에서 살아남기 위해 비연애, 비섹스, 비혼, 비출산을 선택하는 여성들이 늘었는데, 그럴수록 여성들은 더욱 고립되고 친밀감을 상실하기 쉬워졌다. 여성들끼리 모여 책을 읽거나 운동 경기를 즐기거나 취미활동을 공유하는 등 여성들만의 공간과 서사, 여성 공동체를 만들려는 시도가 계속되고 있지만 사회 전반적으로 보았을 때 눈에 띌 만한 수준은 아니며, 페미니즘 리부팅 시기보다 점차 줄어들고 있다. 2022년 기준으로 한국 사회에 우울증 환자가 100만이 넘고 그중 20대 여성의 비율이 가장 높다고 한다.[04] 페

---

04 연합뉴스, 2023. 10. 3.

미니즘 운동은 이런 문제들을 해결하고자 하였으나 점차 백래시가 커지고, 여성정책은 후퇴하고 있다.

현재 상황이 여성들에게 힘든 면이 있지만, 그간의 여성운동이 있었기에 어머니, 할머니 세대보다 출발선이 개선되었다는 것도 사실이다. 이를 알기에 페미니스트들은 희망의 끈을 놓지 않고 있다. 그러나 어떤 희망을 어떻게 나눌 것인가가 문제다. 세상이 변했다고 해도 한국여성인권플러스는 해오던 방식대로 계속하면 단체를 유지한다고 해도 무슨 의미가 있겠는가? 그러나 여성들에게 여성차별과 폭력이 없는 사회를 만들 수 있다는 희망이 되지 못한다면 단체를 유지는 할 수 있다고 해도 아무 의미가 없을 것이다. 한국여성인권플러스는 외롭고 지친 여성들이 기댈 수 있는 언덕이자 그 손을 잡아주는 자매, 그리고 희망이 되어야 한다. 한국여성인권플러스는 지난 30년간 그 역할을 해왔고 앞으로도 할 것이다.

이러한 자신감은 한국여성인권플러스 30년 역사 속에 흐르는 급진주의와 도전 정신에서 나온다. 한국여성인권플러스가 추구하는 급진주의란 여성운동의 변하지 않는 본질을 추구하는 태도를 의미한다. 정신없이 휘몰아치는 변화 속에서 그 변화를 뒤따라가기에 급급한 것이 아니라 변하지 않는 본질을 찾는 것이다. 변화와 본질은 적대적인 것이 아니라 상호부조적이다. 진정한 변화는 본질에 천착할 때 가능하며 본질을 놓친 변화는 한순간 스쳐 가는 바람이 될 것이다. 폭력에 저항할 수 있는 힘은 본질에서 나온다. 한국여성인권플러스는 본질에 대한 관념적인 급진성에 머무르지 않고 경험과 현장에 대한 성찰을 통한 실천, 즉 프락시스를 추구하는 현실적 급진성을 지향한다.

다음은 도전 정신이다. 한국여성인권플러스는 매 순간 지난 성과를 돌아보지 않고 돌아갈 다리를 파괴하며 전진했다. 제도화의 성과에 안주하지 않고 그 한계를 비판적으로 성찰하며 과감하게 제도의 틀을 벗어버리고 또 필요하면 제도를 적극 수용했다. 다양한 운동 방법에도 도전했다. 새로운 방법을 시도할 때마다 비난이 뒤따랐지만, 여성주의상담론을 발전시키고 여성주의 가족 담론 만들기, 최초의 온라인 인권 지원 활동, 당사자 운동, 모금을 위한 대중공연, 포옹 운동 등 끊임없이 새로운 운동 방법을 모색했다. 본질을 잃지 않으면서도 유연하게 싸우기 위해 조직이 커지는 것을 경계하고 작은 조직을 지향했다. 운동에 필요하다면 언제든지 과제와 조직을 분리하고 그로 인해 겪게 되는 조직의 축소나 재정적인 어려움, 인력 방출을 두려워하지 않았다. 동시에 새로운 운동 주체들과 만나는 것도 두려워하지 않았다.

한국여성인권플러스는 2023년 내내 회원, 활동가, 이사 등이 참여하는 비전 워크숍을 진행했다. 2030 회원들과는 집담회를 열어 여성들이 직면해 있는 사회 상황을 파악하고, 다음 30년을 함께할 여성은 누구인가? 페미니즘으로 소통할 수 있을까? 여성운동은 어떤 역할을 해야 될까? 하는 '최초의 질문'을 찾아냈다. 활동가들은 여성주의를 학습하고 한국여성인권플러스가 지향하는 가치를 숙고하는 다양한 교육과 토론 기회를 가졌다. 이 과정은 산고와 같았다. 어떤 활동가는 "내가 이 비전을 실천할 수 있는 사람인가"를 고민하며 펑펑 울기도 했고, 어떤 활동가는 개인의 비전과 너무 다른 조직의 가치 때문에 퇴사를 고민하기도 했다. 마침내 회원과 활동가들은 한국여성인권플러스의 급진주의와 도전 정신 위에 생각과 경험을 녹여 넣어 비전선언문을 작성했다.

한국여성인권플러스는 이 비전선언문을 좌표로 삼아 여성들과 함께 여성폭력 없는 사회를 만들기 위해 신발 끈 고쳐 매고 달려갈 것이다.

한국여성인권플러스는 여성폭력이 없는 사회를 만들기 위해 지난 30년간 쉼 없이 활동했다. 그동안 수많은 폭력 피해 여성들을 지원하고 여성인권을 옹호·증진할 수 있는 법과 제도, 정책을 만들었다. 때론 실패하고 위기를 만나 흔들리기도 했지만, 어제보다 나은 사회를 이루는데 기여했다.

그러나 여성폭력은 날로 교묘해지고 감추어지고 왜곡되고 있다. 가부장제를 유지시키는 불평등한 권력 체계는 오히려 더 심화되고 단단해졌다. 세계화는 기존 관점으로는 이해할 수 없는 새로운 인류를 등장시켰다. 불평등의 심화, 전쟁의 상존, 기후위기, 페미니즘 백래시 등 가히 대전환의 시대라 할만하다.

그러나 한국여성인권플러스는 여성폭력이 없는 사회, 성평등한 사회라는 비전을 한 순간도 잊은 적이 없다. 그 비전은, 도전·열정·연대의 정신으로 변화하는 시대 상황을 적극 받아 안고 여성들이 주도적 변화를 이끌어갈 때 더욱 선명하게 보일 것이다. 한국여성인권플러스는 비전 실현을 위해 세상을 바꾸는 여성의 힘을 만들어내고, 또 스스로 그 힘이 되고자 다음과 같이 다짐한다.

하나, 여성차별과 폭력이 무엇인지에 대하여 질문하기를 게을리하지 않을 것이다. 여성인권과 성평등에 대하여 열정적으로 탐구할 것이다.

하나, 여성폭력 피해에 대하여 즉각적으로 대응할 것이다. 폭력 피해 여성들과 동반성장 하는 여성주의적 사회복지를 실천할 것이다.

하나, 서로를 발전시키는 선의의 경쟁을 통해 협력하고 함께 성장하는 자매애로 세상을 변화시키고자 하는 여성연대를 만들 것이다.

참고자료

- 강남식(2005), 「여성운동과 사회복지」, 이영환 편, 『한국의 사회복지운동』, 인간과 복지
- 국지혜(2019), 「스쿨미투의 의미를 생각하다」, 혜안·서호선·박보현 외, 『우리 목소리는 파도가 되어』, 열다북스
- 김민예숙(2004), 「역자 서문」, 주디스 워렐·파멜라 리머 저, 『여성주의상담의 이론과 실제』, 김민예숙·강김문숙 옮김, 한울아카데미
- _____(2009), 「초국가적 자매애를 향하여」, 인천여성의전화·김민예숙여성주의상담연구실
- 김석(2016), 「주민자치센터와 주민자치위원회」, 〈한겨레신문〉 2016.10.12.(hani.co.kr)
- 김성미경(2006), 「국제결혼 여성 이주자의 삶과 문제」, 〈이주 여성 실태와 정책적 지원 방향 워크숍 자료집〉, 인천발전연구원
- _____(2008), 「한국여성의전화연합 글로벌 연대 활동의 정치적 전략에 대한 고찰」, 〈미래여성 NGO 리더십과정 자료집〉, 한국여성단체연합·성공회대학교
- _____(2009a), 「여성운동과 인천여성의전화 내적 성찰: 15년 회고를 통한 소통과 연대의 길찾기」, 미발간 자료(2009 E.L.F.신입회장단 직무연수 사전과제)
- _____(009b), 「인천 '여성의전화'와 가정폭력 '상담소'」, 물꼬 119호
- _____(2011a), 「이주여성 공간과 젠더 정치-아이다마을(Asian Women`s Community) 사례 연구」, 성공회대학교 NGO 대학원 석사학위 논문
- _____(2011b), 「다문화 소통 공간, 아이다 마을에 대해」, 〈인천in〉 칼럼(2011.6.22)
- _____(2011c), 미발간 자료
- _____(2019), 「인천 스쿨미투, 뜨거운 연대와 투쟁의 기록」, 혜안·서호선·박보현 외, 『우리 목소리는 파도가 되어』, 열다북스

- 김영옥(2010), 「인정투쟁 공간으로서의 이주여성 다문화공동체: 아이다마을을 중심으로」, 〈아시아 이주여성 다문화 공동체 마을 활동백서Ⅱ 경계를 딛고 세상을 보다〉, 인천여성의전화
- 김예숙(1995), 『외도, 결혼제도의 그림자인가?』, 형성사
- 김인숙(2000), 「여성주의 사회복지실천의 정립을 위한 고찰」, 『한국사회복지학』, vol. 41 93~118
- 김태은(2021), 『여성에게 국가는 없다-한남·여혐민국의 20대 여성 현상』, 인사이트브리즈(eBook)
- 김학준(2022), 『보통 일베들의 시대, '혐오의 자유'는 어디서 시작되는가?』, 오월의 봄
- 박혜정(2020), 『성노동, 성매매가 아니라 성착취』, 열다북스
- 데이비드 색스(2017), 『아날로그의 반격』, 박상현·이승연 역, 어크로스
- 모로오카 야스코(2015), 『증오하는 입』, 조승미·이혜진, 오월의봄
- 문지혜(2019), 「우리 목소리는 학교 울타리를 넘었다」, 혜안·서호선·박보현 외, 『우리 목소리는 파도가 되어』, 열다북스
- 민경자(1999), 「한국매춘여성운동사 '성 사고 팔기'의 정치사, 1970~98」, 한국여성의전화 엮음, 『한국여성인권운동사』, 한울아카데미
- 박양규(2023), 『다시, 어떻게 가르칠 것인가』, 박양규, 들음과 봄
- 박인혜(1997), 「상담사업을 통한 지역 여성운동」, 『인간을 위한 사회발전운동』, 한국기독교사회발전협회 편, pp185~209
- ____(2001), 「이 자료집에 대하여」, 인천여성의전화 엮음, 『여성운동 활동가를 위한 학습자료집』 1,2,3
- ____(2009), 「아시아의 가정폭력 추방 운동 동향」, 한국여성의전화연합 기획, 김은경 외, 『가정폭력, 여성 인권의 관점에서』, 한울
- ____(2011), 『여성운동 프레임과 주체의 변화』, 한울아카데미
- ____(2016), 「당당한 뉴페, 자신들의 언어로 무장한 그녀들이 찾아왔다」, 광주여성재단 소식지 〈세상과 통하는 길〉 2016년 12월호

- _____(2017), 「부부싸움에서 사회적 범죄로」, 한국여성단체연합 지음, 『한국여성단체연합 30년의 역사』, 당대
- _____(2018), 「추천사」, 『래디컬 페미니즘』(개정), 열다북스
- _____(2000), 「인현동 화재참사 인권보고서」, 제주 인권학술회의 2000 『일상의 억압과 소수자의 인권』, 사람생각
- _____(2023), 「인천시민 군구별 성평등 의식 분석 보고서」, 〈2023년 인천광역시 군구별 성평등 수준 및 인천시민 성평등 의식 분석 보고서〉, 한국여성인권플러스
- 박진숙(2003), 「미국 여성운동과 한국 여성운동의 비교시론」, 『여성학논집』 18집, 이화여자대학교 여성학연구소
- 서울시여성가족재단(2016), 〈성평등을 향한 198일 간의 기록과 기억-'강남역 여성살해사건'을 중심으로-〉
- 성매매경험당사자네트워크 뭉치(2021), 『성매매 경험 당사자 무한발설』, 봄알람
- 성정숙·이나영(2010), 「사회복지 연구를 위한 페미니스트 인식론의 비평과 함의」, 『한국사회복지학』, vol. 62, 349~373
- 손타냐(2012), 「외모와 혈통은 이제 그만 따지세요!」, 아이다마을, 이주여성이야기 『카멜레온의 눈』, 인천여성의전화
- 송길영(2023), 『시대예보: 핵개인의 시대』, 교보문고
- 와리스 디리(2021), 『사파구하기』, 신혜빈 옮김, 열다북스
- 이수자(2004), 「지구화와 국제 성별분업 구도에서 본 이주여성」, 〈여성과 이주현실〉, 인천여성의전화
- 이세아(2016), "페미디아 탄생은 새 언어 향한 갈증이었죠" 여성신문, 2016.7.14
- 이정동(2022), 『최초의 질문』, 민음사
- 이주희(2023), 『강제혁신』, EBS BOOKS
- 이현숙·정춘숙(1999), 「아내구타추방운동사」, 한국여성의전화엮음, 『한국여성인권운동사』, 한울아카데미
- 이해은(2019), 「딸들의 목소리에 귀 기울이고, 부모되기」, 혜안·서호선·박보현

외, 『우리 목소리는 파도가 되어』, 열다북스
- 인천민주화운동사편찬위원회 편(2019), 『인천민주화운동사』, 선인
- 임경수(2015), 「마을 만들기와 사회적 경제」, 『환경논총』 Volume 55/56
- 임지영(2022), 「자매애와 연대, 여성 서사의 중심에 서다」, 시사in
- https://www.sisain.co.kr/news/articleView.html?idxno=47214
- 임희섭(2001), 『집합행동과 사회운동의 이론』, 고려대학교 출판부
- 정미례(2003), 「자발과 강제의 이분법을 넘어서」, 한국여성의전화 기획, 『성폭력을 다시 쓴다, 객관성, 여성운동, 인권』, 한울아카데미
- 정미례·이하영(2017), 「성매매의 정치화와 반성매매 인권운동」, 한국여성단체연합 지음, 『한국여성단체연합 30년의 역사』, 당대
- 정춘숙(2005), 「한국 여성주의상담의 역사」, 김예숙·김혜숙·배인숙 외, 『왜 여성주의상담인가: 역사, 실제, 방법론』, 한울아카데미
- 주재선·임연규(2022), 〈2022 인천광역시 군구별 성평등 수준 분석〉, 한국여성인권플러스
- 케이트 밀레트(1994), 『성의 정치학』, 정의숙·조정호 역, 현대사상사
- 한국기독교사회발전협회(1997), 『인간을 위한 사회발전운동』
- 한국여성의전화(1994), 『베틀』 제77호
- 한국염(2017), 「이주여성, 우리의 이웃이다: 이주여성운동」, 한국여성단체연합 지음, 『한국여성단체연합 30년의 역사』, 당대
- 캐들린 키팅(1992), 『안아주세요』, 미미 놀런드 그림, 김예자 외 역, 어쿼리언서적(춘해대학 출판부)
- 찰스 아서(2022), 『소셜온난화』, 이승연 옮김, 위즈덤하우스
- 최현규(2015), 「IS보다 무뇌아적 페미니즘이 더 위험해요」, 『그라치아 코리아』, 48호
- 한국여성의전화연합(2005), 「글로벌여성, 더 넓은 세상으로의 전/진/」, 〈활동가 국제역량강화프로그램 자료집〉

- 한국여성재단(2016), 2016 여성회의 '새로운 물결 페미니즘 이어달리기' 자료집, 2016. 9. 22~23
- 허민숙(2008), 「전지구적 여성주의와 초국가적 여성주의들」, 『여성학논집』 25집
- 홍미희(2009), 「아이다마을의 '다문화주의' 실험」, 아시아 이주여성 다문화 공동체 마을 활동백서 <경계를 딛고 세상을 보다>, 인천여성의전화
- 홍성철(2007), 『유곽의 역사』, 페이퍼로드
- Carpe Diem(2016), terry.khan.kr/481, 2016.6.22
- Sirkin, Harold L.; Hemerling, James W.; Bhattacharya, Arindam K; with John Butman (2008). GLOBALITY: Competing with Everyone from Everywhere for Everything. New York: Business Plus
- Yergin, Daniel; Stanislaw, Joseph (2002). The Commanding Heights: The Battle for the World Economy. New York: Simon &Schuster

- 인천여성노동자회 홈페이지(www.womenworker.or.kr)
- 한국일보 홈페이지
- http://cafe.daum.net/pongcafe
- https://ko.wikipedia.org/wiki/
- https://wonderfulmind.co.kr/sisterhood-value-women-together/

한국여성 인권플러스 인천여성의전화 발간자료

- 후원회원편지(1993)
- 개원 1주년 보고서(1995)
- 회보 물꼬(1995~2013)
- 카멜레온의 눈(2012)

· 아시아 이주여성 다문화 공동체 마을 활동백서(2009~2011)

인터뷰이 가나다순

- 김민예숙
- 김상순
- 김성미경
- 김연령
- 김지선
- 정미례
- 장지연
- 조세은
- 천선혜
- 최강미라
- 홍미영

이 책을 후원해주신 분들

이 책은 텀블벅 펀딩 프로젝트를 통해 세상에 나오게 되었습니다.

강남식	김순이	문주영
강지애	김시양	물밭
강현경	김영실	민주웅
곽은혜	김정란	박미란
국지혜	김지나	박미소
금손승연	김지연	박상율
김다운	김태미	박수진
김대범	김현숙	박순주
김말숙	김혜경	박연화
김민예숙	덕분	박정인
김민정	동화소	박진영
김선혜	레드선	박하정식
김성미경	류소리	변유선
김세희	마지막물결	변정희
김수정	문슬예	송은진

신승옥	이진솔	지연
신영미	이진희	진
신원영	이해솔	진옥남
신지민	이혜원	채현자
신지욱	읽는페미	최서원
신혜빈	임수정	최현지
안수연	임지인	탁운순 강원이주여성상담소
얌피	장혜정	홍희애
오리구팔	전연우	화로
우혜정	정푸른들	강ㅇㅇ
윤정숙	정해인	BHD
이미선	정혜정	
이승미	조박선영	
이윤진	조어진	
이지선	주영	

미래를 여는 기억
인천여성의전화에서 한국여성인권플러스까지, 여성폭력 추방 운동 30년

초판 펴낸 날 2024년 5월 10일

저자 박인혜
기획 한국여성인권플러스

발행인 박상율 / **편집** 국지혜 / **디자인** 임지인 / **텀블벅** 이갈리아의 바람
발행처 형성사 / **출판등록** 제2001-000043(2001년3월28일)
주소 서울특별시 마포구 독막로 28길 7, 성원아파트 101동 301호
전화 02-714-4594 / **팩스** 02-6442-9115
이메일 psyul59@hanmail.net
계좌 054-01-0320-411 국민은행(예금주: 박상율)
ISBN 978-89-7346-137-0(03330)

한국여성인권플러스
주소 인천광역시 남동구 예술로 352번길 8 행복한미소 202호
전화 032-527-0090 / **팩스** 032-446-0092
이메일 wrpk@womanline.or.kr

※ 잘못 만들어진 책은 바꾸어 드립니다.
※ 이 책은 저작권법에 따라 보호받는 저작물이므로 무단전재와 복제를 금합니다.

값 22.000원   ⓒ2024, 형성사